| 北京作品研讨会（2000年5月）

| 世纪之交（2000年春，合肥）

潘军文集

第伍卷

长篇小说卷

文化艺术出版社
Culture and Art Publishing House

| 在西沙（2005年10月）

| 在北京书房（2006年10月）

在黄山脚下（2011年夏）

潘军
文集

| 与潘萌在大峡谷（2012年1月）

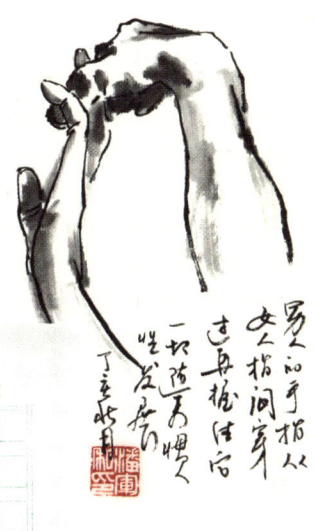

《独白与手势》插图

《独白与手势》手稿

| "潘军作品"书影

| 《独白与手势》修订本书影

《潘军文集》第五卷
目　录

长篇小说

《独白与手势·蓝》 ………………………………………… 1
　　附录：
　　　初版后记 ………………………………………… 187

《独白与手势·红》 ………………………………………… 189
　　附录：
　　　初版后记 ………………………………………… 377

潘军文集

第伍卷

长篇小说

独白与手势·蓝

犁城：1992年3月

犁城的三月是令人沮丧的。前一个冬季滞留的干燥使新春显得毫无生气。然而这又是一个无法躲避的季节。那时候他整天伏在桌上，不是写作——他已经歇笔两年，而是修筑桌上长城。孩子快上学了，他也由省委机关去了文联，时间突然多出了一大块，如何填满倒成了问题。无聊似乎第一次真正显示出来，而消除无聊最好的方式就是打麻将。有时他居然一个人打四方，嘴中还念念有词：他妈的怎么就不上牌呢？这个男人的形象也变了，胡子蓄得很长，头发也很长，看上去像一个晦气十足的流浪艺术家。这么一个人每天趿着拖鞋在"红门"里晃悠便时常引起哨兵的警惕，他们总爱下意识地盘问他，让他出示工作证，而他的工作证已经交出去了，于是就得费些口舌。他当然也恼火，有一次还几乎同当兵的吵了起来，他说，我是不是看着像个坏人？毛泽东长征时头发比我还长，周恩来的胡子也比我长，你觉得他们有哪儿不对劲吗？

他想这地方不能待了，可是不待这儿又待哪儿呢？如果有一笔钱就好了，就可以另买一套房子，不再住这鸟地方。钱就是个好东西。钱有时候就能为你买回个公道。林之冰这句话没错。钱还会给你赎回一个尊严。很久以前他就认为，当代中国出现过两次奇特的革命。第一次是1966年，革命的结果是神与人的距离消失了。第二次是1978年，以权与钱的交换作为收获。二者都是有悖于革命的初衷，却给中国人以意外的欣喜。这种喜悦绝不亚于1949年的翻身解放。人们发现自己长高了，不再习惯仰视他人。面对一种叫做权力的东西，大家完全可以用金钱加以抗争，至少能够平衡自己。你是厅长你能住四室一厅，但我可以掏三十万买同样的甚至更好的房子。就这么简单，如果你有本事挣钱的话。这总比仰人鼻息夹尾巴装孙子强一点也容易一点。他想，我倒是该动动这个脑筋了。离开机关的这两年他倒是做成了两笔生意。一笔是同一个驾驶员倒卖了两箱酒，另一笔是给电视台拉了个广告。两笔所得两千多，也没费什么工夫，心里还很滋润。他想当初如果李佳支持自己搞公司没准现在就已经发了。自从脱离机关后，李佳的情绪似乎变好了一些，很少有牢骚，也能容忍他彻夜不归地打麻将。他觉得有点奇怪，但是一种不祥的预感总时常掠过他的心头。他想这肯定不是个偶然。分居的事实丝毫没有改变，冷战的局面越发完美，很像一场巷战的间歇，寂静意味着更大的恐慌。

另一件困惑的事是几年前飞到海南的林之冰一去没有音讯，如同断了线的风筝。这只风筝在梦中是非常美丽的，像尔瓦多·达利的绘画，具有强烈的动感和惊人的想象力，而且还有温度。风筝飘逸的翅膀最后总幻变为女人劈开的双腿，映衬于蓝色背景之上。那是一片纯粹的蓝，大陆上是无法寻见的。后来，风筝消失了，只剩下了这片蓝色。1992年的春天因为梦中的这片蓝色渐渐变得有些可人，而暖风却是从一个老人手臂之下吹向大陆的——邓小平的南巡使这个国家的命运再次发生了巨变，让人惊喜而不知所措。人们仿佛看见了一种被称作希望的东西又出现了，无梦生涯行将宣告结束。对于随时可以放弃梦想的中国人，这个春天无疑是值得纪念的，因为它意味着权力的回归。梦想的权力。

犁城以其习惯的步调跻身于春天的行列是意料之中的事。但她的投影似乎更有趣，不出几日，几乎所有的机关门面都挂上了一块牌子，上书某某公司，成为一大景观。而公开的解释无比理直气壮：这就是改革。这就是让一部分人先富起来。机关有总公司，每个处室还可以设分公司，人尽其才，各显神通，有权吃权，有智吃智，无权无智则搞点小本营生。李佳的单位把作息时间都改了，早上七点上班，各人去菜市买菜，集中起来，女的洗男的切，井然有序。下班提前一小时，全体到街上卖盒菜。谁说国家机关工作人员放不下架子？一周下来，人均分得三十七块，这利润还算少吗？我们不笨，只要上面给政策。文联的人是清高的，要做的不过是把沿街的办公室改成商用门面，包租出去，得钱而省力。文联本来就是可有可无的单位，文件上不是说要内部挖潜吗？于是就这么挖了。那些日子，犁城的天空充满了欲望的气息，街头巷尾一片发财声。犁城历史上出产一种臭豆腐干子，再次成为城市的门面似乎理所当然。外省人来此一游，首先不习惯的是满大街的臭干味和让你睁不开眼的杨花飞絮。但是一顿饭之后，客人的印象不经意地改变了，臭干子产生的亲和力使陌生人对这座狭小的城市感到惬意，以至于看上去杨花似雪。

这是个奇异的现象。

他总觉得会发生点什么事。身边的一切都有些不可思议，让人莫名其妙地兴奋。那时他还不知道将要发生的事会给他这一生带来怎样的作用，但梦中的那片蓝色越来越真切。几年后，当他乘坐波音737型飞机从万里蓝天中穿过时，他才蓦然想起当初的忧虑是多么幼稚，蓝色的暗示其实是显而易见的，它至少意味着南方的诱惑。1992年的春季，这个男人在一个雨夜从沉睡中惊醒，他为那块蓝色所压迫，而饱和的膀胱成为开启思维的一把钥匙。他解完小便就再也睡不着了，索性重沏了一杯茶，坐在灯下，想写点什么。他曾在这个窗下写过许多东西，比如《西窗偶记》,现在下笔却变得异常艰难。真是久违了,这支笔!隔壁的屋里传来女儿悦耳的梦呓,然后李佳醒了,她也去了卫生间。等回来时,她推开了他的房门。李佳问你怎么不睡了?他说我睡不着。李佳说那我们聊聊吧。男人突然感到好亲切,好像妻子这种温柔的语气是从别的女人身上移植过来的,但他还是很感动。他又觉得女人一定是有什么要紧的话要对自己说。他坐到床上,把椅子推给了李佳。

李佳说:你就这么混下去?现在外面这么热闹你就不打算找点事做做?

他说:我在想。

李佳说:你这个人我是弄不懂了,以前在机关时你写作,现在到文联了你又不写;人人都在想法子挣钱你却安心在家一个人打麻将?你就不为你女儿想想也得为你自己想想吧!

男人沉默了一会儿,然后说:我想出一趟远门。

按计划，电视剧《北纬20度》摄制组是今天上午在广州集中。那时我正在一万米的高空，由犁城到羊城的飞行时间是两个半小时，但是这个航班晚点了。六年前这个航班也同样是晚点，想起来总觉得有点别扭。机场的广播仍是同样的腔调，说飞机有故障需要排除，说得人心里直发毛。飞机可别老有故障，那感觉就像有人拿枪指着你。1992年我离开犁城那天是清明节，一个标准的阴晦天气，我在机场滞留近三小时，险些放弃了南下计划。因为这计划本来就是一念之差的产物，根本谈不上周密。那天晚上我和李佳的谈话严格讲起来只是一次漫谈，我只说要出一趟远门，我厌倦了这个城市以及我在这城市的生活，我想出去走走。李佳说这样也好，两个人拉开一段距离看看，即使将来离婚，心里也会轻松一些，像现在这么过下去终归不是个办法。好在孩子也渐渐大了，家中又有保姆，她说她一个人完全能对付。李佳的话给我的感觉，与其说是鼓励我出去闯荡，倒不如说是表达了她自己的某种愿望。当然，这也是我想要的结果。回想起来，我们相处的这些年，其实比任何一对夫妻都默契，区别只是方向错了。我们一直是朝一个方向努力，比如说我想走也就是她希望我远行，比如说她打算离婚也就是我在等待着这个结果。甚至当我对某个女人感兴趣时，也就蕴藏着她对另一个男人引起关注的可能性。如果说有一只手在刻意编排这一切，那么这无疑就是上帝之手。

白云机场从来就见不到一片白云。白云是外省人的错觉，也是设计者的骗局。六年前我第一次接近她就是这个感受，后来，我索性破天荒地将这感受写成了一首诗。我对广州这个城市也十分厌倦。异常拥挤的车流人流和鳞次栉比的楼厦令人头晕目眩，满街都是马来人的面孔与如同左嗓子喊出的鸟语，让我恍惚觉得置身于河内或者雅加达。我这次来广州是要拍一部叫做《北纬20度》的电视剧，二十五集，某种意义上，可以看做对当年南方生活的一种回顾。作为观潮者或者下海者，我觉得把那几年的生活叙述出来似乎是一种责任。一个陌生人闯入一个同样陌生的世界，那感受一定是不同寻常。另一个原因，是我需要圆自己尘封达二十年之久的导演梦。我喜欢这个职业不亚于写作，或是说这是另一种写作，用镜头写作。去年冬天我在北京组建剧组正赶上这一年的初雪，我的心情好极了，每天通宵达旦地工作，不知疲倦。或许是一个作家来当导演有几分新鲜感，那几天经常有记者来采访。这让我很不适应，我已经有很多年不同传媒打交道了。一天，我正要出门，又有人不期而访，是一个女人。这个自称几年前在海口见过我的女人很时髦，也十分健谈，但是我却毫无印象。她说，你或许记不起我了，这没关系，香客都认得菩萨而菩萨却认不得香客。这话说得让我脸红，我说，其实那时我到南方不过是试着换个活法。她说我知道你活得很轻松，也很滋润。这话听起来像是挖苦。女人说着便讪笑着看我，目光明显带有挑逗。经过这阵铺垫，女人才亮出底牌，她说：我是桑晓光的朋友，当时也是同事。我很意外，就说：你们那报纸倒了吧？女人点点头，又问：你们现在还联系吗？

你们，是指我和桑晓光。我迟疑了一下，我说我们已有很久不联系了。她就笑了，她说很久是多久？三年吧，我说，我们有三年没联系了。

似乎是从这个下午开始，桑晓光的形象在我意识中重新变得清晰。这是一个眼光透射出似水柔情、四肢散发着甜美爱意的女人。她那小鸟依人的仪态像握在手中的一块绸缎让我舒适惬意。但那已是过去，我现在不过是在挥霍我的记忆。而记忆中的她仿佛一块液晶屏幕上的影像，不同的角度都会折射出不同的色彩，一染指，就会出现污点。这个冬天，桑的形象如同我的身影，只要有光便会与我构成切不断的联系。而我却不想再拥有这联系了，真的，不希望。对于我，这是需要付出巨大勇气的，我担心如此反复重叠的若即若离会使记忆的天空失去最后一片蓝色。我需要守住我的领空。

——1998 年 2 月 20 日

那是他第一次坐飞机。沉重的恐惧感驱逐了好奇心，空中飞行的一百分钟让他心跳紊乱，莫名其妙的铃声和空姐虚伪的笑容使他一阵阵燥热。他坐在中间临窗的位置上，巨大的机翼在乌云中频频颤动。它会断吗？终于，飞机开始下降了，他长长地松了一口气。其实他知道，绝大多数的空难都是在这个时候发生的，但是一种儿童的心理在悄悄鼓舞着他：毕竟离地面越来越近了。当轮胎着陆发出"嘭"的一声时，压在心里的一块石头总算落了地。他的心着陆了。几年后，他在一次长途飞行中安稳地睡了一觉,然而梦中的那片蓝色却悄然退去。

在广州住过一宿,翌日上午九点他乘上了"玉兰号"轮船。这艘破旧的船载满了来自大陆四面八方的淘金者,这时他才得到关于海口的众多消息,那消息由于十分诱人而显得很不真实,但他愿意听。过了珠江口,海渐渐蓝了。不久万山群岛也被撇到了身后,海豁然开阔,他的心情也随之好了起来。昨晚在广州他感到沮丧而失落,一种对前途茫然的恶劣情绪盘踞在心,以至于久久不能入睡。他觉得自己的腿将要伸进的是一块沼泽,看上去很美但走起来吃力,甚至可能落入陷阱。他的不安在于不想转过身来往回走,那样的话,所谓的前途实际上就成了末路。这个空洞的意念很快转化为最实际的考虑——生存。我首先得养活自己,他想;养活我的女儿。那时已经很晚了,他想给犁城的家中打个电话,想听听女儿的声音。但是他又害怕这个举动会使自己裹足不前,虽然空间上远隔千里,而时间上他不过才离家几小时。这种迟疑不决牵肠挂肚的心绪是不利于一个人出远门的。后来,他在洲头咀码头上转悠了很久,望着珠江两岸辉煌的霓虹灯火,他默默发下誓言:无论如何这一步不能退。

眼下,海也沉默着,或许是晕船的缘故,乘客们大都进了舱里。几只海鸥不断从船舷掠过,也无声,如同纸鸟。唯一的声响是大海的涛声,喑哑而悲壮。在他的左侧,几个操四川口音的青年正在兴致勃勃地拍照,而右边的不远处,站着一个年轻女人,看上去大约二十五岁,穿着素雅,风勾勒出她丰满而不失匀称的身材,但五官却因一副墨镜显得神秘。他从她身边走过时嗅到了一股浅淡的香味,他很想停下来,同她说上几句话,以消除旅途的郁闷。可是她似乎窥测出他的心思,很自然地走开了。一个骄傲的女人,他不禁一笑,一个浅薄的男人。都说漂亮的女人全跑到南边来了,这差不多成了一个社会问题。他又一次想起了那个林之冰,那个来无踪去无影的女人。三年,竟然得不到她一点音讯!临行前的那个深情厚谊的电话道别仿佛是上帝打来的。现在他眼前浮现的林之冰不过是睡在大花布上的一具婀娜多姿的身体。然而记忆已变得不再美好。或许正是这个原因,使他的这次南行选择从一开始就变得十分纯粹——他需要的是一种远离而并非寻找。几年后的一个秋日黄昏,他蓦然意识到,自己不经意中所完成的其实是大陆对岛屿的选择。有趣的是,那时的他又想躲到大陆的某个角落，过一种偏安一隅的书斋生活了。这就像两面镜子的相对反映，幽深和无限只是一幅暂时虚幻的假象。

　　船的倾斜越来越厉害了，涛声形成了一种此起彼伏的轰鸣。他伏在船尾的栏杆上，注视着犁痕一般的浪花。四野茫茫，水天一色，这壮阔而恐怖的形势令他兴奋不安。从萌生南行之念的那一天起，这种极端矛盾的情绪就渗透在他的血液里，现在不过是集中爆发而已。他真想对着海来一番歇斯底里的吼叫，那将是一次空洞而淋漓尽致的宣泄。大陆远去了，休养生息三十六年的大陆远远地去了。脱离意味着解放，但也意味着被抛弃，这便是人生茫然的本质。

　　那个女人还在。她倚着舱壁在吃水果，像是橘子。他很自然地想到十三年前与李佳在北上火车上的邂逅。这个瞬间他突然涌起了一股莫名的激动。后来他又觉得不奇怪了，因为这女人毕竟让他想到了与自己相关的两个女人——一个是他法定而分居的妻子，另一个则是他最后失去的情人。这么多年过去了，他的女人像鸟一样纷纷飞来又纷纷离去，遗下的只是一块块回忆，供他聊以自慰。好在他如今已经适应了，有时候他甚至觉得没有女人的生活反倒单纯。人的空虚也是有单纯的，就像一张白纸，失去了想象却获得了自由。他又一次回过头去看那个女人，希望她能把那副墨镜摘下来。他想那应该是一双很漂亮的眼睛。他还有一个近乎荒唐的判断：这女人可能也一直在留意自己吧？他小心地往那边踱过去，而女人几乎同时掉过身来，他们相向而行地交换了位置，就在摩肩之际，一件意想不到的事情发生了——有人跳海了！从船艏传来的惊呼让人震颤，紧接着每个舱里的人都跑了出来。他和女人一齐冲到左舷向船尾看去，只见一块浅红色的东西飞速向后掠过，很快就从视野中消失了！轮船紧急刹车，但已无济于事。于是这个悲惨的事实迅速成为全体乘客一下午谈论的话题。他们慢慢知道，跳海的是一个十九岁的姑娘，原因可能是殉情。他心里一下显得很重，他说：这年头还有人殉情，真不容易！女人似乎还没有完全从惊骇中挣脱出来，双手环抱着身体，喃喃地说：怎么这样？这太可怕了。女人不知何时摘下了墨镜，美丽的眼睛透露出忧伤和惶恐。而这时他却走到了一边。他想起了雨浓，那也是被水吃去的姑娘，也是十九岁！雨浓的不幸也是与天杀的爱情有关——倘若那个爱慕她的老师当时不是劝她去底舱避风，她是绝不会沉到江里的。雨浓在那个遥远的秋天不幸遇难一直是他回忆的死角。

不久，汽笛鸣响，仿佛是对刚刚死去的姑娘的一次致哀，轮船拖着笨拙的身躯重新起航。这时候，阴郁一天的空中裂开了几道缝隙，强烈的阳光穿云而出，辽阔的海面呈现出暗红色，跳动的波光闪烁着死亡的阴影，而这触目惊心的景象又如生的警示。死是容易的，活着却很艰难。人活着是一种义务和责任。但是活着的目的远没有死的目的明确。那个十九岁的姑娘为情而死，死得明白干净，而船上这些人却茫然无措地活

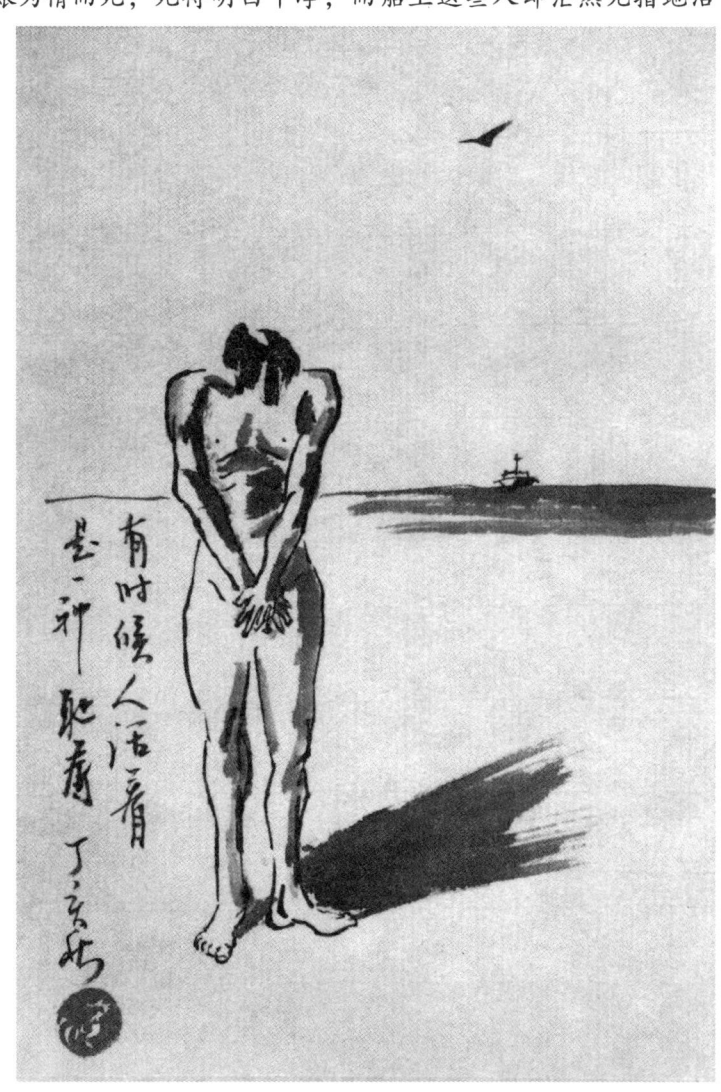

着。有时候人活着是一种耻辱。尽管这样，人还是贪生怕死的，昨天的飞行过程至少证明他就是这种人。人对肉身所承受的痛苦有着与生俱来的恐惧，这可以追溯到幼时的害怕打针，即使是一个生命垂危的人，在弥留之际，也仍然对肉身的行将消灭感到魂不附体。人对生的渴望远远超过对活着的检讨，或者说活着是本不该检讨的。从这个意义上，人的境界远不如一只鸟。鸟的一生是飞翔的一生。鸟在生命的最后时刻会毫不犹豫地用最后一点力气飞到最安静的地方，舒缓地收起自己美丽的双翅。除了被人类所射杀，地球上是看不见一具鸟的尸体的。多么清洁！

在那个寂寞而惶惑的下午，他的心绪渐渐有些悲凉了。很多年过去——他一直觉得那是很久以前的事，这次惆怅的旅行还是像雾一样让他困惑不已。他远离了大陆，而对岛屿的向往因为这次航海漂流失去了应有的激情。一种不祥的预感仿佛浪潮追逐着他，但是没有湮灭南方的诱惑。

海口：1992年4月

摄制组在洲头咀码头开机后，通宵达旦地干了两天，于昨日上午搭乘"丁香号"客轮开赴海口。作为导演，我要沿途拍下一些带环境的镜头补充到未来的片子里去，所以我无暇去回顾当年走这条路线时的感受。记忆里的那个十九岁的姑娘殉情自杀似乎也成了一个抽象的符号。就像看一部普通的故事片，死亡不过是银幕上的一种表演。遗忘其实是容易的，然而我还是诧异这种淡漠，有时候我甚至觉得这心理很卑鄙。

现在，我该谈谈桑晓光了。你或许已经感到，她就是船上那个戴墨镜的女人。是的，那就是她。但是我需要说清楚，那一次我们后来并没有更多的交谈。船重新开航后我好像再也没有见到她的身影了。这是我们的第一次聚散——第二天中午，"玉兰号"抵达了海口秀英码头。下船的时候，我有过一瞬的迟疑，想再看看她，但我的注意力很快就被那片仿佛异国情调的椰林所牵制。然而从以后的事实看，倘若没有这次旅行，我们就未必有下一步了。人是奇怪的，重逢的意义远远大于初识——中国人爱把这现象理解成一种缘分。在将近半年后的一个晚上，我们再度相遇于一个电压不稳的电梯间，那种激动却显得异常而由衷。

上午十时，从海上就能看见海口的建筑群景观了。剧组的人员聚集在船舷，一片欢呼雀跃，但他们哪里知道，这时离抵达岸边至少还有两小时的航行呢。对于生活在世纪末的青年人，面对一幅凝固的风景进行两小时的注视是需要足够的耐心的。即使是做爱，这个时间长度也会导致乏味。海口这个形象亮得太早了，当她消磨了观赏者有限的热情之后，理所当然地受到冷淡似乎在所难免。诱惑往往在于一晃而过。和几年前相比，秀英港显得萧条而清冷。有消息说，这条航线将在今年秋季来临之前关闭。这样看来我的这次旅行带有纪念意义。我忽然想到，我曾经答应过桑晓光再从海上走一趟，还设想把我们相识相爱的经过写成一篇不留底稿的文章放进漂流瓶里，在我们相视第一眼的位置上扔进苍茫的大海。这个传统而浪漫的设计在当时仍是让我们感动——我们好像以此

找回初恋的情怀。做这件事并不困难，但是我们都把它忘了。

　　前站的工作人员把我们带入了一个叫做云海的酒店，位于龙昆南路附近。1992年这个地段可谓寸土寸金。按照市政的规划，这儿属于"金融贸易区"。海南建省之后，最先开发的区域就是这里。我上岛的时候它已经初具规模了。在海上看到的那片犹如海市蜃楼的建筑群就是这儿。但那时还没有立交桥。摄制组一行近五十人被安排在六楼。我的阳台可以清楚地看见那座过于古怪的桥梁。1995年2月的一个月夜，我和桑晓光开着一辆本田车从这座刚刚通车的桥上通过，转了几圈竟然下不来。我当时说，这座桥简直就是一个迷宫。她好像什么也没说，神情黯然。这应该是我们最后一次见面。第二天一早，我飞离了这座日渐冷落的岛屿。现在，我又来了。我不知道桑是否还在这岛上。三年前她打算买房子，后来又听说她想调到北京，去一家新闻单位供职，都没有被证实。那个北京的女记者也不知道她的消息，只告诉我桑曾经想嫁给一个马来西亚商人。这不对，应该是新加坡，我知道这件事。李佳也对我说过，她两次接到过同一个女人打来的电话。她断定对方就是桑晓光。她可能过得不太如意吧，李佳说，要不怎么会又来电话呢？我说：我不希望这样。这是去年冬天的事。

制片部门的意思是想在明天举行一个新闻发布会，所谓舆论先行。下午他们去忙着布置会场了。我的计划是把内景戏安排在第一阶段，这样美工置景人员的余地会相对大一点。于是匆匆吃过午饭，我就和助手们奔现场了。电视剧的美工任务有一半在于选景，这个景点选得不错，只需稍加改造便可以投入使用。明天的拍摄通知书我签发了，然后我对大家说：不要让记者随便进入现场，猫着腰把活干完，力争七十天封镜。大家情绪很高。现在他们对我的能力似乎不再怀疑了。在广州的时候他们是担心的，毕竟这个口若悬河的家伙只是一个作家，没有干过导演的活儿。但是等第一天的工作结束，这问题便不存在了。那时我想，要是没这两下子，这一摊还真不好收拾呢。我对导演这个行当潜心二十年之久，而眼下不过是在做一笔买卖。我公开说电视剧是个破玩意儿，但又非常能赚钱。这个戏的筹备前后拖了三年，我希望它能成为一块跳板，好让我尽早过渡到电影的制作中。我想我这辈子最后要做的事就是拍几部电影了。

我要了剧组的车。余下的时间我想去看看海甸岛——这个岛中之岛。这块闹中取静的地方曾给我带来过不少欢乐，如今却让我伤感不已。我从博爱路的老街插入人民桥，这桥突然间变得宽敞了。没有堵塞，车顺畅地通过，这在几年前是不可思议的事。我前面的那辆奔驰车玻璃上贴着"本车转让"的启事。转让给谁呢？眼下的海口是真的没戏了。才几年时间，这个玲珑剔透的城市就弄成了这样。几分钟后，我到达了当初我服务过的南岛集团公司大厦，想见见我过去的同事。但是，这座十八层的高档写字楼漂亮的玻璃大门上贴着三张不同法院的封条。不用说我是意外而惊讶的。我很难相信这是事实。对面的那家小卖部倒是还开着。我走过去买了一包香烟，售货的是阿昌的媳妇，一个干瘦的女人。她还认得我，她说：你是回来向公司要钱的吧？我笑了一下，我说我出差，顺便来这儿看看。女人说：有什么好看的呀，房子归法院了，人都走光了！阿昌也到东莞那边找活儿干去了。

  人去楼空。一切都已成为过去。

——1998 年 2 月 25 日

  那时候岛上的一切都令人兴奋。他坐在一辆机动的三轮车上，去省政府宿舍区找冯维明。在广州上船时他曾打算挂个电话，结果没有人应答。冯维明现在是某个部门的处长，三年前他随岳父举家南迁时心情显得比较暗淡。这个本该去做西班牙语翻译的同龄人在犁城莫名其妙地卷入了一场权力的角逐，大伤了元气，最后不得不靠选择当高干女婿来寻求保护与解脱。不过如今的情况彻底改变了。他的岳父是省里的要人，他妻子据说对他也很体贴。他们还抱养了一个女儿，比他女儿还大半岁。他原想在冯维明那儿先落一脚，可是当他找到门口时，邻居才告诉他冯处长出差去北京了，而家属则住回了娘家。他有点失落，就去找作家协会的一位朋友。这位朋友上岛几年了，靠办一份纪实性刊物为作协挣了包括房产在内的家当。于是他被安排到了作协的客房，一个称作五公祠的地方，风景独好，蚊子也多。在这间不大的屋子里，他第一次看见了红尾巴的壁虎和猫崽一般大的老鼠。然而它们仍然和椰树芒果一样叫他兴奋。几年后，他甚至觉得自己对海口的记忆就是从这一刻开始的。安顿好之后，他便去了街上，这时天色已近黄昏，蓝了一天的天空逐渐涂上了玫瑰红色。他想，该给李佳去个电话了。

  李佳似乎是在等待这个电话。铃过一声，李佳的声音就传过来了。他说，我到海口了。李佳说我怎么觉得你还在中菜市买菜呢？他们笑起来。这种轻松的感觉真是久违了！这感觉注定要在他们分开之后才能产生。然后他向她介绍了海口的第一印象，他说这是一个接近疯狂的岛屿，连老鼠都不可一世。他女儿抢过了话筒，女儿问道：爸爸，你什么时候回来？他愣了一下，然后说很快。女儿说：你骗人。他的心里顿了顿，情绪又变得沮丧了。他突然意识到自己是到了一个硕大的岛屿上，而且不是半岛，四周被海包围。观念上，他是漂浮的一个东西，就像一片叶子或者一根羽毛。但是他不是自费来这岛上旅游的。我来干吗？他不禁自问，看热闹吗？到这儿来写小说？现在他对自己的决定改变了看法，

他想自己走出这一步显然过于匆忙了。

夜来得很迟。海口的夜充满着惊心的活力,情形如同一只刚剁掉脑袋的公鸡,扑腾腾地乱飞乱叫散发出血腥气。所谓夜生活无非是找个小姐去歌厅酒吧或者床上泡泡。那些光怪陆离的霓虹灯和各式各样的名牌车让他想到香港的庸俗电影。但是这怪异的活力还是让他觉得十分新鲜。

当地的土著称那些来自大陆的人叫"大陆人"——这是一个有趣的称呼。这称呼有一种亲和力,仿佛所有来海口的大陆人全成了亲戚。显然海口是一个具有移民倾向的城市,这特别对他的胃口。当人与人的背景全部虚化之后,人可能就拥有了一份类似鱼的自由。对他来说,无论将来发展如何,海口都不过是一个码头。这一点很明确。我只想玩玩,他对自己说,我当然要玩尽兴的。

这天夜里他沿着几条老街闲逛,暂时把下一步搁置到一边。老街残存的那些南洋风格的旧建筑让他愉快,几个想谈生意的小姐同样让他愉快。毕竟这些大陆还是罕见的。逛街的时候他留意着玻璃店,但直觉又提醒他,那个林之冰即便没有离开这个岛,也不会在此开一个玻璃店的。那是个心比天高的女人,怎么可能甘心守着一个寒酸的店铺呢?她自然也不会守着一个男人,哪怕这男人是总统。想想和林在犁城的那些日子,不觉有些恍然若梦。可他又想,难道在如此之小的海口就再也见不到她了?从地图上看,海口的面积不过是北京的一个区,作为省会的确有些勉强。或许某一天,他想着,我会在街上碰见她。可是,碰到了又怎么样呢?对她说,你为什么不和我联系为什么不打电话?他自嘲地一笑,把烟头弹向路边的一摊水里,听见了嗞的一声。后来他就回到了五公祠。作协的客房外间是阅览室,他找出当地的几家报纸随便翻翻,觉得很有趣,每份报的版数都不少,广告铺天盖地,创意却千篇一律。几乎每家房产发展商都宣称自己的物业是别有洞天是皇家花园,好像海口的居民全是皇亲国戚。海口真是一个不可思议的地方。他又注意看了那些招聘广告,自然没有招聘作家的。不过,他想着,凭自己的能力在这岛上找个临时饭碗应该不是件难事。这也挺好玩的,不妨明天到几家公司看看去,除了写作,我这种人是否还能派点别的用场。他躺到床上,舒展开四肢,这时传来了敲门声。

是作协的一位领导,似乎带有象征性的慰问。但这是个不苟言笑的中年人,他的一举一动令人狐疑。这人的言辞也十分干巴,远没有他的小说那么具有感染力。我听说你来了,领导说,我来看看,我想知道你打算在这儿住多久,我就这个意思,我没别的意思,最近我们想调几个同志来,房子很紧张的。

他说:我懂你的意思。我不过暂时住几天。

领导说：你最好说清楚，几天是多久？

他说：三天。

人有时候坐着是不舒服的。想给屁股找一把合适的椅子并不是一件容易的事。对于我这类天性懒惰又喜欢养尊处优的男人，需要每天增加运动量。我不能坐着，况且那椅子是别人的。我在别人的椅子上已经坐了很多年头了，所以总是不舒服，或者我舒服别人不舒服。这个于人于己都尴尬的局面确实到了该改变的时候了。我必须得找一把属于自己屁股的椅子或者永远站着。第二天，我记得是1992年4月13日，我给南岛集团公司秘书处挂了一个电话，向对方通报了自己的情况，说希望能同他们的总裁刘锐谈谈。接电话的恰好是刘的秘书，一个口齿伶俐的上海男人，姓钟，给我的感觉很精明，也很亲切，我们在电话里谈得比较投机。他让我留下电话，说尽快给我安排。放下电话，我突然有了一种预感，觉得在南岛公司那幢漂亮的写字楼里，有一间屋子将属于我。尽管那时我还不知道这家名气很大的企业在什么方位。我之所以要和刘锐谈，是昨天夜里看了他一篇关于投资环境的论文，我不懂经济学上的术语，但作者洗练的文笔让我重视。我也曾听过所谓儒商一说，到南方来倒想有意识地接触一下这类人物。更何况眼下我正面临着被人扫地出门的境遇。所以将要发生的那场谈话对我至关重要。

然而一天过去，南岛公司的电话并没有来。

我在极度焦虑中度过了4月13日。这个不吉利的日子。那一天里我哪儿也没去，是典型的困兽犹斗。我的窗外是郁郁葱葱的热带植物，绿得极不真实。关于五公祠，我仅仅知道从前这儿应该是一个悲凉的地方，据说苏东坡落难时也在此歇过脚。如今却成了海口的风景名胜，为市政创造财富。这现象不知怎的就让我想到伤疤与奖章的关系。看着那些前来观光的游客，我的心情开始变得有些复杂了。黄昏又至，我走到那座水泥亭子里，看着天上的蓝色一点点退去，有些忧伤地想起许多事。十八岁那年，我被人从公社中学赶回了田里。二十五岁大学分配让人从省里赶到市里。两年前又让人从机关赶到了人民团体。我这种人好像注定一辈子要让人赶来赶去。所以我干脆自己赶自己。这至少能给我带来自由，尽管这自由并不怎么轻松。不轻松的自由还是比轻松的统治好。这么一想，我就觉得焦虑似乎是没有理由的。我既然敢于迈这一步，就不会轻易把脚收回。

现在，我得考虑明天的拍摄计划了。上午的新闻发布会上我自我吹嘘了一通，说要拍出一部让人欲哭无泪的片子。有记者问，这部片子是否带有个人自传的性质？我回答说不是，但我又说：我的感受是十分真实的。我在这个岛上前后生活了三年，目击了她的潮起潮落，一切皆历历在目。下午，摄制组进入现场，开始拍剧中的一位打工者上岛后租房的那场戏。环境布置得比较肮脏，美工担心有些过了，便问：导演，像那么回事吗？我点点头，我说我见过许多大陆人，刚上岛时住得比这条件还差。我那位作家朋友就是其中一个，曾经点过半年的蜡烛，从井里打水喝。同他相比，我的运气好多了。1992年的海口已经很像样子了，但是疯狂也是从这一年开始的。你只要看看街上的红绿灯为什么那么矮，就应该猜想出有多少小车需要这种独一无二的照应。海口是全国小车密度最高的城市，这大概要追溯到1984年的倒卖汽车的狂潮。那时从空中看，海口就像一个硕大的麻将场，只要有空地就会有汽车，整整齐齐地摆放着。六年后，这副牌洗开了。

今晚没有安排夜戏。剧组的人晚饭后便三三两两地逛街去了。对于一个陌生人，海口永远是有吸引力的。而在我眼中，她无疑是美人迟暮，风情万种一去不返。一个城市衰老得如此之快是不可思议的。这种可怕的神奇让我至今不知所措。这或许正是我要拍这部片子的原因所在。

窗外月光明媚，这个季节的海口气候是怡人的。在大陆，姑娘们还在穿羽绒服，这里的女人已经换上裙子了。发明裙子的人和发明旗袍的人一样值得尊敬。他们包装了女人却又加倍地把女人暴露给了男人。他们懂得服饰的真谛。那一年在海上，正是桑晓光的那条印有阿拉伯图案的长裙首先夺去了我的视线。桑是一个懂得打扮的女人。在我后来与她相处的日子里，几乎每一天，她都给我崭新的形象。她现在该是什么打扮？她还在这个岛上吗？1992年，岛上正流行着一首叫做《今夜你会不会来》的香港歌。现在我打算把它用到《北纬20度》中去，但只是背景音乐。

——1998年2月26日

南岛集团总部位于海甸岛人民大道的西侧。1992年这座十八层大厦云集着来自大陆十八个省市自治区的三百余名大学生。其中硕士四十五人，博士九人。这样的人才结构在海口称得上首屈一指。4月14日，海口又是一个晴朗的好天气。上午十时，钟秘书驾车把他接到了这里。总裁刘锐的办公室在二楼，那是一个宽敞明亮、陈设雅致的空间。尤为令人瞩目的是正壁上悬挂着一位中央首长的亲笔题词。这似乎暗示着他曾经在中央某个部门工作的履历，又容易使人对他的背景产生一种莫名的神秘感。他走进去的时候，刘锐正在打一个国际长途，间或使用着英语，所以他最先看到的是刘的背影。这是一个颇有气势的背影，给人以亲切的震慑。当刘锐转过身来时，他发现，这个四十出头的男人是英俊而稳健的，而他的东北口音也给人一种天然的信任。刘锐很健谈，言谈话语中透彻地反映出他出色的逻辑思辨和语言组织能力。刘的知识面很广，在后来两小时的交谈中，他们从东欧政局的变化到邓小平的南巡，从日本的综合商社到中国的国有民营企业，从汤因比的《历史研究》到杰克·伦敦的《马丁·伊登》，称得上是海阔天空。但最让他得意的是，刘锐说：我看过你的小说，好像挺现代的。这时候刘锐起身踱了几步，接着说：我倒是希望你能够留下来，在南岛办一个文化公司。

这让他始料不及。他说：我没有办过公司。不过我愿意试试。

刘锐说：你尽快拿出一个方案来，我可以给你二十万。

他问道：借我？

刘锐说：是投资。你最好今天就住过来。

一切听起来是那样的难以置信，但却是真实的。离开刘锐的办公室，钟秘书就安排车随他去了五公祠取行李了。当天下午，他住进了南岛集团的招待所，那是一幢刚刚装修完工的别墅。行前他没有忘记把作协客房的钥匙交给那位领导，他说：我说过只住三天，其实才两天。他真想说我一点也不感谢你，因为这些房子并不是领导挣来的，而是我的朋友们。晚上，他去看望那位朋友。对方以为他是辞行，要离开，就送他一条烟，说带在路上抽吧。他说，我一时恐怕走不了了。然后他就把白天的事对朋友说了，津津乐道的。朋友笑着说：你是真想大干一场呢还是赚一把钱就走？小说呢？还想写吗？

他也笑道：我不过是玩玩。写小说也是玩。

以后的几天他便投入到文化公司的筹备中。虽然一切都是陌生的，但非常的刺激。南岛集团实际上属于官办民营企业，既有堂皇的牌子又有灵活的机制，主要从事金融和房地产业务。现在刘锐想办一个文化产业的子公司，大概出于整体经营上的考虑。在那次谈话之后，他感觉刘的志趣远不在生意上，这位拥有博士学位和高级职称的男人其时已经是省政府的高级官员。公司不过是一个舞台，刘要唱的则不仅仅是经济的戏。这个人是大有作为的，他想，这个人的梦想也远远不在海南。他又想到自己，尽管一切来得有些措手不及，但仍需有一个大致的计划。我是个做事不计后果的人，他躺在床上这么想着，这种人注定做不了什么大事，但可以先把事做了再说。我是凭兴趣干事的，我喜欢走一步看一步。问题是现在情况有些不同，我拿了人家的钱。二十万，对于1992年的文人无疑是个天文数字，不谈怎么赚钱，就连花掉也是一个头痛的问题。压力和刺激几乎是接踵而至，看来不认真花点心思对付还不行。筹备在紧张地进行着。他的办公室在十楼，全新的用具令他欣喜。然而从他进驻的第一天起，这些不说话的东西都是要算钱的。房租、水电、电话、交通以及固定资产折旧，全要算钱。当工商注册税务登记办下来后，集团的结算中心主任陈元田便通知他：你已经花掉三万六了。

他吃了一惊：怎么会那么多呢？

陈元田说：搞公司可不是写小说，容不得随心所欲。刘锐给你的二十万花起来是很快的。显然，陈元田的这句话带有情绪。这个留过洋的上海人是当年和刘锐在北大荒兵团的战友，某种意义上，现在是集团的内当家。从来没有见过此人笑过，而每天这幢楼上都能听到他的叫喊声——和其他子公司老板争吵。好像除了刘锐就再没有人喜欢这个陈元田。

和陈元田简短的谈话给他的触击很深。他不由得想到，别人的钱并不是那么好花的。从这个意义上看，与其说陈锐给他的是二十万，倒不如说是一次机会。而他也不想在此充当一名门下食客。是公司就意味着赚钱，这里的所谓文化不过是赚钱的另一种手段罢了。诚然，刘锐并不指望他能赚出多少钱来，但也不会源源不断地让他花。这是十分自然的事。眼下一切手续俱全，就看他怎么练了。原先考虑的那些项目怎么看都有些海阔天空，不是投资过大就是关系不好协调。一时间他感到茫然无措，沸腾了半个月的心陡然冷却下来。这天夜里他在给李佳的电话中显得有些沮丧，他说我现在每天都在花人家的钱，像流水一样，我担心这么下去会弄得不可收拾。李佳说：不是说好了算投资吗？投资就意味着风险。他说：要是这样的结果，那我在道义上就欠了刘锐了，而且我也失去了一次难得的机会。李佳说：那你看着办吧。你这种人心血来潮惯了，这事磨磨你也好。

后来他就到了这儿，白沙门。这应该是海口的最北端，对面就是雷州半岛。晴朗的下午，你可以越过琼州海峡见到大陆的边缘。你看见了你就感到特别温暖，就觉得自己还没有被大陆所抛弃。你像一个胆怯的小男孩，走出来玩得很开心却又不时回过头去看看自己的家门。月光很好，海上升腾着朦胧的雾霭，这本是一个幽雅的夜晚，现在却变得忧伤。

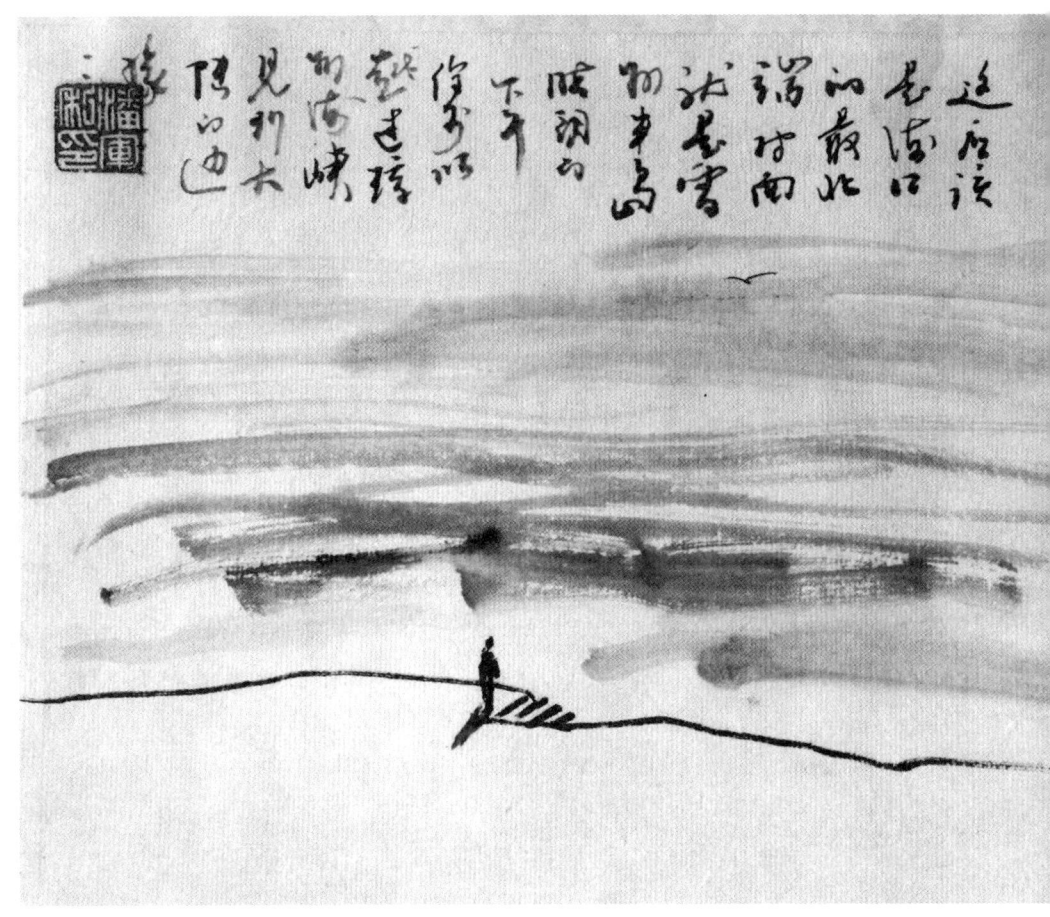

如果有一个女人陪伴，情形肯定就大不相同了。这一次他没有去想林之冰而是在想船上的那个女人。当那个十九岁的姑娘跳海时，他们奔到了船舷，她不禁抓住了他的手臂。这个细节他记得很清楚，他甚至记得女人的手很凉，像鱼的皮肤。现在他仔细地想着女人的容貌，觉得与某部电影里的女主角十分相似，但那部电影本身却非常糟糕。涛声渐渐响了，海边的情侣也慢慢多了起来，而他已在考虑离开。他走过一片沙滩，在坡上停下来点了支香烟，然后又转过身，忽然想到一首流传不广却很精彩的诗——

　　一眼望去，
　　街上全是美女，
　　都是别人的。

犁城：1992 年 6 月

两个月不知不觉地就过去了。文化公司没有做成一笔业务。我每天坐在那把黑色的大班椅上晕头转向地忙着，和一些乏味的术语数字打着交道。没有业务却又招了三个人，这让陈元田很恼火，有一天吃午饭的时候，他在电梯间碰到我，劈头就是一句：你是不是打算把刘锐划给你的二十万全部花光才开始赚钱呀？当时边上还有我的一个员工，我觉得好像挨了这小子一耳光，竟无言以对。陈元田说：四个人，倒正好是一桌麻将。电梯停下，我一把揪住陈元田的领子，把他拖到楼梯拐弯处，对他说：没错，我就是来花钱的，花完了就开路！我的脸反映在他的两块近视镜片上很无赖。陈元田有些紧张，说你想干吗？你不是个作家吗？我说作家并不吃素，我讨厌干活时边上站着一个拿摩温。

当晚我就打算去找刘锐，想同他谈谈陈元田的事。可是我突然想到这个结算中心主任经常与人的争吵，刘锐不会是不知道的，我敢断言，陈的指手画脚是得到了刘的默许。他们是一起滚过稻草的战友，而我不过与他萍水相逢。这对搭档正是习惯里常说的那种红脸白脸，是统治手段，是政治。那一刻我对刘锐的印象发生了转变，我想世上真是没有无缘无故的爱，在这个梦里都疯狂的岛屿上，谁会大把地拿钱让你大把地花呢？我开始悟到了刘的用意，他仅仅是给我支一个台子让我表演，一旦戏唱开了，我不但要自己养活自己，还要与他实行票房分账。无论刘锐是多么的有水平有学位，但他是个商人，而天下的商人是没有肯做赔本的买卖的。我这才觉得自己实在是天真得可爱。

然而这又很公平。你能因此就埋怨刘吗？你能认为刘在对你玩心眼吗？刘说过给你的二十万是投资，投资就意味着回报，尽管李佳强调的是风险，但是对我而言问题的两个方面都不是好滋味。我想起多日前与李佳在电话里谈到的道义一说，不禁有些难过。这倒不是懊悔我的自作多情而是瓦解了我对刘锐的信任。我后来之所以要离开南岛集团，最初的动因便是这种觉悟。事隔六年，南岛集团由蒸蒸日上到负债累累以至资不抵债全面崩溃，我想除了客观上的原因之外，与作为总裁的刘锐失去大家的信任感关系甚大。现在我的眼前还浮动着那三家法院的封条，一种近乎悲凉的情绪困扰着我。在北京的时候，我曾多方打听过刘锐的消息，也很想再同他一起聊聊，但都没有如愿。有消息说他去了美国，又有说四处躲债行踪不定，还有说已失踪了两年。总之，这个绝顶聪明的人退出了历史的舞台，不再是红极一时的风云人物了。

　　这个下午我想得太多了。剧组的发电机坏了，看来一时修不好。我躺在树下的一张吊床上，听几个小子神侃。昨夜组里有人出去找小姐了，一人说，很便宜，只要一张。又有人说，个别女演员已经两晚没有回来住了。剧组就是这么一个烂摊子，鸡鸣狗盗在所难免。昨天夜里制片主任就找到我说起过这事，显得忧心忡忡，他担心这样下去会惹出许多的麻烦，要我去骂几句。我笑道：这是个不改革也开放的年代，何必去操那份闲心？我只能在现场说说，工作之余还是自负其责吧。下午的活儿没法干了，不如早点收工，晚上安排夜戏的计划。于是我便宣布解散，大家提议去白沙门游泳，这是个好主意。

这儿的面貌变化很大。已经建成了一个带有娱乐性质的天然泳场。1992年这里还是不毛之地，没有任何建筑。那时我没事就来白沙门，躺在白色的沙滩上，看海，看天上的云。它们都是富有动感的东西，让我喜欢。有时候我觉得海的喜怒无常和云的变化莫测是人生的自然版本，是启示录，但更多的时候我凝视的是它的美丽。有一天，那也是一个下午，我看到了一朵奇异的云彩。它从海平线上升起，骤然向四方扩散，一会儿工夫便拔得无限的高，形同蘑菇，并向我紧紧地逼过来。我仿佛置身于核爆的中心，一种强烈的恐惧感缠住了我，以至于我头晕目眩，险些栽到了地上。

　　那几分钟里我的意识出现了真空，我也听不见自己的声音，这种状况我一生中只遇见两次。另一次是我十七岁那年，我梦见太阳破了，熔岩像蛋黄一样流淌下来，地上的一切全都浇铸成金灿灿的如同塑像。很长时间过去，我仍然不能从这美丽的恐惧中挣脱出来。那云是白白的、软软的，无声地向你逼来，却足以能把你击溃。

　　白沙门，蕴涵着某种暗示。

——1998年3月2日

　　看人脸色的日子是难过的。在文化公司的会议上他这样告诉大家，花人家的钱总是心虚，要想踏实，那就看看我们在座的有没有本事，自己挣钱自己花。到南边来其实就得自己养自己，我不想让别人养着，你们也别指望我养。赚不到钱，我们就得在这栋楼里见人矮三分，或者趁早散伙。大家的心情一下子变得很沉重，以后的几天里公司像死了人似的，除了电话铃声便一片沉寂。账面上只剩下不到十万块了，其实真正的开销顶多四万而已，让陈元田那么一算就变成了这个结果。他把全年的房租费和固定资产折旧首先提走，就是说，这个公司还没有开张便花掉了六万。然而还得服从，一点脾气也没有。南岛集团内每个子公司的财务全由结算中心统一掌管，刘锐这一手很厉害。但他的解释又十分冠冕堂皇。他说结算中心的性质是内部银行，资金统筹运作会最大限度地发挥资源效益。这看上去似乎无懈可击，然而却也对他手下的人造成了最大限度的伤害——不知他是否想过。

一天，他记得是在六月，他到华侨饭店去看一位从水市来的朋友，就是以前在市委机关工作时的同事陈涛。陈涛来海口调查一个案子，先找了冯维明，后者还在北京学习，无意中得知他也在这岛上。陈涛还是一副白面书生相，和多年前相比，显得更为瘦弱，但当初的那种要干一番伟业的热情显然是消退了。1983年机构改革那阵子，陈涛和冯维明的呼声都很高，但是冯维明所处的位置要好一些，仕途上，市委办公室自然强于政法委。冯维明现在已经是处长，而且从北京回来是肯定又要往上提一下的，这一提便成了高级干部。陈涛还只是个科长，如果没有奇迹发生，冯维明的现在便是他陈涛毕生努力的目标了。不过陈涛似乎也看开了，他说官场上就这么回事，如今是商品社会，最过硬的东西莫过于人民币了。陈涛说：还是你好哇，来去自由又有钱花，你这人生才叫个人生，我们不过是活着。

陈涛诚恳的语气传达的却是讽刺的意味，让他感到尴尬，而他又不能露怯，还装出一副春风得意的样子请吃饭。他们边吃边谈，他差不多是即兴说了一些虚张声势的谎话，说自己如何如何想点子挣钱，如何如何在这人才济济的海口打下了一块地盘。陈涛听得津津有味，奇怪的是连他自己竟也被这子虚乌有的辉煌弄得热血沸腾。结果陈涛说：老兄，你这就是我的一条后路了，要是今年不把我动一下，我就到你这儿来干，我情愿给你打工。说得他心下一顿，心想不等你陈涛来，我兴许就溜之大吉了。

他走出华侨饭店，心里越发不是滋味。好像街上的人都用嘲弄与鄙夷的眼光看他。甚至那些路灯也是居高临下地对他不屑一顾。

他便盯着这些灯杆出神。他所处的这条滨海大道挂满了庆典的彩色条幅——那时的海口几乎天天都是像过年一般。忽然，他心里动了一下，他想如果把这些灯杆利用起来，作为广告的发布位置，一定是异常醒目的。这个突如其来的创意仿佛在心里拨亮了一盏灯，让他激动不已。他立刻就想着手操作，去同市政部门交涉，先拿下灯杆的广告发布权。但冷静一想，却又顾虑了。他觉得像这种无需投资的项目很容易让人偷了去，不等你手续办完，别人就已经利用它把钱赚到手了。与其这样被动，倒不如先斩后奏。于是当天下午，他就去了一家正待推出新楼盘的公司，他直接找到老板，开门见山地对他说，我可以一夜之间让你的物业家喻户晓。很巧,那老板从前也是个文学爱好者,办公室里有一份名气很大的报纸,这一期副刊的栏题恰好是他的题字——这似乎表明他还算得上一个名人,很自然地增加了对他的信任感。而且老板对灯杆上插满彩旗的广告效应十分欣赏,说这很像迎接一位外国元首的规格。不到一小时,生意居然就谈成了,合同金额六十万!合同一签,便给了他一张二十万的支票作为订金,还强调说不要回扣。交个朋友吧,老板说,有机会送我几本你的大作,我好好拜读。他说这没问题,其实他心里在说:我的大作刚刚完成呢。

几天后,海口的八条大街上飘满了彩旗,简直成了一大景观。人们还没弄清是怎么回事时,他们就赚了三十多万了。他让人给市政部门交了几万的管理费,因为及时,便逃脱了罚款。这第一笔生意给了他很大的鼓舞,他给大家发了丰厚的奖金,又正式通知陈元田:刘锐划拨的余款九万八我不要了,如果需要把以前的投资再划走也可以,但那样我就得离开南岛集团了。陈元田倒不无幽默地说道:你自由了。那时他心想:自由?在这个充满欲望的岛上,狗屁的自由不过是靠钱赎回来婊子。我他妈的就当了几十天的婊子!

他想现在该回趟犁城了。

那时海口与犁城的直达航班刚刚开通,我上午还在海口,两个半小时后,就出现在犁城的洛川机场。六月的犁城天气应该很热了,但这些日子由于第三号台风在海南文昌一带登陆而变得有些凉爽,仿佛秋天提前而至。我离开家已有两个月了,这是我自结婚以来离家最长的一次。想到很快就要见到女儿,我心里非常激动,想这孩子一定又长高了,在幼儿园又学到了不少东西。我匆匆走出机场,突然发现了李佳站在出口的栅栏边,这是我没有预料到的。我们结婚七年,这是她第一次迎接我。而且这次并没有因为近视而受影响,她很远就注意到一个西装革履的男人是她法定的丈夫。李佳挥了挥手,脸上的笑容让我想起我们在大学的年月。

李佳说:这么快呀,飞机还真方便。

我说:其实花几个钱给天上也就当在家门口上班了。

女儿在幼儿园,这时候正睡午觉。我还是跑去了,贴着窗户玻璃看她——她没有睡着,对我偷偷地招着小手。这时,年轻的女老师走来同我打招呼,说下午是游戏课,我可以把女儿提前接回家。这个女老师很开朗,一年前我送女儿来报到,她就告诉我,说曾经因为读我的一个长篇小说剖鱼时割破了手。她似乎感觉到我和李佳之间有些隔阂,就试探地问道:你们还好吧?你这次回来还走吗?我说还走。女老师说,那小孩她妈一个人带孩子可够辛苦的了。我说那是,目前还只能这样。

和幼儿园女老师的简短谈话给我造成了沉重的压力,刚才的兴奋不觉淡了下去。想到我和李佳的婚姻现状,我一下就回到了以前那种情绪。女儿一天天地大了,她的父母竟越走越远,这样下去对孩子没法交代。我这次回来给李佳带了一枚蓝宝石的戒指和一根纯金的项链,上面缀有五颗心。但这似乎已不是迟到的爱情信物,也不能说是变相的报答,准确地说,应该是一种纪念——我们毕竟一起走过了多年,毕竟是夫妻一场,过不好则是另一回事。至于下一步怎么办我心里仍然是没有底的。关于南方的谈闻掩盖的不过是暂时的现象,我想,用不了多久便会自然而然地故态复萌,回到我们从前的轨道——这是上帝预先设定的轨道,改变或调整都将困难,甚至根本不可能。这个感觉李佳其实也有,她不想作出任何性爱方面的暗示,而是替我晒了垫絮换了床单并买了一些我喜欢吃的菜。晚上,一家人热闹了很久,等女儿睡了,我和李佳换到书房里说话。她问我到底赚了多少钱。我说钱是赚了一点,我不能贪污但可以支配。李佳说那你一辈子就是这么赚钱花钱呀,那又有什么意思呢?我说一步步来吧,以后的事谁能预料?我想我最终还是会回到我的书桌上写我想写的东西。李佳突然说了一句伟大的话:文学救了你却害了我。这些年过去,我对这句话仍是欣赏。我想当初李佳如果不爱好这个文学也就不会爱上我,也就不会那么多愁善感顾影自怜了。所以她现在很怕她女儿重蹈覆辙,除了《安徒生童话》,她便不许女儿看其他文学书。可是这孩子已偷偷把《红楼梦》看了两遍。

那天晚上,李佳后来问我身边有没有女人。我摇头,我说暂时还没有。李佳笑了一下,那意思是认为我在说瞎话。她大概想说你这家伙在犁城这么一个落后的地方都不安分,谁信你到了大特区的海口会老实呢?而我暗自吃惊的是她谈论这个话题的语气,那是一种局外人的从容语气,就像谈论数月前"霞飞"广告的风波,好像我的堕落与否对她无足轻重。我不禁又猜想，或许李佳已经安排好一条后路了，眼下不过是离婚的一支前奏，采用的是渐进的方式，由弱而强。

　　以后的一个月里，除了大把地花钱，我好像无所事事。这期间我回了一趟石镇，父母现在才知道我已经去了海南。我父亲显得忧心忡忡，总觉得离开单位自谋出路是一件危险的事。而我母亲的担心是不希望自己的儿子日后成为一个小老板，以为那并不光彩。我于是作了些解释，说自己的打算是挣了些钱后再来安心写作。我说我不想做一个寒酸的文化人。然后他们就问到了我的婚姻状况，说这样下去终归不是个办法。李佳自从和我结婚，这些年就没再来过石镇，每年的春节我父母都要用诸如节日加班值班之类的理由去搪塞街坊的疑问。我们的关系其实已
没有好解释的，但作为父母，总不希望儿子在这个问题上越陷越深。我母亲总是叹道，失败的婚姻那可是比死了父母还伤心的事啊。

　　一天夜里，我无端地梦见了远在美国的韦青，醒来觉得有些奇怪。似乎每当我陷入情感的困境时，这个韦青便不经意地出现了。她好像在我家的院子里喂鸡，优雅的手势和温柔的话语给我带来了幸福。那时这个院子没有第三个人，韦青的背影在秋日的阳光下显得有些瘦弱，等她转过身来，我不禁吃了一惊——她已经完全是个老妇的形象，牙齿差不多落光了！我看不见自己的面目，但想象中的我则更为衰老得可怕。我便是从这时刻从梦境中挤了出来，一脸是汗地靠到床头，忧伤的心情一直延续到天亮。这种对衰老的恐惧感在那个深夜显得异常的深刻，这或许也从另个方面反映出我的情感生活是多么的苍白。我后来在日记中把这段时光称作情感生活的真空时期。

我在《北纬20度》的导演阐述中指出：我要表现的是一种海与岸之间的焦灼状态。这其实也是我那时的心情指标。在我所接触的"大陆人"中，极少有人把海口当家的，哪怕你是无家可归者。海口似乎天生就不具备家的条件，我无法在一个岛屿上去解释家这一概念。海口就是个码头。所以后来刘锐征求我意见是否正式调过来时，我不假思索地表示了谢绝。我希望能够保持住玩的精神状态。但是，在犁城住上半月后，我却像泄了气的皮球似的，突然就失去了继续闯荡的情绪。我每天接送女儿，买菜做饭，不再像以前那样烦躁和敷衍了。而且我自己也感觉得到脾气好了许多。公司不断有电话来，谈话的末尾他们都要问上一句：老总，你什么时候回来？不会就此把大伙撂了吧？我这才意识到自己还肩有一份责任，比起过去的日子，显然平添了些沉重。然而这么快地就让我离开女儿，心里还真不是个滋味。孩子就要放暑假了，可以整天和我在一起，但是我却想着要离开，这种折磨让人心累。于是我便与李佳商量，想让她和女儿随我去海口度假，这样我也就不再分心。她迟疑地同意了。几年后，李佳回顾这次海口之行不免感叹，她说我发出的是一个极其错误的信号，她以为这将是家庭重修于好的开端，但是没想到罪恶在她离开后不久就他妈的发生了。我太傻了，她愤愤地说，我差一点儿还打算把家搬到海口呢！

这几天的拍摄进行得还算顺利，平均每天的镜头量达到七十，制片方很高兴，今晚让大家加餐，之后是去一家夜总会跳舞。我想把前几日拍的素材从头到尾过一遍。我在浴缸里泡了一会儿，看着自己日益臃肿的身体，一种老之将至的感觉油然而生。冬天的时候，我在北京的一家饭店里安静地度过了四十岁生日。只有我一个人，窗外飞着雪，那时候我的心情黯淡到了极点。我几乎不敢面对四十岁这个事实，我总觉得我还属于青年。我讨厌人生的中年就像讨厌滴在稿纸上的一团墨水。这个阶段的人尤其是这个阶段的男人有着所谓成熟的思想和丰富的阅历，同时还有旺盛的精血，因此他们会变得格外的贪婪。他们的欲望极端膨胀，充斥视野的全是疯狂。我不知道我将怎样去面对我的中年，我脚下的土地显得极不踏实，以至于每走一步我都气喘吁吁。

我就像一匹在沙漠上行走的骆驼。

——1998年3月6日

犁城在1992年的夏季表现出前所未有的可爱。南来的寒流形成虚假的秋意镶嵌在夏天的镜框里，于是人们充分享受着这种自然错位的实惠，同时为空调的缓购松了一口气，以期进一步的降价。街上的行人衣着绚丽步履从容，满怀喜悦地品味着这四季如春的感觉。海口有这么舒服吗？你还是赚一把钱回来算了。几乎每天都有人这么劝他。他说，我也没打算在海口待一辈子，不过我也没打算将来老死在犁城。那时他心里却想：我的家装在我口袋里。

这天下午，他去街上给女儿买玩具，在一家工艺品商店，他发现了一种金属珐琅挂盘。他仔细察看着，其实不过是搪瓷制品，但经过特殊的工艺处理，它的表面呈现出一种磨砂效果，看上去很有美感。他打听到这东西就是犁城搪瓷厂生产的，便立刻赶去。在车间，他找到了那位年轻的技师，问道：这东西能成批地生产吗？技师说除非是固定的图案，否则不行。技师说厂里搞这东西原意是作为广告公关的，没想要大批量地进行开发。街上的那几件都是脸盆底弄的，成本很小，工夫花在手工制作上。他琢磨着，又问道：如果是我指定的图案，你有把握做出来吗？技师说：只要不复杂就没问题，你看一眼你就会干了，工艺流程很简单。他说：我现在就想试试。他果真就按技师的指点做出来了一只挂盘。当挂盘从电炉里出来时，他的考虑也完全成熟了。

他准备做一笔买卖。

第二天，他电告公司，立即将海口的几家大公司的企业标志电传犁城。下午，他带着这些标志图案去了搪瓷厂，同负责业务的经理开始交涉了。他说：我要一万只。这个数目对日益不景气的搪瓷厂无疑是有诱惑的，况且他出的价格又很优惠。于是不到半小时，双方就草签了协议。他留下图案，要求看到样品后再做正式合同并付订金。他又去了一家皮革厂定做了几只与挂盘配套的包装盒。那盒子采用仿羊皮包装，内衬蓝天鹅绒，外加烫金字样，看上去让人爱不释手。这么一加工改进，原来的挂盘便一下子升了格，连搪瓷厂那个年轻的技师都怀疑这东西还是不是脸盆底制成的了。真是货卖一张皮，他满意地笑着，现在这东西就算得上个玩意了。他想，等自己把这件礼品送到这几家公司老板手中时，他们能不吃惊吗？他们怎么也不会想到自己公司的标志是怎样嵌入到了这件"金属珐琅挂盘"里的。他们能不高兴吗？只要他们高兴你会没有钱赚吗？至于价格，余地是十分宽广的，因为这是工艺品，工艺品是不好估价的，你能按一块黄杨木的价格去收购一件黄杨木雕吗？工艺品卖的就是一个喜欢。

那几天他因为这件事兴奋不已。现在文化公司账上有钱了，那个陈元田便不好再作梗。在合同签署之后，他一个电话过去，第二天预付的订金款项就到账了。对这个顺手拈来的项目他信心十足。而且他估算着，只要一万只挂盘顺利脱手，价格没有大的变动，二十万的利润便垂手可得了。这么一来他的公司就挣了五十多万，一年半载是花不完的。他长吁了口气，想起前些日子在集团内部的忍气吞声，就感觉是做了一场噩梦。看来人确实是需要一点压力的，他想，现在老子可以大声地宣布：我在南岛集团喝的每一滴水都是自己挣的！

李佳颇有些诧异，她没想到这个连"头寸"都不知道的小文人竟真的把钱赚到了手。工艺挂盘这件事就发生在面前，凭直觉她认为也是会赚钱的。在李佳看来，这个男人的确不笨，只要他兴趣所至，便会把一件事干得很像样。但是李佳又非常清楚，这个男人仅仅是凭兴趣做事的，这便不会在某一件事上耗得太久，大概只有写作是个例外。对待女人他也是一样的德性，所以这种男人将一辈子生活在恋爱中，这种男人根本就不配有家庭。这是李佳对他失去信心的根源，然而那时的女人又重新陷入了矛盾。本来她的设想是彼此拉开距离适应一下，结果恰恰是因为分开反倒加深了男人对家庭的看重与眷恋。这情形很像当初他们的恋爱，如果那时这个男人不是离开犁城到水市工作两年，他们肯定就彻底分手了。现在，他又提出一家人去海口度假了。李佳在那个凉爽的夏季真正感到了迷惘，她隐约觉得在这宗漫长而疲倦的婚姻中，自己第一次处于了被动地位。她发现自己对这个男人开始有了依赖，与当初的企图摆脱差距甚远。对于女人，这无疑是一颗不幸的种子，女人日后的痛苦已经在所难免。

很多次，李佳对1992年的海口之行懊悔不已。在南方的几十天里，新鲜的风景和新鲜的菜肴使女人不知不觉地完成了心态转化。她仿佛预见到了一种全新的生活正向自己款款而来。海口的面貌以及阳光空气和水都给李佳留下了好印象，于是以迁徙摆脱过去的策略在她头脑中逐渐酝酿成熟。那时她想，如今孩子大了，男人发展得也不错，与其各奔东西还不如齐心协力把家庭搞好。李佳想过些时候，等男人把基础再打牢一些，如果没有其他障碍，她便准备办理调动手续了。我们可以重新开始，她私下里这么想，一旦家搞漂亮了，这个男人也就恋家了。她觉得应该换一种方式与男人相处，这便是尊重他的选择。看来重塑一个男人是过于理想化了。三十岁的少妇李佳在那个夏季对计划中的未来显得信心十足，却不知道这仍然是命运安排的一个陷阱。

我们是那年的七月初由犁城飞抵海口的。集团又安排我们住进了别墅。副总裁齐之荣还专门在望海楼设宴给李佳接风。齐之荣是军人出身，为人厚道，对文化人显得比较尊重。我进南岛后，与他的接触中一直是很开心的。他希望我能尽快调过来，并说刘锐对我的印象不错。而我已经有了我的判断，只是难于言表罢了。老齐在李佳面前把我夸赞了一番，说一个文化人能在海口施展开拳脚，并能把钱给挣出来，实在是很不容易。我似乎也有点飘飘然了，席间大谈工艺挂盘项目，还将带回的样品请他过目。老齐看过，觉得很意外，说这个项目抓对了，并说它已经具备了实业性质，如果这一炮打响，他就建议刘锐投资兴建一个工艺品厂。老齐和我谈得兴致勃勃，一旁的李佳则更为欢欣，因为一切迹象似乎都印证了她的判断。那天晚上，后来李佳谈到了实质问题。她说她回去准备同父母商量，要是他们没意见，她就着手与海口这边联系。审计部门还是缺人手的，她说，这样的话我还在小政府，你在大社会。我听说这种家庭结构最合适。李佳的话让我感到意外，像这种大动作依她的性格是根本无从谈起的，而现在她居然还打算实施。我立刻打消了她这个念头，我说海口只是个临时码头，你见过在码头睡一辈子的人吗？李佳却不以为然地反问道：那你的家在哪儿？我一下没话了。这正是我最大的困惑，我想，难道我的家果真装在我的口袋里？我的沉默引起了李佳极大的不满与气愤。她刚刚培养的憧憬遭遇了毁灭性的打击，于是她便即刻返回到了原有的思维定势——这个男人的确是不可信赖的，自然就更谈不上有所依靠了。半个月后，李佳带着一腔怨恨提前结束了假期，登上了返程的海轮。我记得那是个阴霾四伏的天气，海面上笼罩着乌云，气压低得让人感到窒息。我建议她推迟几日，等订到机票再走不迟。但她执意不肯，说走就走，她说：我是需要家的，我的家在犁城。

几年后李佳回忆起这次旅行仍不无感叹。她说当海口的景物在她眼前开始晃动时，她的泪水不禁夺眶而出。她说她有生以来第一次真正尝到了幻灭的滋味。她说对于女人，痛苦不过是片刻的不幸，幻灭才是一生的灾难。

此刻我就站在秀英码头。今天要拍的是1992年"大陆人"抵达海口的戏。我们雇了两百名群众演员，副导演正安排他们做出卖力的欢笑表情。码头上拉起了大红横幅，上书：大特区热情欢迎你！我们企图制造一个虚假的繁荣景象来唤起大众对海口昨日的回忆，但是从整个剧情看，这个喜气洋洋的布置恰恰是对悲剧效果的一次铺垫。趁着灯光还没有布置好，我走到一个僻静的角落安静地抽了一支烟。我的眼前呈现出李佳离开时的那个伤感的天空，我依稀记得或者仿佛看到有一只白色的鸟在追逐着那艘笨拙而沉重的海轮。那应该是我。我的女儿随她的母亲又一次离我而去，我却像一根锈锚扎在了这个孤独的岛屿上。那一天里，我沉浸在无限的忧伤之中，这揪人的感觉时至今日也未从我的心头彻底走出去……

——1998年3月15日

海口：1992年9月

男人从秀英码头返回公司已经是黄昏时分。那艘船离岸不久海口的天空就下起了大雨。不知这场雨是否也淋到了那艘船上，他这么想着，今天真不是个离开的日子！李佳的脾气就像最近几天的天气，变化之快让人猝不及防。但他明白李佳的心思，他想李佳是带着怨恨走的，同时夹带着受伤的尊严。那天晚上的交谈后来草草收场了，但是他却一宿没合眼。女儿睡在他们之间，头靠着母亲，手拉着父亲——这个姿势保持了很久。等孩子翻身，他便悄悄下了床，去了隔壁的酒吧。他倒了一杯人头马，灭了全部的灯光，然后坐到靠窗的沙发上。月光洒落在他身上，效果很像一张低调处理的照片。在那个漫长的深夜，他的身体被月光和黑暗所分割，而他的心似乎已大卸八块，受着痛苦的煎熬。他回想起与李佳相处的前前后后，觉得自己就像一只蚕蛹，被一团团剪不断理还乱的情丝紧紧纠缠。但是这只蛹迟早是要变成长翅膀的蛾子的。长翅膀的未必就是蛾子。苍蝇也有双翅，而这虫子的飞行轨迹不过是一个圆圈……

雨越下越大，码头上腾起一片雾霭。他退到候船室，惦念着那艘船。后来他就渐渐睡着了。他梦见了一片蓝色的空间，有一双翅膀在风中鼓动着，然而他却不知它们属于什么身体。这个困惑追随了他很久，仍是一个悬念。

不知不觉中又过去了一个月。如果不是那笔生意，他怀疑自己能否轻松地打发走这段特殊的时光。与大陆相反，八月的海口除了正午有一阵暴热，其他的时间并不难熬，尤其是晚上，从海上吹来的风夹带着椰子的清香拂过城市，产生了惬意的凉爽。工艺挂盘项目进展得十分顺利，他所到的每个公司都产生了同样的效果，客户们皆表示出意料之中的满意。刘锐也认为这个项目不错，但他的思路不是要办一个什么厂子，而是企图把这个项目引到法国。我们可以借题发挥，刘锐说，在欧洲建立一个桥头堡，这样我们就伸出去了一条腿。我们另一条腿自然要落在美国。刘锐让他暂时把这种转手贸易停下来，花工夫就该项目在欧洲运作的可行性做些分析。他觉得这事开始变得有些荒唐了，这算他妈的什么项目呢？欧洲人要你这个烂脸盆底干什么？他明白刘锐的意思是醉翁之意不在酒，不过是巧立名目借风过湖。而且他觉得刘锐也有了些妄自尊大，一点破事便是欧洲美国，开口闭口就是跨国公司，好像他是个国际商务使者，到哪儿都是畅通无阻。尽管这样，他还是按刘的意思做了，果真弄出了一个"可行性报告"交给了集团总部。几天后的一个下午，他在楼梯上碰见刘锐，就问报告看了吗。刘锐说看了，但同时又通知他，这个项目从现在起他可以不插手了。这是他始料不及的。

这是什么意思呢？他后来想了很久仍是弄不明白。于是他去找了齐之荣，想搞清楚刘锐的用意。齐似乎有些难言之隐，就只好说：按总裁的意思办吧。直到下个周末的晚上，他才无意中得知了实情。这一次又是北京来人了，好像是一个部长，刘锐自然要设宴款待。每逢这种场合，刘锐都要让几个具有代表性的人物作陪。刘锐要介绍说谁是博士，谁是教授，谁是高级工程师，谁是作家，然后免不了要加重语气来一句：我们这儿什么人都有！言下之意是我刘锐的旗下人才济济。这话并不过分，但是他总觉得如坐针毡。部长并不认识我,我也不需要认识部长,何苦要受这份罪呢?他这么想着,忽然听见刘锐说,南岛集团下一步是把重心向国外市场倾斜,为实现集团的跨国公司目标打好基础。我们已经派人去法国考察了,刘锐说,想先与巴黎的一家公司合资办一个开发中国民间工艺品的厂子。他感到吃惊,原来刘锐不过是让他做了些下手活,这与会议上所说的"谁的项目谁负责到底"完全是两码事。那个纸醉金迷的晚上,刘锐的侃侃而谈对他已失去了吸引力,等宴席撤去,转入卡拉OK式的轻歌曼舞时,他便悄然离开了。

外面是一个姣好的南国之夜,椰风习习,月光妩媚,然而他已失去了好心情。街上的行人已经很多了,这将又是一个疯狂的夜晚。有人说海口的一天是从晚上开始的,这话不准确,应该说海口的一天到晚上才有看头。他沿着滨海大道往海甸岛的方向走着,看见人民桥的南端有当地的土著正在搭台唱戏,唱的是琼剧《三看御妹刘金定》。琼剧的腔调和粤剧很接近,那个女主角嗓门洪亮,唱得热血沸腾,但是他一句也不懂。于是就离开了。他想,做一个看客其实是很舒服的。他本来就该做一个看客,充其量做一个票友,而大可不必粉墨登场,结果他真的下海了,唱出来的腔调连自己也弄不懂了。不多会儿,他回到了集团的大楼。他想今晚写几个字。很久没有写作了,尽管此刻心情黯然,但写的欲望却显得格外强烈。进门时他瞥了门前的石狮子一眼,不禁暗自发笑。我他妈的就是这个东西,而且我还得缴纳场租费。然后他就进了电梯,门正要合上,忽然听见后面一个女声叫道:等一下。

他急忙用身体挡住电梯门,那女人便从他的腋下进来了。电梯间就他们,气氛自然有些尴尬,他们都侧身而立,各自有不同的视点。女人一直看着脚下,但是他从不锈钢镜面的反映中觉得她并不陌生。

接着他认出她就是"玉兰号"上见过的那个戴墨镜的女人。

我心里顿了一下。电梯很快就到了十楼,我得下去了。我想如果我再不吱声,兴许这辈子我们都没有说话的机会了。于是在我离开电梯的前一刹那,我说:我们见过是吗?她抬起头,显得有些紧张,但是她很快就想起来了。她脸红红地说:是你呀,你在南岛?我说我在十楼的多少号房间,请她待会儿来玩。她点点头说她要去贸易公司看一个老乡。

我便又强调了一句：待会儿见。电梯门合上，我的脚下突然轻松起来。

这个晚上我显然是不能写作了。似乎有一种感觉从我心里升腾而起，它至少表示我们给对方留下的印象是良好的。我做出一副平静的姿态坐到写字台前，闲览着当天的报纸，而我的内心却越发地不平静了。我在等她。我在想着即将进行的交谈的第一句话。这种感觉显然已超出了普通接触的范围，带有暧昧的色彩，从而奠定了某种基调。实际上我是在期待着某种印证。如果那个晚上她没有来到我的办公室，自然就不会发生以后的一切了，我的这种感觉便会迅速解散干净。但是没过多久，她来了。当那几下略带迟疑的敲门声响起后，我仿佛对我们未来的图景一目了然了。我有了一种类似征服者的喜悦，这超前的欢欣实在有些莫名其妙。

我现在可以正视她了。她的眼睛非常漂亮，而且明净灵活，让人心动。桑晓光这个名字也给我以好感。这个来自武汉的女人原是一家报社的记者，如今虽然还在报业工作，但大部分的精力却用在广告策划与房地产中介上。在她走进我这间办公室之前，她已经从她那位老乡那里知道了关于我的一些情况了。所以我们的交谈从一开始就比较从容，话题仍然是半年前船上的邂逅引出。她说她一眼就看出我是第一次到海南来，因为只有初上岛的男人才会穿一条短裤。而她已经早来了一年。我本来是打算坐飞机的，她说，可是前一晚我做了一个噩梦，就改乘轮船了。她没有解释那是怎样的噩梦，但我感谢这个梦魇。我说倘若没有你这个梦，我们现在就不会这么面对面地坐着说话了。我以为这句话会带来轻快，可是我注意到她的脸色陡然出现了凝重。我又给她拿了一瓶矿泉水，降低声音说：你怎么了？我是不是说错话了？

她很不自然地笑了一下，说没什么，只是觉得没有必要再提那个梦了。

谈话就此打了一个结。这之后我们完全是东扯西拉地谈了一些不着边际的事，什么封岛呀，特别关税区呀，再造一个香港等等，我们仿佛成了电视台某个专题节目的嘉宾主持。那时大约是临近十一点的光景，她挪动了一下身体，似乎表明要走了，又像是等待着我的进一步挽留。于是我说：要是没什么事就多聊一会儿吧。她反问道：你有事吗？我是不是耽误你很久了？今天是周末。我说我没事，我每个周末都没事的。这句话明显带有暗示，我似乎急于向她表明我身边没有女人。她笑了一下，她说她觉得有点奇怪，居然在电梯里又见面了。我说其实在船上我就预感到我们还会再见。

你那么相信预感吗？

我只相信我的预感。

我记得当我说出这句话以后我们便陷入了沉默。1992年夏季的那个晚上对我是重要的，在序幕之后，我和桑晓光的故事就是从这个晚上正式开始的。此刻，我离开了剧组的驻地，正沿着那个晚上我们共同走过的路往前行，这是一条靠近海甸溪的小路。

你现在看到的是昨日的风景。但这却是我用心复制的画面。这条小路我们仅走过一次，然而它却是我们开始的路。旧时的足迹早已不复存在，我也无找寻之意，不过是借此把我的记忆再描一下，因为我虽然害怕重蹈覆辙，但还是不希望这块记忆的天空受到污染。我说过我需要这片蓝色。

然而，一件意料之外的事出现了。我看见在这条小路的尽头立着一个女人的身影——是桑晓光！她显然已等候我多时了，这一回是我走进了她的预感。

怎么是你呢？我走过去说，我没想到你还在这个岛上。

我一直在。不在的是你。

我始终把这儿当个码头。

这回能靠多久？

两个多月吧，已经过去半个月了。

可我印象里你已经失踪三年了。要不是从报上看见电视剧拍摄的消息，还真难得一见呢，你现在谱大了。

我是想等忙过这阵，再说我还得打听，你电话号码换了是吗？

我早换了。

是不是骚扰电话太多了？

是又怎么样？

不怎么样，这说明你魅力不减当年。

你这人怎么一点儿没变？说话还是这么酸溜溜的！

都四十出头了，没法变，好坏就这样了。要是你不忙的话，找个地方喝茶吧。

后来我们就去了一家叫做"子夜"的茶楼。她开着一辆新买不久的白色都市高尔夫，驾驶娴熟，还是那么有派头。我们在茶楼上坐了将近两小时，却没有说多少话。她保养得还是很好，只是气色显得有些疲倦，眼神中透出不易察觉的黯淡。我想她过得并不如意——李佳曾这么说过，但是现在我又能说什么呢？我甚至几次想中断这种不伦不类的接触——我乐意去做一个恋爱中的男人而不想扮演一个旧日情人的角色。我想还是让过去成为记忆吧，这是最明智的考虑。到了分手的时刻，我说：回去晚了点，你那位不会有意见吧？我突然想起，几年前的那个夏夜我也说过同样的话。

我已经厌倦被人管的日子了,她说,我厌倦。

——1998年3月17日

沉默在一个夏夜出现在一男一女之间是意味深长的。你预感到什么呢?他想着,你是否预感到一会儿这个漂亮的女人会投向你的怀抱?你对这个女人印象深刻,几个月前在白沙门你就认真地去想过她,可是你没想到眼下她就坐在你面前!

隔着一张写字台就这么沉默着。这一刻显得多么的安静。似乎谁都不想首先去打破沉默,或者说两个人都在寻找打破沉默的方式。他看着她,那目光已经是赤裸裸的,毫无遮掩,但她始终在看她的手——它们交错一起不停地动着,像刚脱壳的雏鸟。这时,他觉得一句话该说了,他轻轻地喊了她,她抬起头便被迎面的目光击得一惊,脸色骤然泛起了红晕。女人的紧张还没有过去,男人的话就已经脱口而出:

我可以爱你吗?

女人绝对没有想到男人会这么直截了当。那一刻,女人感到不知所措,但她内心的激动则通过她丰满的胸脯暴露得一览无余。女人没有吱声,咬着嘴唇,又把头埋下了。她听见男人说:我是认真的,不过现在你不要回答我。什么回答都不要。如果你觉得我们还可以一起谈谈,三天以内给我一个电话。

要是过了三天呢?女人说,还见面吗?

不,男人说,那会很累。现在我送你回去。

这个男人很霸道,女人这么想着。可是正是这一股霸气使她在那个夏夜辗转反侧。

电梯间仍然是两个人。女人有些顾虑,所以把双手抱在胸前。但是男人并没有做什么,甚至都没有拿正眼看她,与刚才判若两人。很多天后,女人这样对男人说:你这家伙是个高手,引而不发,好让我自动上钩。女人说要是那天晚上你就动手,我会一耳光把你扇开的。

后来他们就走上了那条小路。在路的尽头他问了女人:回去晚了点,你那位不会有意见吧?女人说"那位"出差了。女人以为他会说那我送你到家门口吧,但是男人没有说。男人拦了一辆出租车,摞给司机二十元钱,说:把这位小姐送回家。然后就替她拉开了后面的车门。

这个晚上他不打算回宿舍了,因为他预感到女人会来电话。他冲了个凉,光着身子坐到阳台上。从这个位置可以看见很远的海以及海面上夜航的船舶。这时,他想到了李佳和女儿。和以往一样,每次面临新的情感,他心里都显出隐隐约约的不安。将近三年,他没有新的艳遇,于是那颗浮动的心也渐渐沉落了,现在突然出现了变化,他毫无准备,这种不安便更为强烈。他似乎已经感到,与桑晓光将要发生的情感是无法阻挡的,也不会是过眼烟云的逢场作戏。尽管这个女人有家,但从她今晚的表现看,这个家对她没有吸引力,也不至于有多少束缚。这是典型的外遇,他想。这种感觉不好,是赤裸裸的通奸。通奸之于爱情总有剔除不尽的亵渎,不干净。问题是这个女人又非常可爱,她的顾眼流盼彻底地打动了男人,充分调动了男人的爱意和性欲。这个时候,性就是一条蛇。

一切都没有发生,他不过是在假想中见到了那条蛇。

电话突然响了!

他用力使自己平静了一下,才拿起话筒,女人的呼吸便传了出来。

还在呢?

我在等你的电话。

又是预感?

没错。

看来我太老实了,我是怕……

你不来电话,我会很着急,一宿都不会睡的。

你现在困吗?

我们接着聊。

那你说吧,我很喜欢听你说,也能想象出你说话的样子。

我说的够多了,你说,你的声音很漂亮。

我该从哪儿说起呢?

桑晓光那个晚上在电话里说的事令我吃惊。话题还是从那艘船谈起的,她说她刚在武汉的家中做过流产,静养了一个月回来上班。因为她丈夫每天忙于公司业务,加上她又到广州看一位亲戚,所以就没有让男人来接她。船到海口，她兴冲冲地赶回家，没想到家中已经住进了另一个女人，而且那女人还微笑着问她：你是谁？她说：这话应该由我来说，你是谁？那女人就明白了，然而并不怯，仍旧是微笑着说：问你丈夫吧。桑晓光被这突如其来的灾难气得差一点晕倒，立刻就住到了一个朋友家。那时她想起在广州做的那个梦，她梦见自己变成了一只白鸟，在空中盘旋，翅膀一直在滴血……

我早该想到，她这样说，我忘了这儿是海口。

现在呢？我问道，你打算怎么办？

我想我迟早会离婚的，她说，这块阴影在我心头过不去。

然后她就哭了，哭得很伤心。怜香惜玉是我们这种男人的劣根性，况且电话那端的女人今夜已经走进了我的生活。一股虚夸的英雄气的东西鞭策着我，好像这个女人自九霄落下，而我能将她接住。我说你别再哭了，这没什么，真的没什么，等一个好天气去把手续办了吧。

我好像说得过于简单了。其实我真正想说的意思是：没关系，有我呢！在那个深夜，我的确想对桑晓光承担些什么，似乎这已是义不容辞的责任。而且那种通奸的罪恶感也自觉地消解了，我把她视作了一个独身女人。这一点很重要，我并不想成为第三者去肢解他人的家庭。这与其说我还有残余的道德观，不如说我在怜惜自己——我无法容忍一个刚从丈夫身边醒来的女人又爬到我的床上。我承认我是一个自私的男人。

电话一直打到了天亮。第二天是星期日，我便去了一家新开业的酒店包了间客房，舒舒服服地洗了个澡，想好好睡上一觉。可是由于过度的兴奋竟不能成眠，眼前总浮动着桑晓光那张明眸皓齿的脸，这张脸的表情随着她昨夜的电话故事不断变化，支配着我的想象力。我在宽敞的床上翻来覆去，直到黄昏才勉强睡了会儿。我醒来已是晚上将近九点的光景，觉得该给桑打个电话了。我便呼了她，不一会儿电话过来了。你怎么在那儿呢？她说，我以为你就在办公室里打个盹呢。我说我得踏踏实实地睡上一觉。她就问，睡踏实了吗？我笑道：马马虎虎吧，意思到了。她说不好意思，弄得你这么累，昨晚的电话打得太长了，我从来没有打过这么长的电话。我说我也没打过，算是填补了个人生活的一项空白吧。然后我又说要是没别的事，就过来接着聊。她似乎有些犹豫，但我已经把电话给挂了。我起床把自己收拾了一下，望着镜子里的男人，觉得他还有几分英俊,我不禁自嘲一笑:我他妈的又成恋爱中的小伙子了!然而我一点也不轻松,和以往的经历相比,我总觉得多少带有一些勾引的成分。一切来得都非常突然,一个电话就传达了全部的意思,很可能一会儿就将上床——这是不是太快了?我很自然地想到了那个林之冰。当初在犁城我们也是一步登天,结果呢?

桑晓光很快就来了。她显然也没有休息好,脸庞有些浮肿。和昨晚明显不同的是,她的情绪忧郁而低沉,好像完全是另一个人。她也是腼腆的,我们在电话里已经把两个人交往的性质挑明了。我一边倒水一边观察着她,我想她此刻一定很矛盾。因为她在电话里是这么表明的,她说:如果我打算离婚,才有可能去接受新的爱,而我爱的那个人是我所信赖和依靠的。我要的是真爱。这其实是说:你能给我这样的爱吗?桑晓光所说的"真爱"无疑是以婚姻为最终结果的,而这个结果至少目前我还不能给她。更何况在我深层的意识里我是不会因为一个女人去同另一个女人离婚的,那是赤裸裸的抛弃。尽管我和李佳的婚姻是无望的婚姻,但是这也应该与第三者无关,有朝一日的离异仅仅是表明当事人的无能,而不是外来干涉的结果。

气氛不是我们所预期的那个样子。现在我仔细回想起那次的见面,觉得我很像一位心理医生,正面对客户的咨询。而她所言的那些恰恰是我自身的难题。我们开始陷入一种沉重的局面,对下一步似乎都没有底,都不敢轻易迈出。所以这一次理性占了上风,在简单的几句交谈之后,我建议她洗个澡,而我需要出去吃点东西了。然后,我带上了门。

外面的空气很好。地面上的热浪已被海洋所吸收,清爽的凉风掠过我的胳膊很舒服。我走到一个大排档,要了一份炒面和海螺冬瓜汤。那一刻我显得十分的清醒,既然我已经看见了未来的路并不平坦,我何苦非要惹火烧身呢?如果这个女人为我离婚再等候我的迎娶,仅此一副担子便可将我压垮。我害怕这个。我要承担的不是这样的后果。

等我返回酒店时,桑晓光已经和衣躺在床上了。她睡得很沉,昨晚的事对她而言也一样非同寻常,她应该更累。我不认为她是有意作出某种暗示,她的确是累了。我走近她,替她脱了鞋子,又盖了床毛毯,然后将床头灯熄灭。时间又到了十一点,这个晚上还会发生什么事?我无意去想。后来我就坐到台子前打算写点什么。镜子里反映出女人的睡姿是优雅的，但是我发现，她的手不美，比较短粗，像孩子的手。我于是又熬了一个通宵，写下了一堆废话。黎明时分，桑晓光醒了。她这才意识到自己在一个陌生的男人身边过了一夜，显得有些慌乱。她说你怎么不叫醒我？这多不好。我说这没什么，就当是在火车软席车厢吧。说这话时我仍在写写画画，连头都没回。她走到我的身后，一只手像鸟一样轻轻落在我的肩上。

这个平常的动作出现在镜中却成了令我感动的画面，至今也没有褪色。我在这部《北纬20度》中有一组男女主角握手抚摸的叠化镜头无疑是受此启发的。我和很多女人握过手都没有太多的感触，而这一次竟让我怦然心动。我握着的这只手并不漂亮但我却握了很久。没有更多的接触，就这么握着。很长时间过去，我产生了这样的理解——我们是想竭力抓住对方，而命运往往作出相反的安排——你越想抓紧的便叫你彻底失去。

——1998年3月20日

桑晓光自从家中出事后便与丈夫实行了分居，在靠近府城那一带租了一间民房。现在他们认识了，他便建议她住到海甸岛这边来。她自然是同意了。桑晓光的乖巧让他满意，他想李佳就特别缺乏这个。李佳的个性太强，所以他们的生活总是针尖对麦芒以至于两败俱伤。他喜欢没有主见的女人，尤其喜欢有知识而无主见的女人。这倒不是自以为是，让女人什么都听他的，而是他从中获得了一份信任。他觉得女人的信任是对男人能力认可的一种标志。房子很快就落实了，约好今天搬家。他安排公司的员工忙了一上午，大家似乎看出了他们的关系，干得很起劲。只有广告部的邢蓉显得有些神色黯然。这个来自成都的姑娘平时是很活泼的，今天却一反常态，寡言少语。他注意到了这个变化，但没有往心里去。几个月前，这个二十出头的女孩来公司应聘时，他就意识到某种意义上这个女孩是冲着他人来的。这个文静的姑娘在大陆就读过他的小说，而且他们还时常交谈一些关于美术的话题。说她对他怀有几分崇拜也不为过。但他没别的想法，他觉得如果在自己公司内部搞出些名堂是可耻的，那情形无异于教师诱奸女学生。所有的女人都是同行，看来张爱玲这句话很对。但是上个月李佳来时，邢蓉倒与她相处得不错。她们在一起的时间比他还长。法律有时候还是威严的,他想,这个邢蓉不敢轻视李佳是因为后者占着妻子的名分,而桑晓光不过是另一个女人,一个有夫之妇,一个微不足道的小报记者。到了中午,桑晓光请公司的员工去饭店吃饭以示答谢,邢蓉便借故离开了。那时桑晓光正沉浸在新的感情生活里,因此无暇留意这个细节。一旁的他却看得很清楚,但那时他还不知道在未来的日子里这个叫邢蓉的女孩子是多么重要。

那天他兴致勃勃地作了一幅画，是泼墨大写意的山水。这幅画挂在床头是非常合适的。画使这个空间发生了变化显而易见，他本人也很满意。好久不画了，所以作画的过程他有些兴奋，画得大汗淋漓，以至整件衬衣全湿透了。桑晓光说：去冲个凉吧，洗澡间在外面平台上。他看了女人一眼，突然抓住她的手，把她也拉进了洗澡间。桑晓光被这突如其来的举动弄得有些紧张，说：你怎么了？他说：我想要你！女人迟疑地问道：现在？男人点点头：对，现在。说着男人把女人搂到怀里，同时拧开了水龙头。

水像刀子一样切下。水很快浸透了他们全身。女人的身体在湿透的衣服下面产生的诱惑超出了男人的想象。那是一种立体而朦胧的诱惑，具有无与伦比的震撼力。水像是冰冷的酒，他们浸泡在这酒里，他们不能不醉！水最终还原为水，但已浇不灭他们的欲火。他们是在水中燃烧！当他们的身体完全结合到一起时，那扭动的身躯如同升腾的火焰，他们发出的叫喊声仿佛火在风中的呼啸……

这是1992年9月的标志。是南方之南的标志。是岛屿的标志。

广州：1992 年 10 月

南方没有秋天，这是我多年前的断言。现在看起来，这或许是我后来决意要离开南方的原因之一。我无法忍受生命中剔出这个忧郁伤感的季节。我生于秋天，我的恋爱也基本上发生在秋天，我在秋季承受过许多侮辱和打击，而我最得意的作品也是在这个季节里完成的。

和桑晓光的相爱无疑是我在 1992 年的一件重要的事。但是在开始的时候，这爱情是极不真实的。某种意义上，这不过是一个独处三年的男人和一个分居六个月的女人共同炮制的一场风花雪月。尽管女人一直在强调着"真爱"，男人在自欺欺人地改变着通奸的性质。性从最初就支配着一切，这甚至可以追溯到他们相遇的那艘旧船上——当那个十九岁的姑娘跳海时，女人害怕地紧靠着男人，而后来男人最值得回味的却是女人光润细腻的肌肤。像鱼或者玉，他自语道，有着凉爽的表面。

从那个黄昏以后，我们的接触自然越来越频繁。她那时供职的报社很忙，每天都是早出晚归。但有时候中午我们还想见面，于是就那么紧紧张张地爬到床上，例行公事似的做爱，然而质量又非常之高，每一次都是大汗淋漓气势汹汹让人欲罢不能。这种性默契是难能可贵的，我珍惜这个，实际上它也是我们难以割舍的原因所在。在那前后几十分钟里我们忘记了一切烦恼，不知身在何处。我记得有一次停水了，自来水龙头拧开忘了关，结果等两个人完事了才发现水什么时候又来了，流得一地都是，鞋也漂了起来。我的性爱经历不算贫乏，但与以往相比，这一次显得尤为强烈。桑是一个好女人，我时常私下这么感叹，也是一个女人味特别足的女人。然而我也想从中找出性与爱的比例，总希望感情的砝码重一些，好以此对自己的人格作出响亮的证明。我很想从桑晓光身上找到过去与韦青的那种感觉。

高潮转瞬即逝。快感之后便是困惑。这困惑又需要新的快感来慰藉，需要高潮迭起。1992 年夏季在我印象里是过于漫长了，那时我并不知道秋天其实已经来临，太多的汗水模糊了我的视线。

很多次我脑海里浮现出这样的画面，可我又不能对其作出充分的诠释。我只是隐隐约约地觉得它蕴藏着某种暗喻。我没有把这个感觉告诉桑晓光。不久，她去北京参加一个新闻学习班，计划要住两个月，这对我们无疑是不好忍受的。本来她想放弃，但据说学习班颁发的结业证书将对职称评定有利，我还是劝她去了。我说你和我不一样，职称对你还是有用的。她说如果你能养活我，我就立刻放弃。这自然是一句笑谈，但也透露了她的某种安排。桑就是一个需要依靠需要归宿的女人。虽然当时她不过二十五岁，但已有了一次失败婚姻的记录。婚姻无论对女人还是男人构成的影响都是巨大的，它会让人很快老起来，这与婚姻的成败无关。

我的心思重新回到生意上。文化公司的业务已逐渐做起来，日子不愁过，但是自从工艺挂盘那件事之后，我和刘锐的关系开始疏远了。他可能并没有什么感觉,在他眼中,这个公司只要不向他伸手要钱,只要我还在他的旗下,就没有事可操心的。而我也失去了想干一番事业的好心情,原先打算做的像城市雕塑、拍摄大型电视专题片那样的项目,再也不能给我以激情了。我的生活开始变得奢侈,大有挥金如土之势。我奢侈得心安理得,因为这钱是我挣的,我不能贪污但大把地花它则是天经地义。这天,我找陈元田交涉,想买一辆奥迪车。我说按集团规定,下属子公司在自身财力许可的情况下可以添置包括汽车在内的固定资产。陈元田当即查了我们的账,说文化公司账面上只有十几万。这怎么可能呢?我质问道,我们起码还有四十几万才对呀!我要求查清账目。陈元田说,集团自身订的那笔挂盘礼品购置费先挂着;另外贸易公司借了你们十五万暂时周转,下个月还你,利息照算就是。我生气地说:这事至少该同我打声招呼吧?不料陈元田反问道:有这必要吗?我高声说:有。在文化公司我是爹!我告诉你,这车老子买定了!

  我是有意这么嚷嚷。我知道陈元田很快就会到刘锐那儿告状的。我必须要让刘锐清楚我不是一个电视小品里的白面书生。我回到办公室,静等着刘锐的传唤。我是打算今天把一切全摊开的。然而一天过去,刘锐并没有找我,第二天约我谈话的是副总裁齐之荣。老齐开始不切正题,还是像以前那样夸我,然后才说集团最近扑了几个大项目,资金需要量很大,难免对子公司的用款有所限制,但这只是暂时的。我说这本来不该成个问题,只要事先有个商量。我没赚到钱时看人脸色,难道赚到钱了还看人脸色?再说,上面说话得有信用,光许愿是行不通的。你们今天讲承包,明天讲入股,后天又说给子公司的老总分一套别墅,能兑现吗?不能兑现又怎么办?这么下去谁还愿意跟着你们干呢?齐之荣听了面色有些沉重,但最终也只能一笑置之。

  那天晚上我感到伤心而沮丧,觉得自己像是落入了一个又深又黑的陷阱。几天后,我去了广州,这个始终不能让我感兴趣的南方大都市那时却有一个开心的笔会。我见到了我的一些久违的文学朋友,海口的那些烦恼便很快忘却了。我现在写东西很困难,时间全出卖给了金钱和爱情。我的一些朋友倒是硕果累累,一夜间都成了当代中国文坛的著名作家,有的差不多是明星了,所到之处都有记者跟踪和读者签名。我不知道自己是羡慕还是嫉妒，总觉得混在其中有些不伦不类。很长时间过去后，有朋友这样说我：只要看见某某人的小说不断，就知道这家伙的生意做砸了。这真是肺腑之言。

昨天，桑晓光又来了电话，说她的一个熟人正要自费出一本小说集，问我能否替他作序。那个人我一点也不熟悉，自然也就谈不上读过他的小说。我有些犹豫，说等看过他的作品之后才能决定。她在电话那端不以为然地笑了，说你是不是把自己太当回事了？我说至少要负责吧，不看作品我从何谈起呢？她就叹了口气，说你当初要是拿写字的态度来对待我们的关系，我们也不至于落到今天这步田地。后来我们就谈到了广州——这段往事我们曾多次说过，但是每一次谈它的感受都不尽相同。我忽然想到刚刚辞世的日本导演黑泽明的那部不朽之作《罗生门》，故事中人所作的表述之间出现了远远大于故事本身的空间，那是叙事的空间而并非想象的空间。然而无论是作为当事人还是叙事者，我觉得要说明白我们的关系，仍是一件难事。

——1998年3月22日

笔会很快就散了。羊城的朋友想留他多住几日，看看在广州能否找点项目。在朋友眼中，他是个能折腾的人，是老板，但他们不知道他是个说了不算的老板。一想起临行前和集团结算中心闹的不愉快，他就觉得眼下这日子很窝囊。这样的时候他自然就想回犁城了，他想在犁城虽然过得沉闷，但不需要看任何人的脸色，李佳不会再管他了，他能整天和女儿在一块儿。这次来广州，他就想顺便回去一趟。他已经踏上了大陆，不回去是办不到的。于是他给家中挂了电话。是保姆接的，告诉他李佳前两天去了深圳，也是开一个会。他就要了李佳住地的电话，心想隔得这么近总不能不联系。倘若时间赶巧了，他们可以一块儿飞回犁城。结果李佳他们去珠海观光了，会务人员说需要两天才能返回。他似乎有了一点失落感，这感觉显得奇怪，也令他困惑。他想假如李佳是他的情人而并非他的妻子，那个下午他肯定就追到了珠海。现在这么近却无法联络，好像也是命中注定的事，没准等你到了珠海她又回了深圳，失之交臂，缘分尽了一张纸就是一堵墙。

这时手机响了,是桑晓光从北京来的,说他们的学习班提前结束了,明天就可以飞回海口。他说,我现在人在广州呢。桑晓光问那你什么时候回去?他迟疑地说:我想顺便回犁城看看女儿,想住些日子。桑晓光停顿了片刻,说:我们已经有四十多天没见了,你这一去时间又不会短的。他说,孩子她妈也出差了,家里就只有保姆,这时候我确实想早点回到她身边。桑晓光说:那我们就在广州见一面吧,我现在就去改票。

翌日中午,他去白云机场接到了桑晓光。那个时刻,李佳大概正在珠海开往深圳的豪华游轮上。据几年后李佳本人的分析,当她把疲惫的身体放到深圳的床位上时,在几十公里外的广州某个宾馆里,一对狗男女的偷情刚刚走向尾声。那一天里我都觉得眼中有揉不去的沙子,李佳说,而且我嗅出了一股腐朽的青草味——那是某个女人裤裆里发出的气味。李佳相信自己作为女人的直觉一贯是惊人的,但是她却隐瞒了同时间发生的另一个事实。

就是这样,高潮中透射出隐匿的阴影。从中午到黄昏,他们就一直在床上。轮番的做爱使他们成了一条在波峰浪谷里颠簸的船,在此起彼伏中度过每一秒。纵欲掩盖了一切,观念成为虚无。在那几个小时里意识已接近死亡,连肉体最终也失去了意义。室内的光线越发暗了,他碰碰女人,该离开这张床了。女人只买到了晚上的机票,海口如今是热线,如果今晚不走,就只能拖到三天以后,或者改乘轮船。但他不想女人一个人再在一望无际的海上漂流二十几个小时,那将是寂寞而乏味的。他说,就晚上吧。你一到就给我电话。我明天回犁城。女人接受了这种安排,女人说早去早回吧,别把我一个人放在岛上太久。这句话听了让他心酸,他第一次感到女人很不容易。在广州的时间仅仅是几小时,然而却意外地改变了他的观念——他觉得这时的自己是真的爱上了这个女人。

飞机正点起飞。广州至海口的飞行时间大约五十分钟,等他从机场返回,他想桑晓光一会儿该到了,就匆匆洗了个澡,然后躺到床上等女人的电话。女人的气味还滞留在这张床上,使他陡然感到了寂寞。这时,羊城的朋友看望他来了,他很高兴,于是就把自己与桑晓光的爱情故事一一谈出,越谈越激动。不料那朋友说:你以为你这辈子就只爱她了?可能吗?他反问道:为什么不可能?朋友说别抬杠,你这种人我见得多了。再大的热乎劲也就两年吧,不信咱们走着瞧。尽管头上淋了一瓢冷水，他还是热血沸腾，他说你不了解我，你更不了解她。朋友说我只了解时间，时间的结论会更精彩。

一提时间他便看了一下表，已经过去近两个钟头了，桑晓光的电话还没有来。他想女人这会儿大概在洗澡吧，于是又同朋友继续聊下去。他的神色显得心不在焉，他说：我在等她的电话。朋友说不是刚走吗？他笑了一下。朋友说，都一样，你这不过是第一阶段，算热恋吧。但是男人越往后去这热恋就他妈的越短。不信你到六十岁的时候再热恋一回看看，恐怕时间就只能用秒计算了。朋友显然是个高手。但他说：我不信这个，我只信我的感觉，我现在离不开这个女人，我想我一辈子都会离不开她，我就是这么想的。朋友说：要是她死了呢？你能打几十年的光棍？你别这样看着我，我不过是开一个玩笑而已。他一下陷入了沉默，片刻之后他轻轻地说：我可以为她去死，你信吗？朋友愣了一下，说咱们别谈这个了，你还是等电话吧，我去洗个澡。

时间在一分分地过去，已经是临近十一点的光景了，桑晓光的电话还是没有来。隔壁的洗澡水稀里哗啦弄得他心烦意乱。怎么回事呢？他拿起话筒往海口拨过去，那一端仍是忙音。忽然，他从嘟嘟的忙音中觉出了一种不祥之兆，便立即又给白云机场值班室挂了电话，询问那次航班是否安全降落在海口机场。他说我有一位亲人在飞机上。一个冷漠的声音对他说：不清楚，我们只负责它安全起飞。然后电话就挂断了。又是一串忙音。他顿时觉得眼前一黑……

朋友从洗澡间出来吓了一跳，连忙扶起他：你怎么了？

他一把抱住朋友说：出事了！她的飞机出事了！

然后他像个走失街头的孩子似的号啕大哭起来……

所谓走火入魔也不过如此了。那一夜我真不知道是怎么过来的。当时我似乎认定了那趟航班已经失事，桑晓光遭遇了不幸。而这不幸全是因为我，是我杀了她！我不能想象她为什么不来电话，没有任何理由。我的神经质也弄得我那位朋友不知所措，他甚至懊悔自己的那句玩笑之语：要是她死了呢？我们好像陷在死亡的气息中，周围弥漫的都是血腥味。后来，那时大概已是翌日凌晨五点钟，他陪我到珠江边走动，一路劝着我，说不会是空难，绝对不会。我便想到不久前发生在桂林的那场神秘空难,那一天,我正好在天上,而且是同一时刻。我相信我所乘的这架飞机与失事的飞机在一万米的高空中有过相遇,但死神的手落在了它的肩上。

天渐渐亮了,我们回到宾馆,还是没有海口那边的消息,电话还是忙音。我的朋友已经支持不住了,一躺下便呼呼大睡。我仍沉浸在虚妄的悲切中,为我的女人祈祷。我已决定今天不回犁城了,没有桑晓光准确的消息我是不能作出后面的安排的。到了上午九点将近,屋子里突然响起了电话铃声,是她的!原来昨夜她的电话坏了,就这么简单。我心里的一块石头总算落地了。我说,哦,是这样。她大概听出我的声音有些异样,就问:你怎么了?我说没什么,现在一切都好了。

我这次从广州来,那位朋友还在用这件事笑话我,说那一夜搞得他不得安宁,鸡飞狗跳的。但他又感叹道:男人对女人能有如此的惦念,对双方无疑都是一种幸福。我说这话现在听起来像是挖苦,我们当初的争论算是有结果了。两年,也就是两年。不过这两年应该是我一生之中的最好时光，到今天我还是这么认为。现在，我的窗前正下着雨。剧组上午休息，摄影师带人出去拍空镜了，我告诉他我需要逆光下的雨。需要雨在老街的黑屋脊上流淌的那种感觉。但我还不清楚这些镜头将来用在片子的哪些段落。雨这种情绪的东西对我是永远的需要，就像我的生命中不能脱离秋天。

1992年秋天开始的时候我在羊城逗留。那场人为的虚拟劫难过去后，我的心绪好到了极点。那时我根本不知道真实的劫难已经找上门了，含糊的敲门声被我忽视得一干二净。几小时后，我登上了广州至犁城的飞机。由于忙着为女儿买玩具和服装，我差不多是最后一名上飞机的乘客，自然机票签到了后舱的末排。没多会儿，飞机就升空了，我这才看到真正的白云。后舱有些颠簸，我的心脏便有些不舒服。于是我站起来想作些调整，以往的经验这样做很有效。突然，我发现中舱靠近窗口的位置上坐着一个熟悉的背影，竟是李佳！这简直是戏剧性的情节，我真不敢相信自己的眼睛。我正想走过去，这时看见坐在身边的那个西装把手轻轻放到了她的肩上。我心里一挫，脚下便迟疑了。我不认识那西装，我想他应该和李佳在一个单位或者一个系统。但他们未必是在会议上才认识的。他们低声谈笑着，好像涉及到了音乐，因为西装的手指不停地在李佳肩上敲着节奏。这种暧昧的情调让我不舒服，我厌恶那只手，但是我不厌恶李佳。想起昨日在广州的所作所为，我只觉得这似乎是天意。我唯一懊恼的是不该搭乘这趟飞机。

天转瞬暗了下来，飞机一头钻进乌云，碰上了某个地区的雷雨天气。机舱里红灯亮了，接着空姐发出通知，解释情况让大家系好安全带。西装的手也随之落了下来。我回到座位上，觉得飞机越来越颠得厉害，但我不想系安全带。那个瞬间是一片死寂，我在想要是真的出事了我会一下冲到李佳那儿，把她紧紧地抱住——这也是命运对我们最慷慨的安排。

很多次，我被这幻想的画面感动得热泪盈眶。我这个内心虚弱的人却愿意活在如此惨烈的氛围中。在那个遥远的二十四小时里，我连续两次面对了死亡——尽管那是虚妄的死亡，但死亡的阴影是无比真实的。死亡赋予我的意义是真实的。我为我的情人祈祷担忧，我愿意和我的妻子一起粉身碎骨，但是肉体的劫难却疏远了我，命运留给我的是无以穷尽的另类浩劫。我没有告诉李佳这件事。飞机安全降落在犁城洛川机场

后，我在附近的一家小馆子里吃了晚饭。我破天荒地要了一小瓶二锅头，慢慢地喝。那时李佳应该到家了，或许正和女儿一起玩耍。李佳能如此调整自己，对我倒是个安慰。事实上我们这些年狼狈不堪地过下来，她也没有怎么委屈自己。我就是这么看的。我们之间除了一个孩子的牵扯就再也不剩其他了。眼下不过是等待，等待孩子再长大一些——这话她重复过多次。我们在等待中度过了一年又一年。天空中又响起了巨大的轰鸣，又一趟航班进港了。我这才离开了小酒馆。

意外的是李佳并没有先我而归。保姆只说孩子妈妈也是今天回来。我突然感到有些气愤，为我女儿感到不平。有什么理由可以把女儿扔到一边呢？我很自然地想到那一年她和那个老马的破事，她当时准备和我离婚，却忘了与我争一争女儿的监护权。她甚至明确地告诉我，她愿意放弃这个孩子！对李佳，这一点我是永远不会原谅的。我和女儿一起玩着,这孩子明年该上一年级了。我有些后悔,那一次离婚由于我的优柔寡断半途而废,如果斩钉截铁,这孩子我就会送到石镇,放在我父母亲身边。石镇的教育在这个省是名列前茅的。这孩子一定会是个好学生。我想起她"抓周"时的情形,十件东西她三次都选了一本书。我记得当时我的眼泪都溢出了眼眶。现在,我得给我女儿打个电话了。犁城的房子去年冬天装修好了,她有了一个不错的书房。但是她最近的兴趣是迷上了那些卡通漫画。李佳对此很生气,说这样下去学习成绩会直线下落,每回电话里都要嚷这件事。我却不忍去说,一想到女儿的书包有十八斤,我就憎恨时下的教育。我觉得那些制定教育方针的人没有一点人性,而且也是无能之辈。但这就是中国,一个历来忽视人的天性的古老民族,一个自己不会玩也不让孩子玩的东方文明大国。它的想象力哪里去了?

——1998 年 3 月 25 日

犁城：1992年11月

他在等待着李佳。那时候女儿和保姆都已经睡了，窗外的路灯在风中孤独地摇晃着。犁城这一年的秋天似乎来得太早，不到十一月，树头的叶子便开始飘零了。这一个多钟头他感到非常不舒服，闭上眼好像就出现了李佳和那个西装调情的场面，那差不多是他和桑晓光在一起的赝品。他们做爱了吗？他觉得这个问题在深沉的夜里实在是显得天真，那就像第一次看毛片时的心情，总想知道别人与自己在方式上究竟有何不同。这种下流的好奇心每个男人都有，但此刻他关心的是李佳是否真的把自己交出去了？从前他一直在寻找种种理由来对自己进行安慰，总以为李佳不过是和自己过不到一块，她渴望的只是另一种生活而非外遇。他甚至以李佳从不撒谎为骄傲，自然也就谈不上

什么欺骗了。现在他发现自己简直就是本世纪最后一个理想主义者，自欺欺人得可爱。他又想到了桑晓光，这个女人至今也还是有家的，但她会对自己的丈夫——哪怕是即将要离婚的丈夫说：我有外遇了？或者说我已经爱上了别人？类似这样的言辞电影里倒是经常出现，所以电影总是不真实。

他听到了李佳的脚步声，但听上去并没有想象中那么轻快。钥匙在门锁里费劲地转动着，他立刻就把门打开了。李佳吓了一跳，说你什么时候回来的？他说没多久，我在外面转了一圈。

什么时候离开海口的？

有十几天了。

去哪儿转了？

广州有个笔会。

你今天是从广州飞过来的？

不，上海。你呢？

我是从广州。

广州到犁城的航班应该早到了，晚点了？

晚点了几个钟头。

那趟飞机总是晚点。

这次回来能待多久？

随便吧。

下次就该到春节了。春节还回来吗？

回来，我想带孩子回石镇。

你休息吧，时候不早了。明天我不上班，我有话和你谈。

不能现在谈吗？

我累了，明天吧。

然后李佳就去洗澡了。他回到自己的书房里，习惯性地掩上了门。刚才他们以谎言进行的对话他觉得很有意思。看来说谎并非一件难事，他想，说谎而不脸红也可看做一种修炼的。他突然想到十几年前在北上的火车上第一次见到李佳的情景，他怎么也忘不了那女孩对他说的第一句话：你吃橘子吗？这么一句话竟然能打动他是多么的不可思议！那时的李佳会撒谎吗？他觉得不会。一个干净而体面的女孩应该与谎言无关。明天李佳要同他谈。谈什么？是立刻摊牌吗？把三年前夭折的那幕离婚大戏接着演完？现在孩子倒是大了，就此脱离母亲的手臂似乎也是水到渠成。这个小事精明的女人习惯超前为自己找一条后路，就像把全年的卫生巾和感冒药一次性批发回来。她一旦想通了便动作很快。夏天的时候她还在考虑是否举家南迁，秋天才到她又着手安排离婚了。这实在是一个难以捉摸的女人。对这种女人唯一的方式就是随她去，想什么都显得多余。他也累了，的确到了该放松地睡上一觉的时候了。

这个梦境是在黎明时分出现的。他不知其意，只觉得自己的手被一团纸状的东西缠住了，但无论怎样也挣不脱。他像是从一块巨大的石头下面拱出来似的累得气喘吁吁。外面的天刚见亮，早起锻炼的老人脚步声显得很空洞。他不想再睡了，靠在床上抽完一支烟就去拿奶了。红门大院此刻一片沉寂，空气很潮，看来今天又是个阴雨天。果然到了李佳起床的时候，雨绵绵地落了下来，居然听不见一点声响。李佳梳洗好，突然提出让保姆回家休息两天。保姆说她想等到中秋回去。李佳脸色阴沉地说：你现在就走，我和小孩他爸爸有事要办。当时他在客厅里收拾昨夜女儿弄乱的玩具，李佳的话就是当着他的面说的。李佳似乎是让他做好心理上的准备，这也就意味着将要开始的谈话的严肃性。于是保姆很快就收拾着离开了。男人为自己泡了一杯茶，然后坐到女人对面，他说：你现在可以说了，其实你不说我心里大致也清楚。那时他真想再说不就是离婚吗？这事如今并不令人惊讶了，无论是你还是我。然而从后面的事实看这个男人显然是过于自信了。当李佳把话题打开时，他一时间竟是瞠目结舌。李佳问：桑晓光是谁？

李佳说一个长得还可以的小报记者是吗？

李佳说你们通奸那么久了对我不打一声招呼是不是太不够意思了？

这是我一生中最懊恼的事。我一直在等待着回犁城，希望能当着李佳的面坦率地陈述一切，而现在的事实是她向我揭露了一切，就像捉奸在床。这慢了半拍事情的性质就改变了，导致的后果可想而知，它虽然对婚姻的前途无损，但是却瓦解了我的内心。我本可以力争去做一个诚实的男人，现在却沦为一个虚伪卑鄙之徒，为女人所不齿。尽管我立刻承认了一切，但是已无济于事，因为在李佳眼里这已是招认，并非坦白。那天李佳说完这些就回娘家了，我深陷在无限的沮丧中，自觉精神已被彻底击垮。这是以往没有的感觉，是一种人格失败的感觉。后来我就开始想李佳是如何知道这一切的。慢慢地我便想到了那个成都的女孩邢蓉，她应该是李佳的眼线。至于她是自愿还是受托来担任这个角色的，我就不得而知了。我不想去追究，也不会去对一个局外人制造麻烦，我只希望李佳不要以此为借口（其实不能算是借口）来与我离婚。我们离婚只能是一个理由，那就是我们的能力都不配来维系一个正常的家庭。这是唯一的理由，也是最真实的理由。或者毫无理由也行——婚姻又有多少理由可言呢？

说来很怪，我正思考着离婚，桑晓光的电话就打来了，她也在考虑同样的问题。她说她觉得离婚怎么说也不是件小事，所以想听听我的意见。我于是给了她这样的答复：不要为任何人去离婚，包括我。然而这句话她显然没有听懂，甚至是误解了，她说：我没有要赖上你的意思。我暗自一惊，觉得她也是一个敏感的女人，而且脾气也不小，这是几个月前我从未想到过的。我就说：你误会了，桑。我的意思是，是否离婚纯属你个人的选择，不要因为外部的某个原因去调整或者改变这个选择。我又说：倘若我和李佳离婚，那也绝对不是因为某个第三者的存在，而是我们这个婚姻本身没有前途。桑晓光在那端沉默了，过了很大一会儿，她才叹了一口气说道：看来你也是个怕负责任的男人。

电话就此挂断了。

这是一次不愉快的通话。我没有说李佳已经知道了事情的全部真相。我不知道为什么没有说。现在看来，当时不说的理由或许就是怕给桑晓光的离异加重砝码吧！我不想在她的离异过程中有意无意地去扮演任何角色，更不希望她因为我而离异。这绝对不是她所言的那个所谓的责任问题，而是为了维护某种尊严。我不认为一个女人为我抛家别子是一种荣誉，但我坚信男人为一个女人抛弃另一个女人是耻辱。尽管古今中外不少文学作品一贯地讴歌这个，我仍然固执己见。然而直到今天，桑晓光还是把我当时的出现看成了与前夫离婚的一种动力。她后来一系列近乎丧失理智的做法皆源于此。就在刚才，我接到她的邀请，要我晚上去一个叫"假日海滩"的地方与她见面。电话里她似乎和以前的感觉没什么两样。只要我稍一迟疑，她便以激将的口吻说：你来不来？不来我就收线了。我笑道：你是不是该改改口气了？她说我为什么要改？就凭我为你拼掉了一个家庭我也不会改的。说完她自己也忍不住地笑了。这笑声令我心颤。我的眼前仿佛又呈现出另一个桑晓光来,那是个开朗而给人带来愉快的女人,一个善解人意通情达理的女人。那个女人称得上美丽。

因为这个,我修改了我的工作计划,把原定要拍的两场夜戏挪到了明晚。制片主任有些不悦,说一切都已安排妥当了,希望我还是能如期进行。我说我想要雨后的街道,要地上布满水迹的反光效果,难道你愿意雇消防车浇吗?这时一个剧务人员说,天气预报讲明天会有雨的。主任便高兴了,说晚上就算了吧,让大家轻松一下,到歌厅跳跳舞去。我说你们去吧,我想去看一位朋友。主任就问是女朋友吧?我说还真让你讲对了,但她马上要做别人的老婆了。

"假日海滩"坐落在秀英港以西的一片海湾。1994年我离开时,这儿还是和白沙门一样的不毛之地。现在它成了颇有名气的露天浴场,前来游泳的人还真是不少。我到的时候,西天的晚霞尚未完全消失,辽阔的天空上扯着彩练一般的玫瑰色。这景象颇似我初上岛时的那个黄昏,当时我寄居在五公祠。

从这神而往之的图画中我能悟出那时期我的状态，是那么的游移而难以把握。那是一个典型的浪子，一个彻底的游人，他的脚下有无限的可能性，而心中却没有任何目标。我怀念那段称得上辉煌的人生岁月，但此刻我的怀念多少带有祭奠的意味了。一切都已成为过去，这是无法改变的。

按照约定，我在停车场等候她。我刚抽完一支烟，她的车便到了。我想她一定在某个地段等待我的车过去，但我没必要点破。她对我招招手，说你能待多久？我说晚上没事。她点点头，说那就好，然后就把一晚上的安排说了：先游泳吧，过后我请你去唱卡拉OK，在宝岛。还有几个熟人一块儿，你不介意吧？

我说我不介意。

她摘下墨镜，似笑非笑地看着我，突然说：要是我说我今晚嫁人你介意吗？

我也笑道：就是我介意又怎么样呢？

她问道：你什么意思？

我不想再说了。

——1998年3月26日

事情的发展完全出乎了他的想象，李佳在发泄完自己的一腔愤怒之后却没有顺势提出离婚问题，而是作出了一个惊人的决定：你给我回来。李佳说如果你不打算回来也行，那就把孩子带到海口去。

李佳只字不提离婚。他一下就不知所措了，他不明白像李佳这么一个天生要强的女人怎么会突然变得如此的宽容？直到一年后，在一个风和日丽的下午，李佳才无意中道出自己这个秋天里的心思。我就是要再拖上一年，她说，我的东西即使我不用了，我也不愿让另一个女人大模大样地去使，我宁可把它给摔了。他不禁为之心惊。他想在这个与自己做了八年夫妻的女人眼里，自己不过是一件东西，就像挂在门背后的一件旧衣服。1992年的这个秋天，男人又一次被赶到了命运的十字路口。他原以为一个女人会把他推向另一个女人那里，这样他也许就会轻松一些，但是这个女人不仅没有这么干，而且还把他给扣住了。女人的心理实在是太怪了。她们对任何"东西"都有着与生俱来的占用欲。女人和男人的占用欲是截然不同的。男人的所求只是一旦的拥有，女人则是终身的霸占。这是天性使然，而改变天性是人力所不可为的，唯一的指望在于天性自身的妥协。或者命运中某种机缘的出现。那个秋天具有嘲讽意味，他陷入了两难的困境，李佳却获得了空前的自由。李佳像挂一顶帽子似的把孩子挂在了他身上，自己倒是变成了一只蝴蝶来无踪去无影地轻松飞舞。这个家对她而言如同免费的旅店，兴致好时就吃上一顿睡上一觉。他只能认了。几天下来他便觉得累得不行。保姆没来，他想这又可能是李佳的设计，女人似乎是以这种方式在对他进行惩罚。同时也是一次漫不经心的试探——你究竟能够走多远？这话他也多次自问过，但是好像永远没有答案。这是典型的进退两难，他不想退回到这个家，也从未想过将要和某个女人去组织另一个家，他的爱实际上早已不可避免地分成了两半：爱这个女儿和爱让自己心动的女人。很长时间过去后，在北京的某个寓所里有人曾这样对他说：爱一个已婚的男人是危险的，而爱上一个有女儿的男人简直就是在走钢丝了。因为纵使是天下最自私的父亲也决不想推卸最后一项责任，那就是自觉成为女儿的守护者。而不与女儿分离则是起码的要求。这话倘若出自某个伟人之口，无疑就是真理。回顾和李佳相持的这些年，几番潮起潮落，起的原因各有不同，而落的理由只有一个——为了女儿！（假如他们生的是一个儿子必定是另当别论，至少他会割舍的）上帝偏偏让一个多情的男人得到一个女儿，用心可谓良苦，也带有几分险恶。

　　在犁城的那些天他和桑晓光通了几次长时间的电话。彼此交谈的调子似乎越来越低沉。他能感到她的内心很苦，因为她已打定了离婚的主意，而对这之后的前途又显得毫无把握。谈话的末尾，女人都要哭上几分钟，女人说你还会回来吗？你要是不回来我怎么办？他就劝慰说：我会回去的。即使不为你我也得对公司那一摊子负责呀，我很快就会回去的。有一天，桑晓光突然说了这么一句：我觉得我做错了一件事。他就问：你做错了什么？然而女人没有解释。后来他又几次问起这个话题，女人还是不回答。女人只说：认识你我并不后悔。这也就是说，所谓的"错事"与他们相爱的事实没有关系，但那究竟是件什么事呢？他感到困惑。不过一些天过去后，他又暂时把它给忘了。

　　趁着中午没人，他又给李佳的单位去了电话，想让她抽空回来一趟。

他说：我们得谈谈。李佳就问：我们还有什么好谈的吗？他说这么拖下去总不是个办法的，有什么不能当面说清楚呢？李佳说：既然你能背着我与人通奸还有什么需要当我面说的呢？他说：我们还是好结好散吧！李佳就在电话那端冷笑了，然后说：你总算把心里的话说出来了，但我明确地告诉你，我现在不想和你散。你要是等不及就上法院好了，我奉陪到底。说着便把电话给挂了。他气恼得真想立刻就去把女儿接回来，然后赶下午的班车回石镇。问题是这孩子毕竟还是小，这么早身边就离开了父母亲是残忍的。李佳再怎么样也是孩子的母亲，她离不开这个女儿，女儿也离不开她。这与几年前的情形已大不相同，用她自己的话说，我好不容易把孩子带大了，我能就这么轻而易举地把她交给你吗？当然还有另一个方面，那就是这女人目前还没有将自己安排好。飞机上的那个西装未必就是她的意中之人，所以她才有心思不厌其烦地来与他周旋。这应该是问题的关键所在。女人就是这样，他想，女人如果爱上一个男人往往是不顾一切的。然而对于有过一次婚姻失败记录的女人而言，下一步的选择自然是慎之又

慎，但仍然是不顾一切。

很自然地他想到了突围这个词。军事学上这个词语是指对一次围击的突破，意味着杀开一条血路。这个词若是挪用到情感上则预示着焦头烂额的局面难以收拾。1992年的秋天对这个男人而言是难熬的季节，而眼下不过是开始，将要发生的故事会更精彩。在一个雨后的傍晚，他在犁城的一条不起眼的小街上获得了一个令他大为惊讶的消息：那个整整销声匿迹四年的林之冰此刻正囚禁在海口的大狱里！传递这一消息的就是他曾经在酒吧见到的那个眼镜（他已记不起那人的姓名了）。那人说林之冰涉嫌一宗汽车零部件走私案，上岛没多久就栽了，判了五年。为什么不早点告诉我？他问那人，我至少可以去看看她的。那人觉得有些奇怪，就说我根本不知道你也到了海口。说这话时这家伙取下眼镜擦了擦，重新戴上眼光里便含了不屑：为什么要告诉你？你以为你们有一腿就他妈的牛×吗？他没再搭理那小子，匆匆走了。回来的路上他的心绪变得十分复杂，他埋怨林之冰的糊涂，替女人落到这番下场难过，却又为解开了一个疑团感到安慰——林不是一个水性杨花的女人，断了联系只是身不由己。林甚至算得上是个能替人着想的好女人。

他觉得是该回海口了，也许能找人为林做点什么，比如说保释。他自然就想到了冯维明。去海口这么长时间了他还没有见到这个同乡朋友，据说他在北京的学习结束了，极有可能要往上拔一下的。于是，他便很快给冯维明的办公室去了电话，结果让他兴奋不已——对方说，冯处长眼下就在犁城！

我首先给石镇维明母亲那儿挂了电话，打听他在犁城的下落。但是他母亲不清楚，只是说维明三天前离开石镇的，这次回来主要是替他父亲迁坟。犁城不大，够上档次的酒店没有几家，找一个人不是难事。这样我就抱着电话簿一个劲地拨，结果还是查不到此人。这时我便有些着急了，总觉得这个兆头不好。一想到林之冰还在监狱里待着，我心里就很不好受。这也许与我当时的心境有关，我处在两个女人的夹击中，她们以不同的方式对我施压，然而我竟从第三个女人那儿寻找到了突破口。所以我在那天下午毫不迟疑地告诉李佳，我必须立刻赶回海口，接着就把关于林之冰的一切和盘托出。我说：我得想法子把那女孩弄出来。李佳对这个"借口"显然感到突然，沉默了片刻，她说：你有这能耐吗？我说：我至少要试试。

正如我预料的那样，在这件事上李佳不好阻拦。她甚至都不敢来嘲弄我这类似唐·吉诃德式的动念，但眼睛里透露的却是难以觉察的忧伤。我又说：你给我一个月的时间，我去把这件事办了，然后回来处理我们之间的事。李佳颇有些轻视地看着我，说：你怎么一下如此尊重我了？我说你没有必要来讽刺我，我们之间这么耗下去终究不是个办法。李佳说：你现在别跟我提这个，什么时候该提了，我会通知你。要抛弃也该是我他妈的先来抛弃你。说完这话她就去出席一个同事的生日宴会了。犁城到海口的直飞航班每周就星期五一趟，这天是星期三，就是说我后天才能回去。我立刻预订了机票，然后就给桑晓光挂了电话，但是我并没有说明我是因为另一个女人才急着赶回海口的。有一点让我觉得意外，桑晓光在电话里的情绪并不是我想象的那么高兴，相反，让我感到比较低沉，就像她已经知道我的成行并非她的缘故所致似的。我说：后天就能见面了，要是有空去机场接我吧。她淡淡地答道：看吧，我争取去。这实际上是说她不会去。我心里便觉得重了，因为这与半个月前我们在广州"飞行幽会"的那种狂热显然冷却了许多。或许是离婚的事处箭在弦上这种状态令她伤感吧，我想，这应该是唯一的原因。

说来也巧，我踏破铁鞋寻找的冯维明就在这天晚上到了我家里。当时我正在给女儿洗脚，冯维明衣冠楚楚地坐到了我面前，吓了我一跳。几年不见，这家伙发福了，和犁城当秘书那阵子相比整个地大了一圈，和人们概念中的"官"十分吻合，一望便知。我就说，你这人真是神龙见首不见尾，我一门心思去海口投奔你，你家的门却总是对我锁着。冯维明四下看了看，轻声问道：和李佳的事办妥了？我笑着摇摇头，把女儿送到了里屋床上，让她去玩冯维明带来的那只电动熊猫。这时，冯维明劈头就是一句：你去那岛上赶什么时髦？我早就听说你去了，怎么样，尝到文人下海的滋味了？

我不知该作何解释，就说：这不是一时能说清楚的。

冯维明说：你在刘锐那儿能练出个什么名堂来？也许你能挣个两百万，可对一个有钱的人来说，这叫钱吗？中国像这样的小老板不下三千万，但中国有几个好作家呢？

　　我说：我从来没有想过要做一辈子的生意。我到南边主要还不是为钱。

　　那为什么？冯维明进一步质问道，为女人？大陆就找不到一个好情人？

　　为轻松，我说，特区的确要宽松一些。

　　冯维明说：真要是为你想的那种轻松，你应该考托福去美国。你这人还越活越小了，莫名其妙。

　　这的确是一个悬而未决的问题。我为什么要去南边？我的种种解释都不能自圆其说，我没有习惯上那种非去不可的理由。当初我只是想出一趟远门，就这么简单。我说过我是一个做事不计后果的人。我就对冯维明说，我们别理论这个了，总之走出这一步我不后悔，也从没想过要把脚收回来。冯维明就问：下一步呢？是打算在海口扎下来还是见好就收？我说我还没有想到所谓的下一步，只能走一步看一步，走到哪算哪。不过，我又说，我没打算在海口扎下去，那只是我停靠的一个码头而已。

　　冯维明似乎很认真地听着我这番话，也像是在替我进行思考，这倒让我觉得惭愧了。我好像成了一个大问题，差不多所有的人都来关心我了。我记得我离开机关时，那位金一凡金典同志与我作了临别前的交谈。那时我因一件被他们认定是严重错误的事扫地出门，所以金一凡的话听起来是句句语重心长。他说你很聪明，你很年轻，你只要好好搞将来是会大有作为的。但他自始至终没有向我说明什么叫"好好搞"。或许他私下认为只有像他那样才称得上"好好搞"了。我当时就按捺不住地笑了。金一凡大惑不解地看着我，亲切地问道：你笑什么？我没有一点讽刺你的意思。我就说：我笑我以前怎么就没有好好搞。他就更觉得不可思议了。在他看来，那个时刻我应该哭才对，才与他倡导的"好好搞"相匹配。我觉得我和机关里的人说话特别费劲，老和不上调子。当然冯维明的情况不同，毕竟我们是朋友，年纪也差不多，他讲的那些也不是没有道理，那就看我从哪个角度去理解了。眼下，我急着要谈的是林之冰的事。林之冰他见过，也知道我们之间的关系不同寻常。于是我就把情况介绍了，我说反正人是给判了，现在不过是让她少受点罪。冯维明想了一会儿，答应回去了解一下。他说只要原则上没问题，他可以帮这个忙。然后这家伙还奚落了我一句：看不出你不仅是个情种，还是个侠客。

这样，两天后我和冯维明搭乘一架麦道82型飞机飞回了海口。正如事先我所预料的那样，桑晓光没有来机场接我。那天海口是个阴雨天气，飞机在空中盘旋了好几圈才降落着陆。一看到雨中的那些椰树，我就骤然感到自己又一次回到了一个硕大的岛屿之上，而再大的岛屿也不能脱离孤独这个词语的笼罩。

——1998年4月2日

海口：1992年12月

桑晓光在他到达海口的当晚来到了他的寓所，那时候他刚洗完衣服，正在阳台上晾着。所以他看清女人是打出租车来的，而且为找零钱和司机磨蹭了一会儿。那司机可能是找不开一百元的票子，还欠了她几块，于是她便让司机去路边的小店换了。这个平常的生活细节给他的刺激却很不平常，他突然觉得女人身上的那股激情可能消失了，这再次印证了他在犁城时的某种判断。但他不想平静地去面对女人。既然是爱，那就不能是平静的。他感到是等了好一会儿才听见了敲门声。

第一眼看上去女人是明显的瘦了。他们拥抱着，然后接吻。女人说：对不起，没去机场接你。他说没什么，见到你我就踏实了。女人问：真这样？他点点头，他说相爱的人分开简直就是犯罪。但是女人却说：我的感觉正好相反，你不觉得我们在一起的时候有犯罪感吗？

他内心剧烈地顿挫了一下，然后就轻轻把女人给推开了。

这之后便是难堪的沉默。他点上一支烟去了阳台，有些茫然地看着那条南北走向的人民大道。夜色已十分地浓厚了，海甸岛新起的别墅群在彩色的效果灯光照射下给人以强烈的视觉诱惑。但在离开市区不足二十公里的一所监狱里，还有个女人在受苦。那也是我的女人呀，他这么想着，倘若我早来这岛上半年，这个女人肯定就不会错走这一步了。对林之冰眼下的处境，他时常觉得内疚，而刚才桑晓光那段不合时宜的开场白，又使得这种内疚之情急转为刻骨的思念。很长时间过后，他在一个北方的深夜突然想到这个晚上，感触颇深地发现自己这颗男人心竟是那么的脆弱与敏感。桑晓光不过是片刻游离了他的情绪，而他却毅然地去想另一个女人了。但他不承认这是薄情。他只觉得这种感觉不好，不像是有情人之间的那种"从心里笑出来"的感觉——他总忘不了母亲这句貌似平淡的话。桑晓光有心事这他能猜到，他不满的是女人以此来冲淡属于他们两人的这份感情。如果这中间存在一种所谓的犯罪感，那无疑证明李佳的结论是对的——这不是爱情而是赤裸裸的通奸。

你想什么呢？女人走近他轻声问道。

想你刚才的话。

我不过随便说说。

不，我不这么看。我觉得这种感觉你早就有了。

我的确有时候很矛盾。

你其实也并没有说错，我们的行为是通奸。

干吗说得这么难听呢？

至少也是爱情名义下的通奸。

桑晓光突然就抽泣起来，这使他手脚无措，心于是也随之软了。他紧紧抱着女人，他是在以这种方式道歉，他说：你别这样，求你了！他说我知道你不容易，我们都不容易，我们不能再这么折磨自己了！

然后他就把灯灭了。月光倾泻在这个狭小的屋子里，倾泻在宽大的床上，倾泻在两具赤裸跳动的身体上，这两具身体正被泪水和汗水所交融，所黏合，他们几乎是在哭喊中呻吟，在悲痛中做爱，直到仿佛久违的高潮同时降临之际，一切才平息下来。那一刻出现了绝对的寂静，连呼吸声也像是消逝了。他们仿佛成了两具新鲜的尸体……

这是一个开端。在和桑晓光接触的两年里，每当出现情感的危机时，只有一种方式才能使之化解，这便是做爱。完美的做爱成为调和感情的权宜之计，暂时掩盖了矛盾的实质。这是他很久之后的总结。

我记得就在那天晚上，在我们大汗淋漓的做爱之后，桑晓光对我说了关于她离婚的情况。她说她已经和男方谈过了，准备协议解决，下个星期就办手续。但是我能感觉到她当时的心情很不平静，而我的心里也自然地沉重了。尽管我曾反复申明，离婚只是她个人的决定，这中间不存在什么第三者，但事到临头，我还是有一种道义上的压力。倘若我不走进桑的生活，桑兴许就下不了离婚的决心，至少，她不会离得这么快。这个可能性不能排除。我给这个女人带来了希望，为她铺了一条不错的后路，所以她很快行动了。这应该是事实的本来面目，我必须承认它。这或许就是我后来屡屡对她让步的最深层的原因吧。直到现在她还觉得我欠了她一笔。那天在"假日海滩"我们又谈到了1992年底的情形，她说她那时太天真了，也太对我抱有信心，总觉得我从我那个摇摇欲坠的家庭走出来是迟早的事，就耐心等待着好日子的到来。可没想到最后竟是这么个结果，她说，你太让我失望了！

我后来不还是走出来了吗？

可等你出来，你已经变成了另一个人了。

变得你认不出了还是你不肯认了？

你是男人。你的境遇和我不一样。

这大概不错，但还不是一个弃妇的哀怨与六神无主。在我看来桑晓光的离婚顶多只是在协议签署的那个瞬间内心有过一颤。她不该有什么懊悔。她的委屈在于我这头的砝码突然轻了，我们之间失去了女人最为看重的那种平衡。虽然通奸的历史业已结束，但接下来便是安排她扮演名副其实的第三者。这就是她所言的境遇。离婚后的桑时常怀有一种吃亏的心理，那情形颇似过去有身份的女人去替人做小，自卑与霸道集于一身。我对这个变化看得非常清楚，而且更为糟糕的是，我也不自觉地产生了沾光的感觉。然而我已很难与这个女人分手了，那种需要亲近又害怕亲近的痛苦折磨了我很长一段时间。

我们开始有了争吵。而几乎每一次争吵的起因都是微不足道的。她总有一股怨气冲着我，有时甚至让我感到莫名其妙。有一次，我们竟为打麻将吵了起来，我不过是指出她少了一张牌，是"相公"，只能陪打不可和牌。她一下就毛了，说：我不愿意陪打！说着，拿起挎包夺门而出，弄得在座的两位朋友目瞪口呆。我觉得很没面子，心想既然玩都玩不到一块儿了，爱又何从谈起？不知怎的，我突然感到那一刻很像以前我与李佳的生活，紧张而压抑，我何苦要守着这份日子呢？但一想到她还没有走出离婚的那块阴影，我又只好把这口气咽下去。

我觉得我们是该好好谈谈了。

那是1992年的圣诞平安夜，我们去"南天大酒店"吃西式自助餐。当时我们正好在帮一位四川的朋友做一块地，项目是桑晓光介绍过来的，让我找找看有没有下家，对方答应的佣金不薄。在当时的海口，这种事几乎天天找上门来，但真正做成的极少。像我们这种业余中介者不过是抱着死马当做活马医的心理，不敢真有所指望。然而事情很凑巧，几天前从犁城来了一位信誓旦旦的年轻老板，执意要在海口的房地产大碗里分一杯羹，一上岛就找到我，要我替他找项目。我便顺手牵羊地把那一卷红线图复印件递了过去，不料此人竟然产生了兴趣，约我们到"南天"再叙。我有了愉快的直觉，觉得此事很有眉目，因为这位年轻老板的这笔巨款是从银行贷来的，他急需选项把钱放下去，否则每日的高昂利息会够他受的。而且，桑晓光抓的那一头也是真正的土地使用权拥有者，这中间没有另外的环节。去"南天"的路上，我们仔细分析了情况，兴致勃勃，几天来横在两人之间的那种晦气因此一扫而空。很久之后，当我决计彻底离开这个岛屿时，我在万米的高空蓦然回首，才感到我在这个晚上犯了一个致命的错误——我忽视了促使我们情感转变的外在因素，那便是金钱，尽管那时我们还是两手空空。

生意上有条告诫：不与朋友做生意。因为最好的朋友也可能为钱而反目。

爱情里也应有句教诲：相爱的人千万不要谈钱。因为这个话题会导致许多麻烦。——就在几天前，我还在重复这句并不精彩但确是教训的话。当时我们浸在海水里，桑晓光对我谈论着近期的股市行情。她说你给我的那笔钱我都放到股票上去了，如果现在抛掉能赚上六千。我说，你最好别再和我谈钱，这是个乏味的话题。她就讪笑着问道：你是不是还惦着那笔钱？我说不是我惦着，是你。你以前不是在电话里说过，我们现在就只剩下金钱关系了吗？这是你的原话。她的脸色一下就沉了下来，说：你要是还觉得那笔钱给我太冤了，我马上就退你！我笑了笑，我说：不，我没觉得冤；只是觉得那笔钱来得太轻松了。

说完，我就从水里走出来了，带水的身体经风一吹不禁打了个寒战。我恍然觉得我又回到了1992年那个圣诞平安夜，那一夜我们是难以名状的愉快，因为那位年轻的老板决定买下这块地，并表示明天就与彼方见面，要是具体细节谈妥了，可以即刻签约。这个结果显然是来得太快了！从"南天"回来正是零点时分，海口的大街上飘散着人头马的香气，这个仿佛一夜之间发育成熟的城市此刻已变得忘乎所以，彻底地沉醉了。

又是一屋子的蜡烛。透过朦胧的烛光，我凝视着桑。好久了，我难见这样的容颜感觉，几分纯真，几分凄迷，几分惆怅，令我心动。但是在夜晚完全静谧之后，我又渐渐地起了不安。那个深夜我的确是想得太多了……

——1998年4月4日

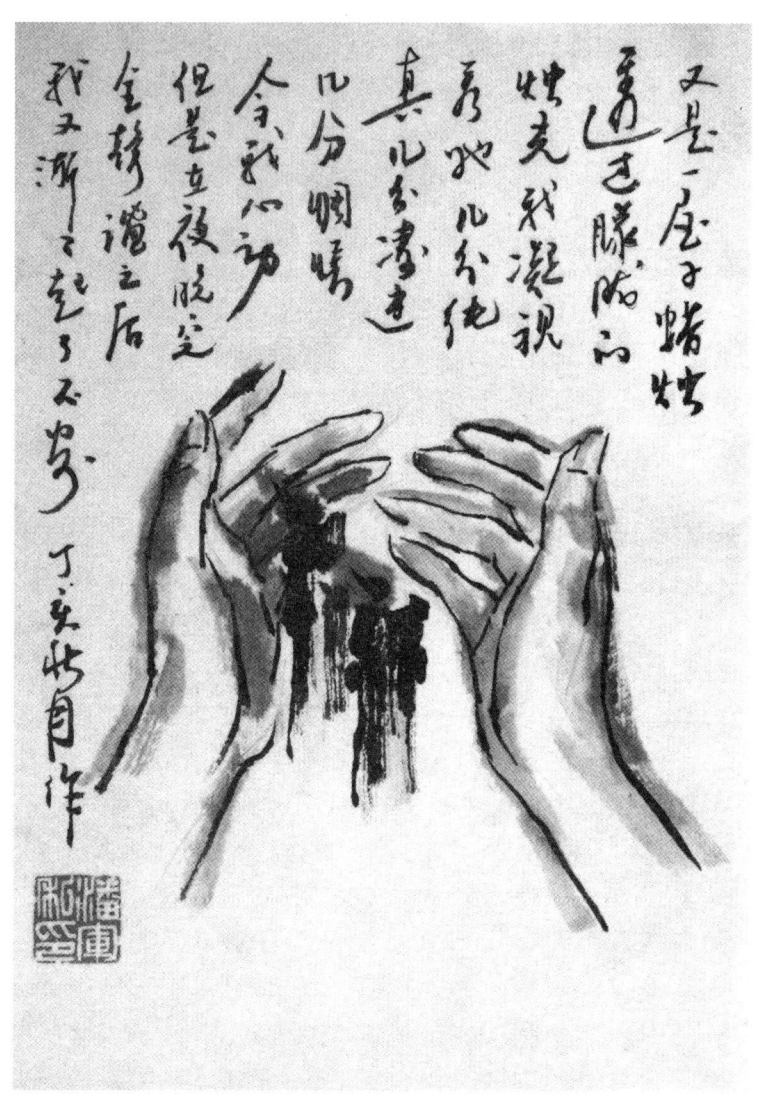

后半夜的月光越发变得清冷了。他一直没睡。在又一次完美的做爱之后,他仍然是毫无睡意,这与书中常说的不一样。书中总说男人射完精便不再顾女人自个儿睡了,认为这不妥,是自私的表现。他想写这种书的家伙肯定是一个性无能者,男人为什么一射完精就要睡呢?他从未有过这种经验,但他会感到,缺乏做爱的夜晚一般是个不眠之夜,今夜的确有些反常了。那时候他身边的女人睡得很香,安静得像一条有着体温的鱼。女人的睡姿很美，她的肌肤白皙而光润，总与季节构成最为和谐的关系，夏天的时候很凉爽，现在天气转凉了，所以这身体便散发出温暖。这是一块暖玉。

　　月光在女人身体上反射出一层浅蓝色的光晕，这是一种悲凉的调子，与他此刻的心绪趋向一致。他悄悄地起了身，披上睡衣去了阳台。在微冷的风中，他感到这一夜将是漫长的。几天前，冯维明带来了消息，那个林之冰已于不久前给保释出狱，可能离开了这个岛。就是说他又慢了一步。尽管冯维明说你的心意到了，他还是感到十分沮丧。是谁为林之冰担保的？如果那也是个男人，就够他嫉妒一辈子了。这种失落感是外人难以体味的。那几天他对桑晓光始终是淡然处之，甚至想过，倘若女人就此与他分手，他也就认了。人就是这么奇怪，得到的和失去的在心里留下的烙印总不是一样深刻。

　　他又想起了另一个女人，就是韦青。整整九年前，他们也是在圣诞平安夜相聚，然后在一片烛光中分手。几年后韦青从大洋彼岸给他寄来了圣诞卡，那上面就只写了一句话——

　　一个人的时候，
　　过去与你相伴。

　　总是在最寂寞的时刻，韦青出现在他的幻觉中。那是他生命中的第一个女人，是"过去"的开端，是爱的源头。南方的夜气浓重，停留在手臂上带有明显的黏度。他仿佛觉得是韦青的手从黑暗的空气里向自己伸来，抚摸着自己颤动的躯体。他舔了一下胳膊，微咸的，这是海上来的风。此刻，海的方向是一片雾霭，他的视线完全被阻隔了……

　　文化公司在这个阶段的发展仍然是顺利的，但是发展的方向却与文化越来越远了，和其他的公司已看不出有什么区别。这倒符合陈元田的意思，这个号称留英的博士一再强调的就是什么赚钱做什么。现在的情况和以前大不相同了，陈元田对他很客气，其实是不想划出买车的款子。为这事他也专门找过刘锐，而且话说得直率：文件上是这么讲的，子公司有自身财务的支配权。刘锐却大而化之地说：你们要把精力放到进一步开展业务上，买车只是迟早的事，用得着这么急吗？这种有失信用的回答令他极不舒服。即使谈文化项目，刘的话也还是冠冕堂皇的，从来就谈不上什么实质性的支持。譬如说前些日子他想把海口的城市雕塑做起来，这就需要集团的投资并与市政部门交涉。当时刘锐问的第一句话是：这个项目能赚钱吗？他说能。他说我可以把雕塑的底座作为永久性的广告位置处理，既美化了城市的环境又替资助的企业立了块碑。他说我们只要先启动起来，在全国范围内公开征稿，再公开拍卖。我们其实不要政府一分钱就把这件事做了。刘锐打断他说：那我们赚什么钱呢？我们不承担兴建公益设施的义务。他仍坚持：只要我们敢冒这个险，我觉得至少可以赚上一点制造费。刘锐颇不以为然地笑笑，说：现在南方的形势多好，在资金成本如此高昂的情况下，我们有必要去做这种吃力不讨好并且担风险的项目吗？谈话至此，实际上已宣布雕塑项目给枪毙了。他也不想再说什么了，退出了总裁办公室。那时他想，以前只觉得刘锐身上有政治，现在倒感到他骨子里就是个商人。看来冯维明的话没错，在这种人手底下是干不出什么名堂的。他想，或许是到了该离开南岛的时候了。问题是离开之后的何去何从。

今天是圣诞节，公司的员工集体去"昌隆大酒店"聚餐。桑晓光因为临时有一个采访任务没有来。在员工眼里，她早就是老板娘的角色了，但大家都对她的印象挺好。只有邢蓉是个例外，每回桑晓光到公司来，这个邢蓉的态度总是那么平淡。而桑晓光却永远看不出这点，她以为邢蓉就是个性格内向的姑娘，从不多事。这无疑是个错误。一想到李佳对他在这边的情况掌握得如此清楚，他就觉得这女孩不简单。他一直想找机会同她聊一次，但不想责备她。换一个角度看，邢蓉并没有做错什么。兴许是桑晓光没来的缘故，邢蓉今天的表现不同往常，话明显地多了起来，而且歌也唱得不错，带有专业素质，这倒有些出乎他的意料之外了。邢蓉还邀请他唱了一曲二重唱《哭沙》，他突然变得紧张，以至其中的一句总是慢了半拍。玩得差不多的时候，他让大家安静下来，谈到了公司目前的处境，他说：集团对我们的支持越来越小了，我们有些想做的事看来在南岛没法做，要只是赚钱花钱，这有悖我下海的初衷。

气氛顿时就冷了。有人问道：老总，你是不是要离开？

他说暂时还谈不上。他又说：我必须想远一点，不能让别人牵着鼻子走。

这时邢蓉说：如果你认为我派得上用场，你到哪儿我都愿意跟着。

接着其他人也说了类似的话。

他谢了大家，同时为他们跟着自己没有赚上什么钱而感到内疚，他说我真想把账上的几十万块钱分了，然后让大家各自去干有兴趣的事。这虽然是句笑话，但他思考企业的产权关系却是从这时开始的。到南方来，赚钱是起码的要求，像南岛集团这种靠所谓的个人魅力以及画饼充饥式的许愿，最终是难以笼络住人心的。

其实对一个下海者而言，每天都该思考自己的下一步。

那时我最大的不踏实还是生存。假如我不想离开南岛，这当然就不是个问题，但是我既然已经看到未来的那一幕并不诱人，再做流连便是很不明智了。折腾了这么久，我个人并没有赚到多少钱；离开即意味一切重新开始，我差不多还是两手空空。然而就在此时，一件意外的事改变了我难堪的处境。

从犁城来的那位年轻老板在经过几番犹疑之后，决定要买下那块地。消息来得突然，以至我还来不及兴奋，钱就已经赚到手了。按照事先的约定，他这一头给我的佣金就达六十万，这当然不是个小数目。桑晓光应该得的更多，她那边是卖家，具体是多少，她没说，我也没问。这笔生意就这样不经意地做成了。我记得当我拿回那张六十万的转账支票时，我还不敢相信这是真的，感觉上就像拾到了一捆假币。直到入了银行户头，我才意识到自己是发财了。我进一步认识到此钱非彼钱，此钱我可以随便去花它了，无须再看他人眼色。

很多次我这么想过，如果在1993年初我带着这笔钱离开海口，回到大陆的某个角落就此潜心写作，我的生活就该是另一个样子了。这笔钱并没有把我的胃口吊起来，反倒使我想收心了。这不足为奇，我本来就是个写字的人。我对钱的要求始终是够花，为钱所累在我看来绝对是件蠢事。但是，我又表现出迟疑不决，因在某种意义上我已是个无家可归的人，命中注定我必须浪迹天涯，在流动中度过我的一部分光阴。海口又只是个临时码头，而且我也无与桑晓光再组家庭的动议——我从来就没有把这个女人看做妻子，哪怕是片刻的判断。我记得有一天我看一部关于第二次世界大战的纪实片，看到纳粹大举进攻波兰时，苏联也趁机

重兵压境，于是一个完整的波兰顷刻之间便被瓜分了。波兰的不幸在于夹在两个特殊的大国之间——西边是以黩武著称的德意志，而东边又是拥有沙俄扩张传统的苏维埃。对德国，那条"波兰走廊"是到达东普鲁士的实际走廊；而俄国人心目中的西部疆界便是波兰本土。我想这与我的处境颇为相似，我的不幸是总夹在两个女人之间——她们都是了不得的女人。

还不仅仅是观念上的问题。几天后，那已是1993年1月的中旬，桑晓光突然来了电话，要我陪她去那个四川老板那儿拿钱。对方说转账不方便，干脆就直接给现金了，那将是一大袋子的钞票。桑晓光怕路上不安全，让我要辆车，并要我亲自驾驶。这当然没问题。可是等我们驱车赶到那家公司时，四川佬已在天上了——那家伙留了一张条子，说是有急事飞回成都，务请原谅之类。条子上反映不出是怎么回事。我便觉得不妙，就说：那小子不会耍滑头吧？桑晓光的脸色一下转为苍白，口中却说不会的，朋友之间哪能这么干呢？于是当晚，桑晓光就往成都挂了电话，结果令她震惊不已——空号！

她给人骗了。这个打击对她而言是巨大的，她几乎就崩溃了。我就说：算了，这种钱丢了不要心痛，有当无吧；再说我那儿还有一份，就一人一半吧。她流泪了，边拭泪边摇头说：那怎么行？那是你的钱。我说：我们还需要分得这么清楚吗？她还是坚持说不行。于是我就换了个说法，我说：等以后找到那小子，你再还我好了。就这么定了，一人一半。明天你就把钱转过去。她说别，都放在你这儿，我需要时你帮我取就是。

这件事当时看就十分自然，丝毫没有矫情，也丝毫不带交换的意思。我不觉得有什么值得多虑的，如果换一个男人，也会这么处理，甚至会比我做得更好。

这笔钱对我很重要，某种意义上它成为我最可信赖的一条后路。我浮动焦躁的这颗心到此时才算真正地沉静下来。我突然有了身轻若燕的感觉，思路也随之开阔了许多。我想我可以不再受制于人了，可以随时把这个狗屁公司一脚蹬开，可以躲到某个山清水秀的地方去写作或者绘画，可以把我女儿养到大学毕业再送到美国。有一天，我对桑晓光说，我真想回我的故乡石镇，去过类似舍伍德·安德森的那种日子——下午写写东西，其余时间用来喝茶聊天。当年威廉·福克纳就是受这种诱惑走上文学之道的。她感到不可思议，她说你这不是又活回去了吗？这简直就是退休生活。我说我一点也不喜欢城市。她说：可我喜欢。她说她爷爷的家乡厕所连门也没有。我说我不是想再插一次队，只是想选择一个有商店邮局电影院的小城。她一下就沉默了，好像这个计划马上就要实施，一时间神情黯然。

我的情绪也转为低落。虽然我不过是随口说说而已，但是我清楚地认识到，这绝对不是个愿意与我结伴同行浪迹四方的女人。我放弃了这样的发问：要是我真想离开海口去一个小镇上安度余生呢？我不敢问。

我也不敢奢望在二十世纪末物色到这样的女人。突然间我想到了那个四川姑娘邢蓉，圣诞节那天她轻声说的那句话——你到哪儿我都愿意跟着，在此一刻竟是那样的令我感动！我不认为这是恭维。可她为什么又要充当李佳的眼线呢？我实在有点糊涂了。那一天我沉浸在阴郁的气氛里难以自拔，其实窗外的天空是罕见的蓝色——一种接近透明的纯蓝，我梦中的背景。

——1998年4月5日

  春节将至，南岛集团要把各下属子公司的总经理集中到三亚的某个度假村，召开一个计划工作会议。于是在这之前文化公司便放假了，大家约好除夕之夜当新年钟声敲响之际互通电话，来年再聚。虽为萍水相逢，但是一年处下来彼此之间都有了情谊，离别时竟有些伤感了。这就是岛屿的天然凝聚力。男人分别把大家送到机场，并将返程的票款作为红包发给了他们。今天轮到邢蓉走，由于海口上空的气候不标准，飞机晚点了。趁这工夫，他们去了边上的咖啡厅。他觉得该与这女孩单独谈谈，想知道她对公司以及他本人有些什么看法。邢蓉似乎揣摩到了他的心思，所以谈得很坦率。她说她同意他对这个公司前途的判断，认为像他这样的人不能再在南岛干下去。这不是你希望的舞台，她说，你应该早拿主意，否则就被动了。他不禁叹息道：其实我的舞台不过是一张纸，我最终还会回到书桌前的。邢蓉就问：那你为什么还要拉开这副架势呢？一个作家的野心与钱不该有多大的关系，何况你现在又不缺钱了。

  我也这么问过自己，他说，我离不开过去生活的一半，但又畏惧它的另一半。

  邢蓉说，我懂你的意思。我能感到你的家庭不幸福，但我觉得你不该选择逃避。

  我暂时还只能这样。

  这么下去不是个办法。而且……

  而且什么？你随便说，我听着。

  我认为你和桑晓光在一起不合适，你别介意。

  你讨厌她？

不，我没这个权利。我只是觉得你们不合适。

怎样才叫合适呢？

她并不真的懂你。

你能具体谈谈吗？

我现在不想谈。

他差点想说，你难道只对李佳谈吗？他担心点破这层纸会从此失去这个女孩，他不想得到这个结果。也许就是当局者迷而旁观者清，这个邢蓉从另外的角度看见了另外的东西。很长一段时间过去后，在某个雨后的黄昏他又一次想起了这回简短的交谈，不禁心酸至极。那时他已离开海口两年了，重新开始了孤身漂泊。他的身边没有一个女人，又几乎和所有的朋友断了联系，面对的却是高筑的债台与无边的寂寞。那个时刻，他最想见的，就是这个叫邢蓉的女孩子。

三亚召开的计划工作会议某种意义上成了刘锐个人的演讲会。刘锐的口表能力是一流的，仍不失感召力。他从海南特别关税区的酝酿说到全国经济形势的走向，从金融房地产的势头展望到跨国公司的蓝图，自始至终回荡着一股豪气。最后一天，各子公司才开始谈新一年的计划，谈项目以及与之配套的资金支持。刘锐对此很不满意，他认为像这种一做事就向集团伸手是惯坏了的毛病，必须从观念上改过来。刘锐说：你们要懂得"南岛"这块牌子的含金量，要学会运用我们的无形资产。那口气就像"南岛"是李嘉诚的"长江实业"，到哪儿都是夹道欢迎。

他实在是觉得有些可笑。

对文化公司的发展，他在会上只做了个简单的说明。他说：我只希望集团不要放弃组建这个公司的初衷，集团是个整体，各个子公司的业务范围应该有所不同，对它的要求自然也应该有所不同。如果这个公司也只顾拼命赚钱，那么我建议就把"文化"这个字眼去掉。

很显然，他带有情绪。他希望自己的发言能引起刘锐的重视，希望他们认真地交换一下意见，好让他痛快地去做几件实在的事情。但是，刘锐没有找他。会议一结束，他便听到了这样的风声，说某某人之所以在会上发一通牢骚，是集团没有给他配车。他简直给气坏了，觉得受到了极大的侮辱。他清楚这风声来源于陈元田那伙人，他们是刘锐的心腹。

但他现在没什么可怕的,毕竟,他身上已有了属于自己的一笔钱。

回到海口已是暮色苍茫时分。他直接去了桑晓光那里,可是人不在。房东告诉他,女人已经有两天没回来住了。他想女人或许又出差了,那个破报纸居然还四处组稿。于是他就打了她的手机,得到的回答是用户没有开机。这时他忽然觉得很累,四肢像棉花一样软塌塌的,走到街上,他看见地上的身影就像晾着的一件衣服。不多会儿,一辆小车在他身边停了下来,是其他两个子公司的老总,他们要去府城那边洗桑拿,二话没说就把他给拽上了车。

府城那条街当时被称作"红灯区",沿街布满了桑拿浴和发廊,实际上就是色情行业的幌子。那些小姐肆无忌惮地拉客,生意十分红火。他们刚走进门,里面的小姐便把发绿的眼光齐刷刷地投过来。买单的哥们儿就问:先洗澡还是先按摩?他说:我只洗澡。哥们儿不屑地看他一眼，那意思是你小子装什么蒜呀？他干脆挑明说：我不按摩，我怕痒。说完就自个儿进了浴室。哥们儿也不再多劝，只说你是作家，什么生活都该体验一下，文学上不是讲源于生活高于生活吗？他心里突然觉得好苦，天知道我到底算个什么鸟！这时手机响了，是桑晓光来的，女人在一声轻吁之后只说了句：我办掉了。

海口：1993年3月

　　女人的心理总是那么难以捉摸。桑晓光在离婚之后的一段时间里，和我的接触很自然地减少了。以前，在她看来是男人欠了她的；现在法律手续一办妥，她就觉得自己对不住以前的男人了。这说明这个女人心地还很善良，倘若没有这一点，我想今天我是不会再与她见面的。1993年春节后，我因在犁城等待女儿的开学典礼，加上遭遇了一场重感冒，直到三月中旬才飞回海口。行前我没有给桑晓光打电话，而且人到海口几天也不想与她联系。但是这并不表明我在有意同她疏远，我也无心去晾她一阵，只想腾给她一段时间，好让她独自把离异后的烦恼消磨掉，再带着全新的感觉回来。我就是那么想的。直到有一天，我们在老街博爱路偶然相遇，问题才变得严重起来。她无疑是很吃惊的，并带有强烈的气愤，她质问我为什么这样对待两个人的关系，这是不是太不负责了？我当时没有做任何解释，而是请她去"泰华"喝咖啡，我说：没有发生任何事。

　　泰华大酒店坐落在滨海大道以北，一个闹中取静的好地带。以前我们经常来这儿喝茶。三月的海口就可以穿衬衫了，我不由想到自己在这岛上已度过了一年，心绪变得有几分苍凉了。那一年是我的本命年，三十六岁，可是我对自己的前途仍然感到茫然。我不知道我还能在这个岛上待多久，更不知道下一步往哪儿蹚。所以那次谈话一开始就陷入了僵局，我们沉默了好久。我知道桑晓光会因此不安，可我实在是不想说什么。我眼前的这个女人尚未从离异的阴影里走出，我觉得说什么也显得多余。其实我的态度已经反映出来了，她应该明白。但是，我却不清楚她的态度，就此了结似乎不太可能，而像这么平淡地处下去又有什么意思呢？我甚至想过，倘若我们找不回那种"从心里笑出来"的感觉，这种状态将会成为我和李佳的另一个版本。这正是我的沮丧所在。

　　在似乎是漫长的沉默之后，桑突然问道：你又爱上别人了？

　　我就反问：你是不是希望我爱上别人？

如果你爱上别人就跟我直说。

你不觉得这话问得很荒唐吗?

那你为什么不和我联系?

我为什么不和你联系?你想过这个问题吗?

我变得有些冲动,我说我不希望面对一个两眼充满哀怨的女人,更不愿意她把另一个男人的影子带到我怀里来。

她慢慢站起来,说:你这人太自私了!

说完她便离席而去。不用说,这是个糟糕的结局。我似乎是第一次感到,我不是一个能够体贴女人的男人,但我实在不想对女人隐瞒我的这种心理,更无力去承担某种道义上的责任,这不能视为自私与狭隘。我担忧的是这场感情的前途。

孤独又一次走近了我。很多次,我坐在这片海滩上,望着此起彼伏的浪潮和天空中变化莫测的云层。我对面的雷州半岛是大陆的边缘。我用朋友送的一架日本望远镜观看着辽阔的海面,这只白鸟每次都闯入我

的视野。我羡慕这飞行的生物，它那舒展的羽翼令我神往。我惊叹它的力气，居然那么悠然自得地飞翔在云海天地之间。这就是时隔五年之后，我要拍摄这不朽生命的内在原因。现在，我就站在从前我习惯的位置上，摄像机支在我的左侧。监视器里天空一片湛蓝，海面的波涛层层叠叠平和有致地推向岸边，但是我却始终没有看见那只白鸟……

半夜里，天开始下雨了。剧组一个女演员的电话吵醒了我，说是害怕，总觉得阳台上有个人影在晃动。我就说，那是你自己的影子。说完我就把电话给挂了。这种破事在剧组不足为奇，何况这个剧组又是扎在一个岛上。剧组本身就是一部戏，人们在假定的环境里却愿意演出真实的故事。近几年来我神经衰弱得厉害，醒了便无法再睡。于是我就端了把椅子坐到阳台上，看着于闪电中暴露的雨丝。渐渐地我看出了一种罕见的凄美，而我的思绪又回到了几年前另一个似曾相识的雨夜。

那一夜也是从电话开始的。

——1998 年 4 月 8 日

你睡下了吗？

刚想睡。你呢？

我在看书，丘吉尔的《战争回忆录》。我喜欢这个老胖子。

那你看吧。

下雨了，把窗帘拉上，你怕闪电。

你来电话就为这个吗？

我主要是想听听你的声音。你的声音很好听。

现在还好听吗？

我想是的。

怎么不说话了？难道声音也吝啬不成？

其实我的声音对你已经不重要了。

还记着在"泰华"的事呢？那是我的错，我可能太狭隘了。

这事过去了……也真难为你，遇上我这么个喜怒无常的女人。我以为……

以为什么？

我以为你不会再来电话了。

你觉得会吗？

我真这么想过……喂？你在听吗？喂喂？

电话突然中断了。女人立刻重拨过去，但男人没有接。一阵阵的忙音令女人感到不安。她担心自己在电话里说错了什么。雨越下越大，敲击着窗户。女人这时是真的有点害怕了，但是更加后悔，她想这个夜晚如果依偎在男人怀里该是一件多么幸福的事。他们肯定会疯狂地做爱——这将是怎么都不够的一夜！过了好长一会儿，男人的电话又打过来了，声音却没有刚才那么清晰，女人问：电话怎么回事？

男人说：出了点毛病，不过现在没事了。

你在哪儿？怎么电话里乱哄哄的？

我在阳台上看雨呢。

别淋了，当心感冒。

没事的，阳台上的风很舒服。

你这人有时候很傻。

是吗？我想我应该是个很认真的傻瓜。

别任性了，阳台上有雨。

我身体很棒的。你不觉得我很棒吗？

你别撩我。

我是问你，我是不是很棒？

你很棒。

真的？

真的，你真的很棒……干吗喘气？

我有点累了。

你刚才还说很棒呢！快进屋吧。

你不开门，我如何进得去？

你在哪儿？

我刚到你的门口……

那是难忘的一夜。当我赶到桑的住宅时，手机的电池正好用光，而我差不多浑身上下都淋透了。我索性将自己扒光，赤身裸体地站到那个宽大的阳台上，让雨来一回彻底的冲刷。我希望这场好雨把我连日来的烦恼与苦闷冲得干干净净！四野黑蒙蒙的，雨声环绕着我，每一回闪电和雷鸣都叫我兴奋不已，我真想在这样的空间里来一番狂喊，把我心中的淤血全喊出来！

难忘的一夜。我们迫不及待地做爱，那情形就像一对发情的猛兽，恨不得撕了对方。第二天醒来，我隐隐觉得两胸火辣辣的疼，一看，那上面布满了女人昨夜留下的指甲痕，和细鞭抽过的没有两样。那时她还

在睡梦之中，舒展的身体像一尊瓷器。我从不同的角度欣赏着这迷人的胴体，后来竟情不自禁地用她的口红把它画在一张方凳上。那只是信手几笔，却画得极为传神，我担心今后无法再画出这样的效果来，于是几天后，我把这只方凳的四条腿给锯了，做成了一个很不错的镜框。1994年我离开海口时，我曾想把这件不寻常的作品带走，但是桑没有同意。那时她说：放在我这里，你兴许还会回来看它一眼。对于你，它不是什么纪念，而是一个逝去的梦——你是个永远活在梦里的男人。你一生都在寻梦。

在《北纬20度》的第十集里，我几乎是照搬了这个细节，今天正好轮到拍这场戏。但是要想复制昨天的图景已显然不可能了。首先，我们的审查机关不会容忍在庄严的电视媒体上来展现一个女人的裸体——哪个角度都不行。其次，我们的女演员不会在现有的片酬下完整地脱一次——还是哪个角度都不行。于是我只好把机器支在她的背面，镜头卡在她的上半身。摄影师不由得苦笑道：还不如来拍我的背面呢！但是，这就是中国。她留给你的往往就是一个背面。

我让美工来画那幅口红速写。他画了几次都不能令我满意。美工私下认定这个细节绝非杜撰，就说：导演，你自己来吧。我摇摇头，我说：我现在是怎么也画不了了。但他执意要我试一次，我只好动手，结果完全不是那么回事，没画完我就抹掉了。最后还是让美工重画了一次，就这样拍了。我盯着监视器，心里很是忧伤，我想这或许就叫逝去的将永远逝去吧，连复制都这么困难。

这场戏拍完已是晚上十点多了。洗好澡，我躺在床上把拍下的再回放了一次，仍然是不满意，看来只能指望后期制作做些补救了。我忽然想和桑晓光通一次电话，想再听听她的声音——我总觉得她的声音通过电话的过滤会更动人。但我没有直接去拨打她的电话，而是呼了她，留言为：现在说话方便吗？过了很长一会儿，她还是没有回。我便有些惆怅，就打了她的手机。这下倒是很快就通了，我立刻就问：怎么不回话了？我呼了你。

她轻叹道：我不在海口了。

你在哪儿？

杭州。

你什么时候去杭州了？

昨天。

出差？

不，我想玩玩。我的窗外不远就是西湖。

什么时候回来？

你什么时候走？

我懂了。

找我有事吗？

现在没了。祝你玩得开心。

我想她做得很对。1994年6月我就说过这样的话：我们这辈子要想把对方忘得干净，就不要再见面了。这如同我们想分手，最便捷的办法就是离开，不在同一个城市。地理上的阻隔是平衡心理的最佳方式。那时，我们实际上是处在分手的前夕了。但我却没有这个准备，尽管我深知和这样一个女人相处，可怕的不是时间而是空间。这是个需要爱的女人。这是个感情与毅力不成比例的女人，她无法忍受的只有一点，就是寂寞。从1993年那个雨夜之后，我们的感情发展到空前的高度。而随之而来的同居生活无疑是我生命的黄金时代。我们同样害怕分离，我们都担心空间的捉弄。天各一方的境遇会使我们的感情变得空洞无物。苍白的感情将使我们的关系发生断裂。但我万万没有想到，最终敲开我们关系缺口的恰恰不是感情而是另一个东西——金钱。

很多次，一想到这层意思我便感到胸口堵得慌。我不愿意去回忆与金钱相关的种种内容。在和桑晓光接触的那两年中，最令我懊恼的，就是当初没有让她把那三十万块钱一次性拿走。虽然我不止一次地对她说过，你去银行重开个户头吧，免得我三天两头地跑。她说不需要那么麻烦，她随要随取也很方便。那时我根本不知道，她只是碍于情面换了一种提款方式而已。直到有一天，邢蓉下班时告诉我，说桑晓光来了电话，她在上海出差让人给偷了，叫我尽快电汇三万块过去。邢蓉顺便问道：你们的钱放在一起？我回答得很含糊，说暂时这么放着，谁要谁取。邢蓉就说这样不好，说即使你们是夫妻也最好在经济上搞清楚，现在一般都是"AA制"。我突然意识到了什么，不到半年，连同这一笔她已经提走近二十万了。她显然不是消费，而是拐了个弯子转款。但是我也没什么不舒服,既然我说过"一人一半",她如何支配属于她的一半,就是她个人的事了。我只是不明白,桑为什么要以这种方式来对待我。这似乎是担心我的言而无信,怕我食言。这才让我真的伤心了,我想倘若桑果真怀有这心思,那分明是对我的侮辱,我们的戏就该彻底收场了。

那一夜我很难过,躺在床上想了许多往事。我想到 1975 年在梅岭插队,雨浓给我捎来了一篮子的鸡蛋。想到那几年我去水市,和小丹在那间低矮而潮湿的厨房里一起做饭。想到 1983 年和韦青共同度过的那个圣诞平安夜。最后,我想到的是李佳。在十五年前的那列北上的火车上,她把唯一的最甜的橘子递给我⋯⋯

很长时间过去后,当我陷入一生中最艰难的处境时,我产生了这样的想法:这笔钱委实来得太容易了,因此它导致的种种报应将在所难免。

——1998 年 4 月 11 日

桑晓光从上海回到海口已是那一年的五月。这趟差用她的话说是劳民伤财,但是女人的容颜并没有因此而憔悴,倒是比原来显得更白皙一些。他原以为是报社安排了这趟差事,现在才知道桑晓光是在帮一位朋友做汽车生意,这实在出乎他的意料。他说你简直疯了,居然玩起了汽车!女人说,我现在做生意还真有点入门了。女人还说在上海外滩遇见一个看相的老头,说她不久便会大发。他不以为然地笑道:你别折腾了,女人最大的悲哀就是为钱所累懂吗?女人说,要是你能养我一辈子,我情愿现在就退休,在家给你当专职太太。你能吗?他心里立刻顿了一下,口气好像也软了,他说:那得看怎么个养了,粗茶淡饭应该没有问题。女人说:我这等金枝玉叶,你粗茶淡饭地伺候不觉得惭愧呀?就是我愿意,你能给我一个家吗?他不再吱声了,他不喜欢女人又把这个话题拎出来。女人注意到了男人的情绪变化,但还是把自己的意思表达完整了。女人说:所以我必须抓紧时机挣钱,好给将来养老。我靠不了男人,就只能靠我的钱。

女人的意思其实并不错,他想,我不也曾这么想过吗?但糟糕的是它印证了关于那一笔钱拐弯提走的判断。这是一脉相承的思路。他顿时觉得倒了胃口,以至于连做爱都失去了激情。女人对此很敏感,但她没有意识到导致男人生理上变化的是金钱。

你怎么了？

我有点累。

这不像是你的东西。

你觉得不像吗？可它就长在我身上。

你是不是乱来了？

我是那种人吗？

要不就是手犯毛病了。

别废话，睡吧，明天刘锐还得找我谈话呢。

刘锐答应让你们买车吗？

他的话不能信了。

那你不能自己去买呀？

我们的账全由狗日的结算中心管着，款转不出去。

那你傻了，当初就该另设一个账号，体外循环。

那么干道义上讲不过去。毕竟刚上岛那阵是刘锐收留了我。

其实像刘锐这样的老板不该这么小气，不就是一辆车吗？

别再说车了。你是不是做汽车生意做上瘾了？

你还真别说，我那朋友手上那批车还真是不错，一水日本进口原装，有凌志、本田、皇冠3.0。

不是走私的水货吧？

所有的手续齐全，价格也比海口便宜不少。

你这回赚了多少？

我才开始联系呢。怎么样，我们再联手做一次？

算了，你没见我连做爱都嫌累吗？

你是不是有什么心事瞒着我？

我能有什么心事呢？睡吧。

……

他依稀看见这幅图景是在翌日的黎明时分。正是这个怪异的画面使他从沉睡中醒了过来，他想读懂它，然而事实是很长时间里他都没有理解。在这个散发着咸味的早晨，男人的全部精力最后集中到赤身淋浴上，他或许是想借以清醒一下困惑的头脑，将这个不知所云的画面洗刷干净。

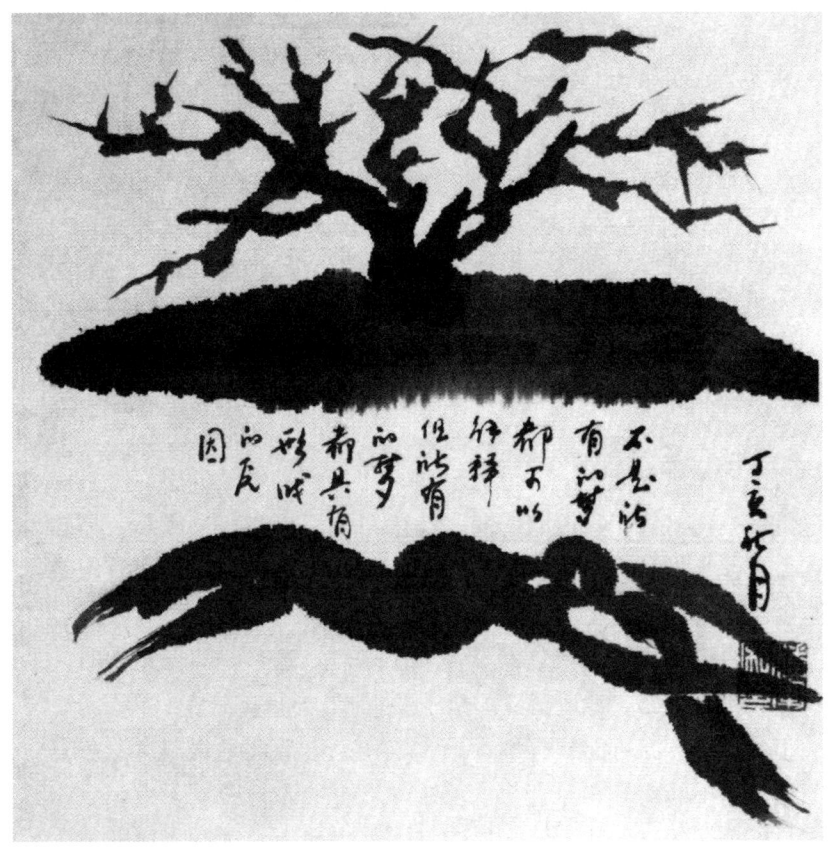

都说日有所思夜有所梦，但这个梦是在黎明时才出现的。黎明不应该属于夜晚。而且梦一般都是流动的，具有夸张的活力和变形的色彩，可这个图景凝固而苍白。或者说这就是一个死亡的梦境。所以后来他这样劝慰自己：不是所有的梦都可以解释的，但所有的梦都具有形成的原因。

这是1993年的5月，是海口进入高温季节的起点。这个地处北纬20度的岛屿的狂热早已超出了时令的温度，也超出了人们的正常想象范围。此时，大批的"大陆人"正像潮水似的蜂拥而至，因为传说要实行"封岛"，然后是"再造一个香港"——这似乎已经不是一个口号了，而是正在付诸实施的现实。但是这个男人却一点也不喜欢香港。只要看一眼香港的电影就知道那是个什么玩意儿，他这么想着，我喜欢巴黎。如果全世界选举首都，我肯定会投巴黎一票。

于是在这个清晨，男人再次萌生了离开之念。

犁城：1993年8月

　　人的一生是非常奇妙的也是不可知的过程。说人生是一盘棋，这个比喻虽然老套了些，但却是那么惊人的准确。一子落定便关乎全局，牵一发而动全身，倘若不慎，兴许这一盘就输掉了，悔之晚矣。这几年我时常想起当初挣到手的那三十万，然后作出种种安排设想，觉得任何一种的结果都比现在的样子好过很多。譬如说我就此金盆洗手，钱进银行，我再静心去过书斋生活，重操旧业，那日子自然是舒服而滋润。或者把这笔钱委托给善于商道的朋友，我待在书房里当一小股东，那也是轻松愉快无忧无虑。问题我没有作出类似选择，或者说由不得我决定了，于是就偏离了方向，莫名其妙地走上了一条羊肠小道。这个我慢慢再谈。

　　1993年8月的一天，我又飞回了犁城。这是我离开犁城时间最长的一次，将近半年。我所居住的房子要拆迁，而我已经不再是"红门"机关里的人了，有可能被趁机逐出。李佳来电话反复强调了这一点，她说无论如何不能离开"红门"，这对女儿的生活起居损失太大。这样，我安排好公司的工作就上了飞机。当天下午我便出现在犁城的街头，想给女儿买点吃的。和每次一样，一跨进"红门"我的心跳就自然而然地加快了，总觉得女儿会突然从什么地方露出脸来。那时候女儿正在家门口的空地上和同学一起跳橡皮筋，打扮得很漂亮，好像一下子长大了很多。我喊了孩子，她便像鸟一样地飞来，却不再让我抱她，拿了串香蕉似乎是很不好意思地跑开了。我心里有点不是滋味，这孩子已经开始摆脱大人的手臂了。抑或是这一年多我和孩子相处的时间太少了，孩子见我才如此生分。一种莫名的忧伤顷刻流遍了我的全身。

　　没多会儿李佳下班了，见面就把电话里讲过的内容又重复了一遍，然后说：本来我不想打扰你，你不在家时我和孩子过得挺好，可这件事非你回来不可，我插不上手。

　　这等于是骂了我，而我却无言以对。好在这时电话响了，她先我一步去接，也就是找她的。电话现在已经移到了卧室，她说了几句，然后把门关上继续去说。我想这应该是某个男人的电话,看来我不回来她的确过得挺好。但这毕竟还是我的家,我待在我的屋子里竟反倒不自在了,事情居然会变得这么怪。记忆中也就是从这天起,这怪异的感觉像影子一样盯上了我,我在自己家里不知不觉地成了一个客人,总担心由于自己的不慎而妨碍了李佳。那天晚上,我就像是道歉似的提出上犁城最好的饭店去吃一顿,李佳也欣然同意了。吃饭的时候气氛还是很好,到了差不多快结束时,我让孩子去一旁玩游戏机,然后征求李佳的意见,说想正好趁拆迁这个空当带女儿出去玩一趟。李佳就问是海口吗?我说不是,我说是带孩子去她没有去过的地方,譬如说苏州无锡。李佳微笑着问道:是去那个地方和哪个女人会合?不等我回答,她用警告的口气对我说:我绝不允许你让我的女儿去面对另一个女人。这孩子永远都只有一个妈。我说你想到哪儿去了,我不过是想让孩子暑假生活过得有意思一些。

你现在觉得有意思了?你以为带孩子遛一圈就把一切都弥补了?

这也是为女儿好呀,我难道连带女儿玩的权利都没有了?

你根本就不配当一个父亲!

可我就是她的父亲怎么办?

不行!

回家的第一天就这样结束了,不欢却不能散。这天晚上我躺在床上想了很久,觉得这是个问题,和以前完全不一样了。自从女儿上一年级以来,李佳的观念和立场都彻底地改变了。她从对这个孩子的自动放弃转移到加倍呵护,并以此对我进行报复。这是我无法忍受的。我感到很是不安,因为这个问题将成为日后我们离婚的阻碍,我们会像那些受难的男女因中间存在一个孩子而继续受难。当然最不幸的还是孩子,跟着我们无辜遭罪。所以无论如何我都不能放弃这个孩子。李佳呢?她会怎么想?她是否也这么考虑?倘若是,那么我们之间就不是一下子可以解决的问题了,这场漫长而艰难的马拉松很难看到终点。就像即将开始的拆迁一样,我心里乱成了一团麻,面对全面毁坏的秩序,我难以理清头绪,不知该怎样来收拾这个焦头烂额的局面。

那真是个沉闷而烦躁的夏天。

——1998 年 4 月 13 日

对于中国人,某种意义上房子是作为家庭的象征或者外在形式存在的。每一次拆迁都会使这个形式得到改变,人们把毕生的积蓄用于新房的装修,以便使这个纯粹的私人领地变得更加可爱,成为一个越来越漂亮的匣子,至于这匣子里装什么东西则另当别论了。家庭也是需要包装的。大街上经常出现的那些成双结对的夫妻们,想必出门时都经过了一番精心的打扮,并且在人前都夸张地做出相敬如宾的样子,然而有趣的是没有人觉得不自然。大家早已习以为常,大家也差不多都是这么做的,笑别人等于是在笑自己。所以拆迁仍然是家庭的一件大事,未来的新房子尽管不能安慰自己,但足以取悦别人。

眼下这次拆迁让他很为难。他不可能会有激情——一对即将离异的夫妻还需要新房吗?有一天,他忽然这么想:要是这次的拆迁提前几年进行,他和李佳的关系会怎么样呢?会因为这个契机一举改变吗?他会把新房子装修一番,再添置几件时髦的电器,他们会珍视这个家吗?过去的那些不愉快会像扔旧东西那样扔干净吗?这个可能性不能说一点没有。而现在已不是那么回事了。哪怕是住进一套豪华的别墅,他们也无法找回新鲜的感觉。李佳说的没错,拆迁就只是为了孩子。"红门"离女儿的学校仅隔着一条街,而且这里的生活设施配套,卫生、安全、环境在犁城是首屈一指的。就是说,他不能离开"红门"。他也没有任何理由离开,他是拆迁户,理应是优先考虑安排的对象。但是,事情后来却不这么简单。很快,办公厅房管处找他谈话了。那位体态臃肿的副处长开门见山地对他说:你是外单位的人了,按我们文件的规定,你必须搬出去,由你现在的单位解决住房。他说:我是拆迁户。文件上说拆迁户的利益首先要保证。副处长说,拆迁户是指还在省委机关工作的人,你已经到文联了,那是人民团体。他说:这个大院里住着许多不在省委机关的人,你们能让那些人都搬出去吗?要是这样,我立刻就搬。副处长说,现在的文件做了调整,我们是按新文件精神办的。这人然后就两手一摊,做出一副爱莫能助的样子。

他说:我不会搬。你们可以强行把我的屋子拆了,也可以把我绑走,但是我不会搬!

事情一开始就这么不顺利。与此同时,文联的几个头头也作出了无关痛痒的反应，没有人来替他与办公厅作解释，他们只担心这只球会踢到文联来，只反复强调文联没有房子，文联解决不了这样的问题。他感到不可思议，心想这事还真他妈的见鬼了，我本来是有房户，难道拆迁了还成为无房户了？天下居然还有这样的拆迁？

李佳也很着急。她担心的是被大院扫地出门，她实在是太喜欢这个完美无缺的居住环境了。这天她下班回来说：你不能就这么硬抗，要去活动，找找人。

他说：我是拆迁户，我不过是要求住在我原来的地方，这还要找人吗？

李佳说：问题是你有可能住不了。

他说：难道还不讲理了？

李佳说：讲理？理是什么？权就是理！

他说：我决不找人！

李佳说：你一辈子就是吃了这个亏！

他说：我愿意！

两人就这么吵起来了。李佳生气地把手中的茶杯一摔，厉声说道：你要是这回被人撵出去，我就带女儿回娘家，你一辈子也别想见这孩子！

这天李佳果然就带女儿回了娘家。地上这只摔碎的瓷杯嵌入了他的记忆。后来有很多次，他都想起这只破碎的杯子形象，觉得很像他自己，谁都可以来摔它，而摔烂它竟是那么的容易！他并不埋怨李佳，只是有点儿替自己可怜。他不禁想到那句旧诗词：百无一用是书生。他想这也应该算是千古绝唱，一句感叹却是那么高屋建瓴。一个书生就是一只瓷杯，选择陶瓷制造是因为会使它变得干净而且有一定的装饰性；它是器皿，既可以用来装人的饮品也可以用来插花养草，在痰盂缺乏的情况下可以权且充当痰盂，在某些时候还可以供人撒气；它拥有光洁接近透明的表面，但无法改变脆弱的本质，所以一摔就烂。但在几百年后，后人有一天从地下挖掘出它的碎片，又视它为珍奇文物，摊放到红丝绒上供人瞻仰。所以梁实秋说：一个诗人在历史上或许还有点作为，但住在隔壁简直就是个笑话。

在这个"红门"里他历来就是句笑话。几年前他调离机关时，几乎所有的人都在笑他。他们热烈地鼓掌，这举动公开的解释是表示对一个同志离开的欢送，其实他们眼神里流露的内容是：你小子栽了吧？而单位的领导同志则毫不掩饰他们的欣慰,他们这才松了一口气,觉得清除了一大隐患,纯洁了队伍。他们改变了前辈的做法,不希望他"哪里跌倒哪里爬起来",而是让他这里跌倒那儿爬起。或者不爬起也没关系。但他们有一点很觉意外,这个已经跌倒的家伙居然对他们说了一声"谢谢"——这是他娘的什么意思?感谢组织上的关怀吗?还是不堪一击神经弄错乱了?我们并没有把他怎么的呀?我们一直是抱着"治病救人"的态度处理问题的呀?这家伙真是个笑话!我们是省委的重要机关,机关是不能容忍笑话存在的,这起码是不严肃。我们身边出现笑话是一件不幸的事!所以这样来看李佳也是可以理解的,她应该比任何人都不幸,因为她和"笑话"同居一室,深受其害自然胜过"隔壁"。那个下午后来,他就蹲在地上收拾瓷杯的残片,感觉就像在整理自己的遗骸。有一小片溅到了方桌底下,他伏身爬进去将它拾起,然后对自己说:

这是牙齿。

在那个夏天，我实际上心里对即将来临的拆迁也没有底。虽然我知道把我撵出"红门"很难，但是继续居住在这个格格不入的环境里我也很不舒服。那时我真想拿那笔钱去买上一套房子，这样至少会省去许多我不愿意面对的事。那个时候，我打心眼里希望李佳能是一个与我患难与共的伴侣，我们可以远走他乡，离开"红门"离开犁城离开一切我们不愿意面对的环境。我们甚至可以住到偏僻的山里，去过一种与世隔绝的生活。当然这不过是妄想。在我这半生中，我是从来不曾求过人的，如今却因为这种不平等的拆迁制度让我去求那些我所不齿的人，我实在感到恶心。可是我得想着女儿，同时我也必须维护自己起码的生存权。时间已到了八月的下旬，老楼的拆迁已经开始了，除了我这一家没有动，其他人家都相继搬干净了。每天我的耳边都充斥着最原始的拆迁声，民工们挥舞着大锤在砸烂墙壁和门窗，不到几天工夫，老楼就成了一片废墟。接着水电也断绝了。

就是这样。那时你只要在夜间从这片废墟前走过，你就能看到一盏灯；要是你有兴趣凑近那扇窗口你就能看见我。我躺在一捆捆书籍中，身边放着脸盆毛巾牙膏牙刷和一纸箱矿泉水。陪伴我的是一支蜡烛和一盘蚊香。这是一个肮脏而有诗意的氛围，有一种墓穴的感觉。几年后，我为中国一家颇有声望的演出团体写了一台叫做《废墟》的话剧，应该是1993年拆迁的启示。在这个剧作里，我企图表达人的一种无可奈何的情绪，一种绝望，一种于黑暗中对光明的祈祷。

房管处的人每天都来巡视，质问我：你什么时候搬？我不理他们，安静地读我的书。他们就进一步威胁道：你别当钉子户，这样对你没好处！我反问道：我倒要看看是怎样的没好处，逮捕我还是开除我？来人冷笑道：我知道你是个作家，作家又怎么样？我告诉你，你就是再有能耐，你也抗不过最软弱的组织。我想这人的话没错。我算什么？个人算什么？人算什么？但是我不想退却，我必须捍卫自己。如果他们强大，那么就把我埋在这片废墟里好了！

几天后，事情起了变化。

那位副处长又来了，这回事先在宽阔的脸上布满了微笑，见面就说：你的问题解决了。要是你坚持住新房，原来的面积不能给你，另外楼层只能是七楼，就是顶楼。如果你放弃新房，我可以帮你换相对旧一点的房子，面积稍小一些，但楼层绝对的好。我就问：为什么我不能住原来的面积和原来的楼层？那人说，你别再"为什么"了，能留你在"红门"里住就很可以了，毕竟你是外单位的人嘛！这话说得真他妈的慷慨大度而无耻。我还是要问：这院子里外单位的人还少吗？那人笑道：他们都是厅以上干部，这是政策规定。

我想我不需要再说了。

经过权衡，我选择了换房。这样我至少不需要去当一年的拆迁户。李佳对此非常不满，她指责我不负责任，同时也十分鄙视我的无能。她说：你清高什么？你以为找找人就跌了你的面子？你这面子值几个钱？我说：我的面子一文不值，但是我还不想去跌。敝"脸"自珍是我的权利。李佳气愤地说：你别再自欺欺人了！要是你当初在机关好好搞，也落不到今天这般的下场。让孩子跟着你倒霉你还好意思谈什么面子！我沉默了好久，最后轻声说了句：我一定要离开这个城市。在那个下午，我对今后的生活大致安排好了。我的想法是在和李佳办完离婚手续之后就彻底离开犁城，带着我的女儿，我要为这孩子选择一个干净而美好的环境。等孩子长大了，我要把她送到世界上最好的城市去。问题在于，李佳会不会把女儿给我？她现在的主意似乎变了，而且通过这回房子的事，她越发地不信任我了。这是我所忧心的，争夺女儿不是我想看见的一幕。

然而今天这个结果也是我当时无法预见的。一小时前，我刚和女儿通完电话。她一个人在家，无聊地看着电视。她向我诉说了作业之苦和考试之累，说毫无意思整个儿人成了学习机。她说：爸，我想念完初中就去美国。我就问：年龄是不是太小了？她说什么小呀，我比妈妈个头还高呢！反正我是不想念这种破书了。我说这事得和你妈妈商量，她大概也不会同意你这么小就出去的。女儿便不高兴地把电话给挂了。

也许孩子的选择是对的，我想。

——1998 年 4 月 16 日

这是他在废墟里的最后一个晚上，屋子里除了没有搬完的几十捆书，就没有多余的东西了。这是一个雨夜，雨从黄昏下到现在势头不见减弱。他拿着蜡烛，去每间屋子看了看，觉得腾出的空间居然如此之大。但是这个偌大的空间从来就不曾有阳光的光顾，阴冷而潮湿，而他的一家竟在这儿生活了八年！（几天后他住进交换来的寓所，清晨五点他就醒了，窗外的光线——不是阳光，竟刺得他睁不开双眼！）这八年的代价却没有使他得到一套新房，他换到的还是七十年代所盖的旧房，他拥有了阳光，但生存的空间却变得狭小了。没有办法，他这么想着，这是人家的地盘，"能留你在'红门'里住就很不错了"。这种侮辱你还得忍耐，这种不讲理你还得面对。这就是中国。尽管"CHINA"的本意是陶瓷，但你不过是一只摔碎的瓷杯。这不是比喻，而是宿命。

雨声在这个夜晚显得空洞而虚无，废墟透露出阴森，四周是逼人的寒气，这是个背叛季节的夜晚。他像一个幽灵似的在这个空间转悠着，巨大的身影写在石灰剥落的墙壁上。告别是沉重的，因为这不是彻底的告别，只是一次挪动，连转移都谈不上，他还将可耻地赖在这个叫"红门"的大院里，年复一年。他躺下了，不禁流出了两行眼泪，泪水淌到嘴角，竟是和海水一样的咸——难道世界上所有的海洋里盛的全是眼泪吗？难道海洋的发源地是人眼？那是几代人的泪？

这时，他隐隐约约地听见了敲门声，敲得十分犹豫。

他拿着蜡烛去开门，刚打开，一阵风把蜡烛扑灭了，但他看清了来人的面目，竟是五年未见的林之冰！这太意外了，以至他好大一会儿都慌乱得点不上蜡烛。他们在黑暗中说话。

真是你吗林？

是我，不是鬼。

可我是鬼，你不觉得我像个幽灵吗？或者像个盗墓者，守着这片废墟⋯⋯

不，我不觉得，你好吗？

谈不上好，只是比以前自由了一些。

这就好。我刚刚才有自由⋯⋯你听说了吧？

我很迟才知道，我一直在打听你的情况。

我知道，谢谢你。

你这么说让我惭愧⋯⋯

我是真的谢谢你，点上灯说话好吗？我现在特别怕黑⋯⋯

蜡烛重新点上了，林的脸在烛光中显得很不真实，可他并不感到困惑，五年了，这张美丽的脸庞只是偶尔从梦中一掠而过，像风中的一片云。他又点了一支蜡烛,却不敢拿正眼去看女人,他的心跳也紊乱了。他们就这样站在一堆书中间,面对着两枝蜡烛,似乎都有些局促和不安。短暂的沉默之后,林之冰说:要是你这儿走得开,我们出去走走好吗?他点点头,说:这儿太乱了。林之冰说,那倒没什么,我只是想你再陪我一回,在这个城市里走走。他突然意识到他们之间的状态已经改变了,女人今夜是来告别的,告别他和这个城市。他点上了香烟,然后轻声问道:你要走了?

女人没有应答,眼睛凝视着蜡烛。

会走得很远是吗?

女人点点头,两眼含着泪水。

这是我们最后的一面?

女人背过身去把眼泪拭净,但还是不想说什么。

他长叹道:都变了……

女人这才轻声问了句:你怪我吗?

我怪自己,他说,当初要是我陪你一道去南方就好了。我最懊悔的就是这个……

女人也叹道:那时我就想你能在我身边。是真的想。可我知道你走不开……我哪能想到你这么快就过去了……

我几乎找遍了海口每一条街上的玻璃店。

那时我住的地方没有一块玻璃……

别再想它了,就算是一场噩梦吧,都过去了。

不,它没过去,它还在追着我,所以我得逃,逃得远远的。

……

那个雨夜后来他们就沿着这条老街走去了。雨渐渐地小了,天空意外地明亮了一些,能看见稀薄的云层在快速地流动。这本该是个有月亮的夜晚,一个不该忧伤的夜晚。无论是刚才在烛光里的道别还是眼下在细雨中的茫然而行,都让他们感到痛苦。命运不负责地把这两个不堪一击的人集合到一起,却又无端地将他们拆开,他们无力反抗,只能听从这种摆布。几天后,林之冰将去澳大利亚的墨尔本,将以陪读的身份去和一位旧日的同学朝夕相伴。这已是无法改变的事实。我觉得这是最好的选择,她说,我必须彻底地换一个环境。他默默地点了点头,心里突然涌起了一阵酸楚。这是一种极复杂的情绪,他既替女人可怜又加倍地

可怜自己；既为女人即将开始的新生活祝福又为自己目下的处境伤感。他或许还羡慕女人，因为女人还有嫁人这一条出路，但他却无力来保护自己的女人不受侵害。好几年前，一个叫韦青的女人就这样去了美国，这一幕现在竟又重演了！而他却仍然只能目送她们像鸟儿一样飞去……

如果我现在离婚了，你还会走吗？他轻声问道，但立刻就感到后悔。

你别做这种假设，女人说，我现在经不起任何的"如果"了。

他自嘲地笑了笑，说：林，按你的选择做吧，我们都还年轻。我希望你记住我的最后一个"如果"，就是——如果有一天你在澳洲住厌倦了，就回中国大陆，无论我在哪儿我都会去机场接你。

……

海口：1993年10月

林之冰在那个雨夜曾问我：你打算出去吗？

我摇头，我说我是写小说的，离不开我的母语。

她又问：你现在不是在做生意吗？

我说：我不是在做生意，而是在挣钱，我现在需要钱，但我这辈子命中注定的还是写作。

这些年有许多人这么问过我，在他们看来，在挣钱中写作或者边写作边挣钱是一件不可思议的事。有人甚至谴责我这是亵渎神圣的文学。这倒是奇怪了，居然把手伸进了我的私生活！好像我干什么事先要请示他们，要经他们批准，要听从他们的指手画脚，简直莫名其妙。对这种病态的家伙我自然不想理会，但我发誓要用另一种方式去收拾。我不能无端地被人欺侮。但是，我却无力面对一种无形的东西。我时常想起我刚上岛时，在白沙门海滩看见的那一面恐怖之云，那是我一生中在光天化日之下亲历的噩梦，而它的形式又是美丽的。这些年我总觉得像被什么东西追逐着，也似乎总在一张无奈的大网里左冲右突，我在疲于奔命中度过我生命的每一分钟，日复一日，身心交瘁。我一直渴望着宁静，渴望着无忧无虑，但这种生活总在唾手可得之际屡屡与我失之交臂。

1993年9月，我在犁城刚刚安排好拆迁，就接到公司邢蓉的电话，说她在食堂吃饭时听见陈元田和一个陌生人聊天，说要把文化公司给卖了！邢蓉说她不懂这是什么意思，但觉得不会是好事，问我能否尽快赶回来？我也很困惑，居然还有卖公司一说。我想所谓卖，大概不是集团对文化公司的人事变动，或许是进行资产改组，把南岛的全资改为股份制，然后把控股权转让出去。这中间肯定要包含所谓的"无形资产"——否则便谈不上卖了。这个文化公司当时在海口已做出了一些名气。这么一想，我便感到了不安。于是第三天我飞回了海口。

这次我首先去了冯维明那儿。我想了解南岛集团近期的发展情况，想知道官方对这个企业的看法。冯维明说最近省政府要对一些担任企业领导的人员做些调整，其中包括不再允许某个人政企一肩挑。按照这种精神，冯维明说，刘锐就存在一个选择问题，要么放掉南岛安心回来做官，要么辞职一门心思去搞企业。冯维明判断后者的可能性更大，因为在他看来，刘锐天真地犯了一个常识性的错误，以为搭一个经济的小舞台就能唱一出政治的大戏。冯维明说：海南是特区，但这还是中国的特区呀，政治永远决定一切。政治可以叫经济活起来，也可以很快叫它死掉。经济永远也无法改变政治——经济基础决定上层建筑，这不过是理论上的一句口号而已，我们不是喊了几十年了吗？但哪一回是靠经济来"决定"的？

我觉得冯维明的解释是对的。在我印象里，刘锐的"政治情结"从来就没有打消过，他的抱负一直是在政治上，他希望能靠南岛这个经济舞台来圆政治的梦，但几年下来，南岛不过是供一些高官吃喝玩乐的夜总会，那些人压根儿就没打算来帮这个年富力强的男人实现在政治上的进步，倒是花了他不少的钱。刘锐如同政治上搁浅的一只小船，眼下他只有一条路，那就是守着这个集团公司——他或许早有了这种准备，所以商人的气味越发浓重了，包括要把当初当做一块门面的文化公司给卖掉。冯维明认为我当初考虑太草率了，没有和刘锐就文化公司的产权关系达成法律协议。你至少要坚持"技术入股"，冯维明说，这样你就能占25%的股权，现在等于你赚再多的钱也是他刘锐的，你一个子儿也是带不走的。

可我当时怎么能想到这些呢？我面临的是一个全新的生活，既兴奋又心虚。那时我只想努力把这个公司搞起来，只想别让刘锐对我的信任落空。我哪里能知道拥有经济学博士学位的刘锐会有这一着后手棋？

要是刘锐决定把文化公司卖了，你怎么办？冯维明这样问道。

我还没想好，我说，这事太突然了。

还是带上那些钱回犁城吧，安下心来写你的东西。

写东西没错，问题是我不想回犁城，那是个找不到感觉的城市。

可你的女儿在那里，你总不能带着孩子去过一种高贵的流浪生活吧？

难就难在这儿，有时候我真想回石镇。

废话，你还没到七十岁，谈不上落叶归根。

我只想活到女儿三十岁……

这句话说得让我自己心寒。人活在这世上确实太累了，我想休息，我想安息，但我必须把我的女儿带大，陪她到三十岁。这是无法推卸的责任。从冯维明那儿回来已经是晚上十一点了，我冲了个凉，然后就坐到阳台上接着去想自己今后的安排。那时候桑晓光正在家乡武汉继续与朋友合伙做推销汽车的生意，这段时间我们的联系也相对减少了，每回的电话都不过几分钟，而一年前的一次通话总不下一小时，有时甚至长达数小时。我想这两种状况都是反常的，问题是我们彼此都已习惯了。我意识到不对，但是无心去改变它。不知从何时起，我有了这样的感觉：桑晓光不是我要找的那种女人。或者说，她能做我的情人却不能做我的终身伴侣。从她身上我很难找到相濡以沫患难与共的感觉。我不知道这是否与我在犁城再见林之冰有关，在那个晚上，这感觉变得十分地强烈，可我为什么又不同她分开呢？我们之间究竟让什么牵扯着？是性吗？难道果真是完美的做爱使理性的种种不适变为和谐？还是因为那笔钱的转移使我变得小气？说实话我很困惑，而且我对我们之间的这种状态也十分忧虑。我不喜欢一个女人整天为钱所累，钱对女人是危险的，但女人天生就离不开钱，上帝造女人似乎就是让她们到这个世界上来支配钱的。如果说挣钱是男人的责任，那么花钱就是女人的义务。其实，人生在世又能花多少钱呢？如果我们是真心相爱，就不该再这么下去，是到了换一种活法的时候了。

　　那天晚上我想了很久。鉴于刘锐处理文化公司的动议，我也不打算在南岛继续干了，至于下一步朝哪儿迈，我想等桑晓光回来认真合计一下。我希望能说服她（这已谈不上是默契了）按我的意思做，支持我安下心来写作——我已经完成了挣钱的任务，如果再陷在商海里拔不出脚，那就不是我了。要是她不能体谅这一点，那么我们就该考虑分手的问题了。

　　我不知道那时桑晓光最实际的想法是什么，因为后来发生的事全都超出了我的设计，而我从此置于了极其被动的地位却别无选择。那是1993年的10月间，我记得很清楚，我在这个大岛上经历了第一次也是最后一次的台风……

——1998年4月20日

你经历过台风吗？你要是有过这种经历你就会认为自然的力量无与伦比，你就会觉得那是一次世界末日的彩排。但同时你也领略了一种声势浩大、恐惧惊心的壮美。

台风是下午裹挟着暴雨抵达海口的。其时天昏地暗，整个城市像奴隶一样匍匐着，一任风雨狠毒地鞭笞。满街的椰树仿佛吞了大麻似的在癫狂地舞蹈，不一会儿就有一棵被拦腰摧断，发出的咔嚓声如同房屋的坍塌。而真正的房屋的坍塌声在风暴中听起来犹如远雷。雨是密集而犀利的，即使是铝合金的窗户也无法阻挡，雨水竟能从几乎没有的缝隙中渗透到室内。雨打击着玻璃，好像随时都有可能把它射穿。机场关闭了，港口也关闭了，大街上看不见一辆行驶的车，电路被迫中断，一时间海口仿佛成了一座死城!

那时候他们正赤身裸体地躺在床上。做爱的高潮恰好是台风的起点,他们已有不短的时间没有在一起了。不知是久别重逢的格外喜悦还是台风制造的这一特殊氛围的影响,这次的做爱达到了前所未有的辉煌。是两次。第一次匆匆而过,好像热身一般;第二次则十分地漫长,他们不断地变换着姿势,那劲头简直是在拼命,在高潮临近的时刻他忽然产生了这样的感觉:这是一场你死我活的战争。我们是在以对方为敌,我们恨不得以爱的方式来杀死对方!这就是战争,有趣的是这是一场拥有双方胜利的战争,或者说他们都以为自己征服了对方。他们唯一没有想到的是失败。

男人在这个黄昏情绪变得很好。在经过半个月的考虑后,他已拿定了主意,就是彻底从商海里抽身而出,回到自己的案头。他想把那笔钱连同以前赚的一齐放到一家金融机构,全部变换成有价债券,这比银行储蓄要好得多。另外,公司的邢蓉向他提供了一个信息:深圳有个老板有意投资文化产业,比如说搞影视之类。那人是邢蓉的一个远房的亲戚,据称曾经也写过诗,想与他面谈一次。他想这或许又是个机会,最让自己看重的是能够把挣钱与兴趣结合起来,他早就想过一把导演瘾了。所以这次桑晓光一回来,他就想对女人宣布这个消息。可又担心这消息来得太突然会使女人不安,女人的情况和他不一样,她是正式调动到海口的。但是他说了刘锐想卖掉文化公司的事,而对此桑晓光并不感到意外,她反倒责备男人何苦这么在南岛忍气吞声。女人说:你又不是自己不能干,你早该离开单干了。我不懂你到底欠了刘锐什么。男人不由得摇了摇头,说:我现在不欠了。那时他想去深圳发展的念头更为强烈,细一想,实际上自己在海口也一直是找不到感觉。他当然希望女人与自己同行去深圳,而不是挑头单干。

但是他没想到女人于不经意中谈起了一个话题。女人说:你买辆车吧。

开始他以为女人不过是随口说说,就也随便答了句:等我挣了几百万,我一定要买它一辆"宝马"。

女人说其实"本田"就足够了。女人说这种车性能不错,又特别省油,价格最适合"中产阶级"。女人说她朋友手里的这批车中就有93款雅阁2.0型的，比海口的价格便宜不少。女人说就是冲着刘锐的那副德性你也要买一部气气他。女人说有种蓝色特别适合你。女人说……

你是不是做汽车生意真的上瘾了？他打断道：你真想我现在就买辆车？

女人停顿了一下，又说：我是觉得这是个机会。

他说：我买了车还养不起车呢，没准连吃饭都成了问题。

女人有点不悦了，说：你也别太危言耸听了，好像我是成心害你似的。我是向你做生意吗？我赚了你多少钱？是那三十万吗？你要是后悔我马上退给你！

这是哪挨哪了？他感到意外，说：你怎么能这么想呢？我不过是说现在买车时机不对。

别再提车的事好吗？

这下是女人打断了他。女人说完就立刻把自己收拾好，要走。他拦住她，问道：你今天是怎么了？

女人平静地说：我累了，不想再说话了。

说完，桑晓光就真的离开了。那时台风刚过去一会儿，外面还下着小雨，天却完全黑了。他走到阳台上，看着女人上了出租车远去。但是他内心的困惑还没有过去，他觉得刚才这事简直太奇怪了，一个玩笑居然就演变成了一场争吵。桑晓光不是那种脾气很坏的女人，尽管有时也喜怒无常，但一般来说还是通情达理的。难道就因为买车？难道她不知道现在远不是买车的时候？难道果真是为了出针对刘锐的那一口气？还是其中另有原委？他怎么也想不明白。

几天后的一个上午，有人不期而访地来到了他公司的办公室。这是个看上去瘦弱且有几分文静的男人，似乎有点面熟，但他实在想不出来在哪儿见过。于是他就问道：我们见过吗？那人说没有。不过，那人说，我经常听小桑谈起你。然后那人就将公文包打开，拿出了一摞印刷精美的本田汽车销售材料。他这才明白来者就是桑晓光的那个朋友，现在他们又成了生意上的合伙人。

那人说是桑晓光叫他把资料送来的，如果有意要买，具体的细节可以再谈。那人就说了这些，然后便匆匆离开了。

他的心思不在买车上。他觉得这一点也不像是桑晓光做事的风格，她是个极爱面子的女人，怎么可能在一场突然的争吵之后再让人直捅他的办公室呢？而且，他总觉得刚才那人他就是在哪儿见过的。这事越来越蹊跷了，他想给桑晓光去个电话核实，同时也好缓和一下两人之间的关系——他们又有好几天没见面了。正犹豫着，桑晓光的电话来了，开口就问什么人是否来过，如果来了，不要与他多说，别再谈买车了。他感到不解，就说那人刚走一会儿，说是受她委托把汽车资料送过来。一听这话桑晓光就火了，说：真是莫名其妙，我不过是说你有可能买车，那还是在武汉时在电话里随口说的，我根本就没有叫他送什么资料来！

他说：人家也是热情嘛，何必动气呢？

这种事已经发生好几次了，桑晓光说，他这个人一辈子也改不了急功近利的毛病，叫人讨厌！你别再理他。

电话就此挂断了。他突然醒悟过来，刚才那个男人就是桑晓光的前夫！他曾在桑的影集里看见过那人的照片，那时他们还是法定的夫妻。

你可以想象出我当时的心情是多么复杂。桑晓光已经和那男人离婚近一年了，现在却又两人一起做生意——在我看来这至少是另一种的藕断丝连。我虽然没有法律上的名分，但感情授权于我需要维护起码的尊严。而我更为气愤的是，桑晓光居然瞒了我这么久！一个女人竟和她的前夫一起来做自己情人的生意，这算怎么一回事？然而这事就真实地发生了！可是仔细一想，我又觉得事情不会这么简单。桑晓光既然选择了离婚这条路，就不会轻易掉头往回走，况且是刚刚选择。她是个头脑清醒的女人，但同时她又是个处事简单的女人。总之那时候我的思绪很乱，不知道如何来解释眼前的行为。不过有一点似乎很坚定，那就是该和桑晓光分手了。无论是爱人还是情人，分手都不是件容易的事，一般都需要某种契机的出现。就拿桑晓光来说，当初如果不是她在家中撞到另一个女人，那么也就很难说要和丈夫分手了。然而事情又有它的另一面，契机对分手起到了强制性的作用，但却难以磨灭旧时的情感，某种意义上还存在着加深的可能性。因为感情一旦丧失，便意味对它的眷恋。这就是人的情感怪圈。

现在我就面临着这个怪圈。我的契机出现了，分手在即，但我怀疑自己在这之后的漫长岁月里能否心如止水。我说过我骨子里其实是个极其懦弱的男人，多愁善感与生俱来，我的血始终是忧郁的但又很烫。在那几天里，我竭力忍受着感情的折磨，可我又不想去点破那层纸。直到一个晚上我患重感冒卧床不起，桑晓光来看望我，事情才出现了新的转机，但这又是一次预想不及的转机，从某种意义上讲，它几乎改变了我后半生的运行轨迹。

也许她觉得是时候了，桑晓光在那个晚上向我坦言了关于汽车生意的前前后后。她说她的前夫自从离婚后就一蹶不振，整天与人打牌赌钱，把以前的老底子差不多都输光了。而那个女人也弃他而去，他实际上已到了精神崩溃的边缘了。有一天在街上碰见他，桑晓光说，我实在是吃了一惊。他难过地说对不起我，说他把好端端的日子给毁了。可是事到如今还有什么好说呢？我没理他，想走，他似乎很羞怯地说：能借我一点钱吗？这句话把我的眼泪说下来了，这个人怎么就突然变成了这个样子？他以前也是个很骄傲的男人呀！我把身上带的三千块钱全给了他。过了几天，我的一位同学在上海揽到了这笔汽车生意，我就介绍给他了。我说这是我最后帮你了，你要是再不振作起来，以后就别见我了。

于是桑晓光就全身心地投入进去，那时我正在犁城忙于拆迁的安置。她之所以瞒着我是担心我会胡思乱想，她说只是在生意上帮那人一把。她说与其说我是在帮他倒不如说我是在帮自己。她说：这样我至少心里平静一些，我们毕竟也是夫妻一场，而且他是我的初恋。可是我没想到这笔生意如此难做，原先答应的几个客户一到签合同就一一变卦了，弄得我下不了台，我差不多是白忙了一场。而他每天都来电话询问进展情况，一听他那软巴巴的声音我就受不了，我是成心想帮他的，我希望他能通过这笔生意改变一下精神面貌，这样我记忆中的那个男人还是个男人，尽管我不会再去爱他。

说实话，我当时听了这些很受震动。这大概也是我内心最软弱的一块，我总不愿意看见一个女人的失望，况且这个女人是我的情人。那时我一边劝着桑晓光一边想着买车的事，其实我已拿定了主意，这车得买。就是我一天不开它我也必须买回来。一辆车对那个男人来说所挣的钱也不算多，但是能使他重新开始一种全新的生活，能让桑晓光的心情好转，也算是值得。我的潜意识里或许还有这样的考虑：你既然已经得到了这个女人，你就该割舍其他的利益，正如鱼和熊掌不可兼而得之。

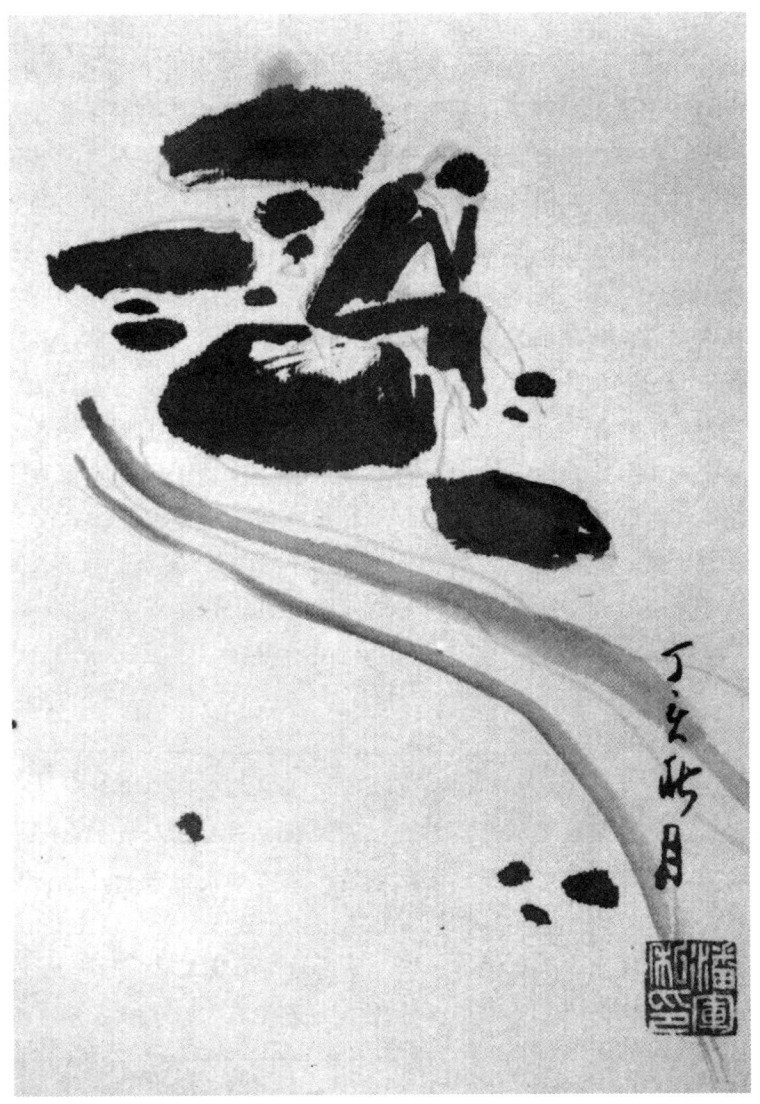

于是第二天我就呼了那人,说车我已经选好了,让他来公司做合同。那人似乎不敢相信这是真的,就问:你现在就买吗?我说钱我已预备好了,就按你的价吧。然后我把具体的事情和支票交代给了邢蓉,她显得很惊讶,还以为我是冲着刘锐去的,便劝我冷静一些。她说:你这人太书生气了,何必要出这口气呢?你不是打算去深圳吗?到那边再买也不迟啊,还会省掉日后过户的麻烦。我自然不想多作解释,就说这是替一个朋友代买的。然后我就离开,我不想再去面对那个男人,让他殷勤地谢我。还是让他去谢他的前妻吧。我还对邢蓉说,如果桑晓光来电话,就说我出差去三亚了。事实上,这天下午我就是去了三亚。犁城来了位熟人,冯维明要我陪同去三亚休息几日,而且他说有事与我商量。在去三亚的路上,我谎称疲倦一直假寐,心里很不是个滋味。我想这笔对我如此重要的钱转眼间就变成了我毫不需要的汽车了,我今后的路如何走?难道陷在这个孤岛上开出租?这么一来,我还进得了书房吗?我一年的稿费连养这辆车都是妄想。我等于是拿出三十几万给自己买回来了一个豪华的包袱!几年后,当我对李佳说起这事时,她听着直摇头,她说你这人太情绪化了,怎么就这样把自己的后路给断了呢?你还不如再送给桑晓光十万元,用于她去安慰前夫。李佳这句调侃其实还真不失为两全之策,可我当时硬是没有想起。我想这可能就是命了。这便是我所说的一着走错。或者说不算大错但却是我命运的转折点。这是1993年的10月,从那时起,我开始进入了狼狈不堪的日子。

——1998年4月22日

或许是一种巧合,就在他感到前程茫然之际,冯维明给他划定了一张新的蓝图。在牙龙湾游泳时,冯维明突然提出:我们搞个公司吧。冯维明说你与其在刘锐那儿不死不活,还不如跳出来彻底地做他一把,这样我也好帮你——我正好手头有笔钱,一百万,是位朋友托我买股票的,我可以说服他先给我们垫一下,算是启动的股本吧,你那儿能拿出多少?

这话问得他哭笑不得,他说:上午还有点,现在差不多是一点都没有了。

然后他就说了买车的事。冯维明一听就生气了,说你这是胡来嘛,无米之炊你倒先备上了一只金碗,怎么连逻辑都不讲了?

这样,他只好把桑晓光的情况说了,他说:这个时候我不帮她谁帮?

冯维明问道:看来你今后就是和这女人过了?

他说:这是两回事,不是他妈的交易。

冯维明沉默了片刻,叹道:都是为女人呀!

接着冯维明对他谈起了一件从未说过的事——

我去年在北京学习时认识了一个女孩子,冯维明说,最近来信说想到海口来发展,我不好拒绝,但又担心这事日久天长会纸包不住火,要是闹到台面上就糟了。你知道,眼下正是我的重要关口,据我老丈人说,常委会近期要研究我的工作问题。所以我就想我们办个公司,一来算是我帮了你,二来那女孩也有了个着落——她在别的公司干我不放心的,反正都是我的朋友,一举两得吧。

他想这个冯维明也确实不容易,当年在犁城为了摆脱困境选择了这么一条路,不惜娶一个连月经都没有的女人,现在有点外遇也是可以理解。但是这一百万得说清楚,是参股还是借贷,否则就不好操作了。他想要是借贷就算了,不如到深圳去当个高级打工的;倘若是投资参股,倒是可以考虑,因为这样至少还能够继续在这个岛上陪桑晓光一程,看看两个人的发展如何。他就把这想法对冯维明说了,他强调道:维明,这笔资金的性质必须说清楚,"先垫一下"是什么意思?借我还是以后会抽走?

冯维明说:当然是投资。反正我保证这笔钱永远沉在公司里运作好了。

他说:那就意味着风险共担了。

冯维明说:一切照章办事,不过我不好出面的,我全权委托你经营管理。

他说:我现在就这么一辆车,折算不过三十几万。当然我们真要搞,我会想办法再去弄点钱的。我们之间股份悬殊太大,这个家我也不好当。

冯维明笑道:你这人真有意思,有的事粗枝大叶,有的事又异常仔细。我们是什么关系?还用得着斤斤计较吗?我要是只图个人发财,还会把这样一笔钱交给你练手吗?

他倒是受了感动,对冯维明过去的那些陈见似乎也在这感动中打消了。不过,他说道,亲兄弟还明算账嘛,没有规矩也难成方圆。

冯维明说:我信任你就是给了你压力,我相信你能练出来。现在海南的形势极好,据说明年有望把"特别关税区"搞起来,这是不可多得的机会,得抓住。我觉得你肯定能做得很出色,再说我自然也会在外围帮你的。

要是真做砸了呢?他打断说:我们全赔进去了怎么办?

冯维明一拍胸脯:认了。

他说:冲着你老兄这句话,我们干他一场!

　　两人说到这里情绪都显得有几分激动，望着亚龙湾这世界上最蓝的海水，他们想起了十八年前在故乡石镇菱塘湖的那次狩猎。那是他们参加高考的前夕，也是他们对这个世界发生憧憬的时刻。他记得冯维明的理想是将来当一名外交官，而他就想当个作家。他们设想在未来的一日一起通过巴黎的凯旋门，然后再上埃菲尔铁塔喝比利牛斯山产的一种老牌子的葡萄酒，还想去瞻仰一下巴黎圣母院和卢浮宫。他们想了很多，唯独没有想到有朝一日会合伙做生意……

　　日近黄昏，冯维明陪犁城的朋友去大东海买珊瑚了，他独自来到了"天涯海角"。

　　夕阳下的海泛着酒红的光晕，给人以沧桑感。游人已在相继离去，海边渐渐变得清冷。一个中年的乞丐向他乞讨，他给了那人十块钱。但就在他给钱的一瞬间,他从那人呆滞的瞳孔里看见了自己变了形的脸。他不禁心里顿了一下,继之一股忧伤的感觉汹涌而出。他默然向海边走去,浪打透了他的双脚,极不舒服。他的眼前还浮现着自己那张变形的脸,便再次转过身去看那乞丐,但是那破败的人形已消逝得无踪无影!这使他非常地困惑与不安起来,他怎么也不相信那个人会这么快地就不见了。在这个迷惘的黄昏,男人最后竟被一种不祥的气氛团团围住了,以至于在返程的路上失去了方向感,平白无故地在城里多绕了一圈。很长时间过去,他在一次醉酒之后想起了这次奇异的经历,仍然有点魂不附体。那个时候,他正处在命运的低谷。

三亚：1994 年 4 月

我现在就站在几年前站过的地方。我身后是那块著名的礁石。海似乎变小了，从前的水痕深深地刻在石上。剧组今天一早从海口出发，计划用两天的时间把三亚的几场戏拍完。考虑到大家没有到过这块旅游胜地，我向制片主任建议先安排游玩，以便之后集中精力把戏拍好。与海口相比，三亚的风光则更为迷人，透露出自然的美丽与天生的野性。海口太过于雕琢了，当年几百亿资金撂到那里营造的却是一个俗不可耐的氛围。如今除了那些空洞的楼宇像碑一样耸立着，剩下的就是叹息与哭泣了。这两个月的拍片让我把这个城市又梳理了一遍，面对这满目接近凄凉的风景，我已不再为之动容，欲哭无泪，然而我并不后悔。

昨天夜里，桑晓光来了电话，她还在杭州。她问我片子拍得如何，什么时候封镜。我说快了，也许就十来天的时间吧。她说：这恐怕是你最后一次与海口打交道了。她的语气明显地带着伤感，似乎是说这也是我们最后的交道了。我自然有些难过，就说：未必吧，这地方冬天还是令人向往的。我想这句话或许有语病，海口不存在冬天，连有没有秋天也值得怀疑。我应该说，在大陆下雪的时候，我想念这个岛屿上的阳光。北纬 20 度，阳光直射。有人断言，这里拥有地球上最好的阳光、空气和水，这是人生命的三要素，所以这里的人寿一般都很长。但他们忽视了另外的一点，就是这里的人天生一副老相——憔悴而衰老的面容却拥有漫长的生命。这正好与城市的面貌相反：年轻的，但却是短命的。

1993 年是一个不寻常的年头。这一年里竟发生了九起劫机事件，这在当代中国是空前的。另一件震动全国的事，是北京长城机电公司沈太福的十亿元非法集资案，春天里就闹得沸沸扬扬，沈太福在京举行了两次新闻发布会，声言要状告中国人民银行。但到了夏天，这个人就在首都机场给逮捕了。国家工商局开始对其进行检查，而中央也决定由国务院副总理朱镕基兼任央行行长。在一个温馨的夜晚，副总理面对中央电视台的摄像机镜头打了个有力的手势，宣布了"宏观调控"的开始。这在热浪蒸腾的海南岛引起了强烈的震撼。人们似乎对"宏观调控"这个新鲜的词组感到陌生，但对副总理发表电视讲话的语气与表情印象深刻。他们相信这回中央是下决心要整顿金融秩序了，然而又觉得整顿的时间大概不会太长——冯维明就是这么认为的。他从北京的一张报纸上看到一个企业座谈会的纪要，那上面有人提出了对"宏观调控"的不同看法。冯维明据此判断：这不过是一种权宜之策，旨在理顺沿海地区与内陆地区的资金平衡关系，同时打击金融界的经济犯罪。所以他仍主张我们这个公司要尽快搞起来，但不轻易涉足房地产业务。可我还是觉得公司的启动时机不对，有点低谷切入的意思。但我已不好再做选择了。

在与冯维明经过反复磋商后，我于1993年底正式离开了刘锐领导的南岛集团，决定另组了一个公司。那时刘锐正在美国考察，所以我把辞职报告递给了齐之荣。他大概已知道我清楚了刘锐对文化公司的处理意见，也就没怎么多说，只是执意要在"昌隆"请我吃鱼翅。我谢了他，说我还不打算就离开这个岛，今后还会见面的。那时我的精力全放在新公司的筹备上，因为这回是给自己干了，所以夜以继日地奔忙着而不知疲倦。1994年春节，我回故乡石镇探亲，在水市机关工作的那个陈涛又来找我，说这回决定了要随我去海口，动因是组织上没有解决他的副处级待遇。同时，经他的引见，水市的一家银行行长向我许诺，等宏观调控这阵风刮过就给我一百万的贷款。并且表示：如果第一次的合作成功了，他们将对我的公司长期供血。

种种迹象无不表明我们这个公司大有希望。

但是，在公司经营方向上，我和冯维明还存在着一点分歧。我主张名副其实地专心致志于文化产业，这也是我的强项；冯维明却认为除了房地产，什么赚钱做什么——这让我想到以前陈元田说的话。冯维明说：我们首先要完成原始积累，而后才能挑三拣四地干自己想干的事。或许是公司的性质变了，所以这个意见我很容易地听进去了。于是我们先在海甸岛盘下了一家中型规模的餐馆，经过重新装修，更名为"大陆人"。与此同时，我们又里应外合地争取到了几家大企业的广告代理。两个月干下来，势头十分的好。直到这时，我才觉得是长吁了一口气。

由于买车那件事，桑晓光和我的关系也越来越融洽了，现在她不觉得欠她的前夫了，却又像是欠了我什么，凡事都变得小心翼翼。可我不希望这样，我对她说，要是不买车，我或许就不会下这个决心挑头干了，没准已离开了这个岛。眼下我只想早点完成所谓的原始积累，然后去干自己想干的事。她就问：你还打算干什么？我说我还是要回到自己专业上去的，写写东西，作作画，拍拍电影什么的。桑晓光说，到那时我就来帮你管这个公司吧，反正我也闲着无聊。然后她问道：那时你总该离婚了吧？我只是笑了一下，没有回答。我离婚是迟早的事，但必须由李佳先开口——这是否就是我的虚伪？每回一想到这里我便感到不安，我明知这是个无望的婚姻，但真的放弃它我仍然会伤感的，我不知道李佳是否也有类似的感觉。我们的婚姻像这样处于自生自灭的状态已经很多年了，我们都不想去对它负责。我们到底在等待什么？难道也需要更重要的契机才会出现奇迹吗？

就在这天的下午，桑晓光带来的一个意外的消息引起了我的关注。这消息与我的婚姻没有关系，但却暗示着公司的命运不容乐观。

——1998 年 4 月 23 日

你知道吗，北京可能要给长城公司的沈太福判刑。桑晓光进门就说，我刚和那边的同行通过电话。

查了快一年了吧？他随口答了句，说也该有个了结了。

这人也太嚣张了。

是呀，说谁把钱交给他年利率就有48%，那我们还需要折腾什么？干脆把钱投给他算了。说完这些，他就去洗澡了。他想那个长城公司的罪过是高息揽储，非法集资，扰乱了国家的金融秩序，而沈太福本人却是以贪污罪和行贿罪逮捕的。宏观调控已经进行近十个月了，大量的资金限期从海南撤回，房地产业却还是这么硬挺着，有行而无市。这些老板还在做最后的指望，总觉得这调控明天就会结束。

洗完澡，他给冯维明挂了电话，把桑晓光带来的消息说了。冯维明说他知道了，而且他了解得更具体：不仅是判刑而是要判死刑。

这会不会是个信号？他问道。

什么信号？

中央要加大宏观调控的力度？

你觉得会吗？

我觉得有这个可能。

就是加大力度与我们也没关系吧？我们现在还不存在大额贷款问题。

问题是银根再这么紧缩，海南的房地产就彻底没戏了。那些大公司一垮，我们做谁的生意？你别考虑太多了。马上就是椰子节了，中央要来领导，你没见这阵子股市一直攀升吗？

他没有再说什么。他想冯维明的见解有一定的道理，中国人习惯把许多的希望寄托在某个要人身上。这一点，有文化的与没文化的都一样。这也是最省事的思想准备。

两天后，海南省第二届"椰子节"举行了。然而开幕这一天的气候不佳，是个阴雨天气，风也不小，那些红红绿绿的标语横幅被刮得乱七八糟，一些准备多时的团体表演节目只好被迫取消了。人们对这种刻板的搭台唱戏已感到厌倦，没有多少人去赶这个热闹。那时他坐在会场外的一个极不起眼的角落，眼睛盯住了一只升空的红气球。因为悬挂的条幅断了，所以它上升得最快也最高。它在细雨中飞翔的姿态很奇特，先往上冲一程，又朝下跌落一截，再左右摇摆不定地寻找继续攀升的方向，最后，它终于破了！他的视线似乎也随之被扯断了，一种虚幻的破裂声却萦绕在他的耳边……

很多次，他都把这目击的情景理解成幻灭的具象。他认为那气球很沉，而且盛满的绝不是虚无的氢气，它的确是透明的，但是它很丰富，其程度与他的想象面积完全吻合。他记得那个上午自己是淋着雨回来的，然后去"大陆人"酒店喝了一碗辣糊汤。这个酒店现在由邢蓉负责——原来打算把它交给冯维明的北京女朋友，结果那个人因为职称评定一时来不了。为这件事他和桑晓光还闹了一点不愉快。桑晓光说，你对这个邢蓉过于信任了。你与其把酒店交给她还不如交给我呢！他反问道：你想辞职来做吗？你舍得丢弃记者这块牌子吗？桑晓光说：我可以兼做，反正报社也没多少事。他没同意，他说做酒店也是门学问，邢蓉在成都是做过酒店的。桑晓光说：怪不得那女孩愿意紧跟着你，你这么信任她呀！他很不喜欢桑晓光的这种语气，他说：桑，你最好不要过问我公司的事，你也是股东，尽管只有八万，到了年终看报表好了。桑晓光一听他如此公事公办的口气，就没再吱声了。

他向邢蓉了解这几天酒店的经营情况。邢蓉说生意还稳定，每天的营业额能达到一万多，照这个水平，两年投资回收应该不成问题。邢蓉说：就是一些老客户的钱很难收上来，影响资金周转。另外一个问题，是白吃的人越来越多，几乎每个相关的政府部门都有。正说着，一个税务专管员带着一帮朋友来了，直接进了包厢。那人看见他就笑嘻嘻地迎了过来，说生意挺火嘛，两个月的工夫名气就做出来了，不错不错！他给那人递烟，那人把烟叼着，似乎在等待着他掏打火机。他感到十分厌恶，可脸上还得把笑容坚持住。他心里骂道：什么东西！换个码头准饿死你！要不是为了生意，老子眼里会有你这号人吗？你小子见我一面还是你的光荣呢！

幸好这时电话找他，他才摆脱掉这个无赖。

电话是冯维明来的，说晚上带一桌人来消费，都是一些政府主管部门的实际掌权者，把这些关系拉上对今后的生意发展自然好处多多。冯维明提醒说：不要让人看出这个公司与我有关，一点蛛丝马迹也不能流露。类似的意思冯维明已经表达过很多次了。这个商场的隐身人实际上丝毫不放弃幕后的操纵。但对投下的这一百万解释总很含糊，一下说是朋友借的，一下又说是同学委托他在海口找项目。公司登记注册，冯维明出示的是一张别人的身份证，据说那个人几年前就去了加拿大。他想这笔钱其实就是冯维明自己的。但这一点他始终不会点破的。冯维明好不容易熬到了这一步，眼下又处在提拔重用的关口，在经济上肯定不能闹出麻烦。但他希望冯维明能为公司解决一些实际问题，譬如说把那些吃饭只签单而不给钱的人的钱要回来。于是他说：你打几个电话吧，我派人上门去收好了。冯维明却说这不合适，说会引起人家的胡乱猜测，不好。

他说：我不能只制造表面繁荣吧？

冯维明说：沉住气，"椰子节"不是开始了吗？海南的戏还长着呢！

他放下了电话，眼前仿佛又出现了那只膨胀的气球，它的结局不过是一声脆响……

1994年4月11日，经中华人民共和国最高人民法院核准，原北京长城机电科技产业公司总经理沈太福以贪污罪和行贿罪被处死刑。虽然这个案子审理近一年，但这个结果还是令我吃了一惊。我倒并不关心沈案的前因后果，而是从这个案件的审理中看到了国家整顿金融秩序的决心和打击经济犯罪的力度。金融是整个经济的命脉，那几年大量的资金拆借和各种名目的非法集资，使中央银行失去了调控能力，形同虚设，使得海南的房地产膨胀到了一个前所未有的程度，一直升温到了白热化了。那么现在的"宏观调控"完全是指令式的，容不得讨价还价，自然也容不得考虑局部的经济运行规律了。那些房地产的炒作商，把从内陆银行套来的钱全压在原本打算"过一手"的房产地产上，企图"借鸡生蛋"无本赚钱，现在却一下给套牢了，而国家银行的钱难以抽回——吃大亏的还是国家。国家的钱在几年前就在海口培养了一批暴发户，现在国家觉悟了，不再给钱了，但这并不影响那些暴发户的利益，而是使一批指望依靠暴发户发财的专业银行倒了大霉。血本无归的就是他们。

尽管冯维明对形势的估计很乐观，我还是时常感到不踏实。我的想法很朴素，就是海南的资金一旦抽回，那些房地产公司便会垮掉。而房地产业是海南经济发展的龙头，它瘫痪了也就意味海南的戏完了。这就是人们常说的那种"泡沫经济"效应。

"椰子节"过去了，报纸上铺天盖地的大幅广告开始羞答答地改变腔调了。虽然每家公司还在吹嘘自己的物业是"皇家花园"是"别有洞天"，但在价格与付款方式上都不约而同地改了口。他们已经扛不住了，他们在想尽办法突围，但是为时已晚。到了四月底，我们的日子也不好过了，一边是广告生意很难再做下去，一边是酒店的欠款收不上来，而公司的开支却有增无减。我不能不为之忧虑。这样，我又约冯维明谈了一次。在这次交谈中，我提出了一个毫无准备但又必须考虑的思路，那就是及时把公司转移到内地发展，不在海口恋战。冯维明感到异常吃惊，说：海口这一摊怎么办？酒店的近百万的投资不管了？我说：找人承包或者转手卖掉。他好像一时没了主张，只是说：这个动作太大了，太大了。我也很急躁，说海口过年过节的日子过去了，我们也别再做暴发的美梦了，要不改辙，要不散伙，这么耗着肯定要出大事的。但冯维明还是表态说：再等等看吧，等过了上半年再谈下一步。

这时我又想起了深圳那一档事，就让邢蓉赶快去与那边联系。结果那个老板已举家迁到了香港，深圳这边只象征性地留了一个办事处。我想，这个时候杀到深圳大概也不是好时机。那么，我该往哪儿去呢？

　　这天下午我突然接到三亚一家公司的电话，说是要为在东南亚招商制作一部电视专题片。对于这送上门的生意我自然刻不容缓，就带陈涛驱车前往了。这是我这辆车第一回跑长途，也是第一次上高速公路正式地跑起来。海口太拥挤了，道路又极不宽畅，开车总是那么压抑。现在这么舒服地开着，倒感觉有了几分惬意。那时海口至三亚的高速公路尚未全线贯通，到万宁就是一般公路了。陈涛刚学会驾驶不久，开车的欲望特别强烈，就提出想试一把。我就与他换了，提醒他这车性能挺好，提速特别快，脚不要离煞车。那会儿我满脑子想的都是如何谈这笔生意，会有多大的赚头。我又想起在犁城和电视台搞的那个叫做《面对黄土》的专题片，觉得制作不是难事，请一个会扛机器的摄像就齐了——这一点桑晓光能帮忙，她和电视台的人熟。

　　突然听见"梆"的一声，接着我浑身剧烈地一挫，一抬头，看见我们的车把前面的一辆双排座撞到了公路边上，同时我还看见我这辆新本田的蓝色的引擎盖向上卷了起来。我的头一下就觉得大了。追尾是我们的责任，幸好那辆车没怎么损伤，司机也还好讲话，赔了人家一千块就摆平了，但我们这车却走不了。陈涛已吓得面无人色，这时候我也无心再说他几句，问题是这地方前不挨村后不靠店的，眼见着天色逐渐昏暗，总得想个法子把车拖走才是。我就给冯维明挂电话，他不在，家属说他去广州出差了。再找桑晓光，也不在，去文昌采访了。我只好给邢蓉交代，让她立刻联系一辆面包车赶到这里。她焦急地问道：你们人怎么样？我说人没事。不过这时候听见一个女孩子这么问候，我心中还是觉得温暖。然后，我就让陈涛搭过往班车赶到三亚，对他说，先接触上，不谈具体，一切等我明天过去再说。陈涛还没有从撞车的阴影里拔出来，哭丧着脸，我就说：别想这个了，让保险公司处理吧，别误了正事。

　　打发走陈涛，我看着这辆拿到手还不到两个月的坏车，那片受到蹂躏的蓝色让人伤心得想哭，好像撞的不是车而是我。我的周围全是大山，偶尔过去的车也不看我一眼，而天色越来越暗了，风也随之大了起来。那一刻，我感到异常地凄凉，觉得自己像一件无人认领的烂包裹扔到了这深山野洼里……

——1998 年 4 月 24 日

天彻底黑了，风渐渐大了起来，不一会儿，雨也接踵而至。躲进车里，他觉得时间似乎在这一刻停滞了，把他和这无边的黑暗拴在了一起。这是他从未有过的孤寂，其中还掺有惶恐，不由使他想起十八岁那年在乡下与狼狭路相逢的情景。那一次，狼放过了他。或者说狼对他没有什么兴趣。然而这些年来他时常产生一种感觉：那匹狼始终尾随于他的身后，与他保持着适度的距离。甚至在他突然转过身时，他仿佛能发现地上的狼迹！人太可怜了，他想，人的脆弱与生俱来，没有任何力量能保护人的心灵不受恫吓不受胁迫不受侵犯。1994年这个天涯海角的山中之夜，男人好像是在地狱的边缘徘徊，他那瘦弱的灵魂在风雨中飘荡着，发出了歇斯底里的呼喊，但是却听不见一点声音……

时间凝固了。极度的劳顿使他在车里打了个盹儿，若不是几点冷雨溅到脸上，或许他就能一觉睡过去。四野茫茫，不时扯过刺眼惊心的闪电，夜气越来越浓，雾一团一团地从眼前飘过。雷声似乎很远，也很沉闷。他把头伸到车窗外，仰起脸索性淋了会儿雨，刚才那一会儿的焦虑慢慢地消解了，神智也清醒了不少。车毁了倒不是什么大事，修修也就可以了。但这次突如其来的车祸总让他感到蕴涵着某种暗示，是不祥之兆。眼看着海南的戏就要落幕了，他的公司却还滞留在这个荒废的码头，前景已十分暗淡了。可冯维明仍在犹豫不决，还在期待着局势的转机。青年政治家这回忽视了一个问题，就是总把"宏观调控"狭隘地视为单纯的经济手段，是权宜之计，孰知它本身就是政治。海南这一幕的潮起潮落他是亲历了，对这个岛他已不抱任何幻想，他想唯一的出路就是尽快撤走，这就意味着放血。照他的估算，如果把酒店盘出去，再把一些家当变卖掉，至少要赔进去五十万。也就是说，这个成立不到半年的小公司一下便几乎输掉了半壁江山。然而再这么坚持下去，不出三个月，整个家就给抄了——他不能不为之胆战心惊！

他点了支烟，怎么吸都觉得有些漏气，吸不起劲。这时，一辆红色夏利出租汽车在他的侧前方停了下来，接着他看清了下车的人是邢蓉。他急忙打开车门，让邢蓉赶快进来避雨。他问道：面包车呢？我不是叫你落实一辆面包吗？

邢蓉缓过气说：在路上抛锚了，正在抢修，我怕你着急，就先……你喝水吧，还有吃的。

车弄成这个熊样，我哪还有胃口，抽烟都觉得苦。

陈涛到三亚了吗？

早该到了，这小子吓糊涂了，也不知道来个电话。

车是他撞的？

谁撞都一样，这兆头多他妈的不好。

你还是先吃点吧，是八宝粥，不难咽下去的。

他就吃了。这个片刻他对这个叫邢蓉的女孩很是感激。他想这是一个沉着而心细的女人，她的处事能力与她的实际年龄并不相称。要是当初一上岛就遇见她，他想他们会相爱的，而且也会过得很好。这个念头已出现过好几回了，今夜则更为强烈。他想这有点对不住桑晓光，假如桑晓光没有出差，遇到这种事会做得像这个邢蓉一样妥善吗？一年前是绝对没问题的，他想起那次在广州的飞行幽会，仅仅为了见上一面，仅仅为了几个小时的相处，女人就从北京飞来了。那是什么感觉？难道每对男女真正的恋爱就只有那么一年半载的好光景？米兰·昆德拉好像说过，男人对女人的寻找无非两种方式：一种是在一个女人身上去寻找全部女人的感觉,另一种则是在许多女人身上去寻找不同的感觉。全部的感觉会集中到一个具体的女人身上吗?他怀疑这点,就是说他应该属于运用第二种方式的男人——他大概总是爱着某个女人的某个方面,而又不想放弃其中的任何一个方面,这无疑是一种贪婪,是对情感特权的妄想。这比起政治特权虽然一样卑鄙,但是值得。所以这些年来,他愿意远离政治却无法不亲近女人。

面包车还没有来。风雨也似乎没有停歇的意思,只是比刚才稍稍弱了一些。他忽然觉得一男一女待在这辆崭新而破烂的车里也不失为一种情调。他向邢蓉谈了公司下一步的设想,说转向内地看来已是箭在弦上。邢蓉便问具体去哪儿?他叹了口气,说暂时还没有什么头绪。邢蓉停顿了一会儿,带有试探性地问道:桑晓光会跟你走吗?

他似有些为难地说:可能不会。她是正式办了调动的。

邢蓉进一步问道:那你对你们的事有信心吗?

他说:这不好预测。以前我担心的是时间,现在又得考虑空间问题了。天各一方,确实有些残酷。

又停了会儿,他听见邢蓉说:我总有这种预感,你最后还会回到李佳那儿。

他心里顿时有了隐痛的感觉,好像自己等待的不该是女人这种预感。他想,那件事也该问问这个邢蓉了。于是他在考虑好措辞之后,说:小邢,有件事你处理得不太妥当,当初你不该把我和桑晓光的事说给李佳。

邢蓉惊讶地问道:什么?我说的?!

邢蓉说我从来就没有和李佳通过电话!

海口：1994年5月

1994年的那个山中之夜，邢蓉的回答当然叫我感到吃惊。我相信这女孩没有撒谎，同时觉得冤枉了她这么久很过意不去。那么，又是谁向李佳通风报信的呢？尽管这已经不重要了，但我还是不希望它成为悬念。不久，我恍然大悟过来，其实这件事一点也不复杂。我和邢蓉在车里坐到天明，那辆面包车总算是到了。那时雨止风静，空气十分新鲜，我让邢蓉押车回海口，自己便搭乘班车赶往三亚。经过一上午的洽谈，我拿到了这笔赚头不大但却有意外收获的生意。那家公司的副总经理叫王高，是中原蓟州人，下海之前是蓟州电视台的记者。他在几年前的一次电视节目交易会上看过我搞的那部《面对黄土》，说印象如何如何深刻。这笔生意就是他牵的线。王高在三亚这个公司干得很不得志，眼下的宏观调控使海南的经济形势每况愈下，他也是感慨万千。他问我今后的打算如何。我就说：走是肯定的，问题在于往哪儿走，走到那里干什么。王高说：其实干电视还是很好，不如往这条路试试。我就说了原先深圳那档子事，觉得是错过了一次机会。这事当时也就是随便聊聊，没想到半个月后，有一天王高从三亚赶到海口，说他和蓟州那边通了电话，说蓟州现在很活跃，因为京九铁路的方案有所调整，蓟州将成为一个枢纽，成为中原的一个新型的商贸重镇。如果你有兴趣的话不妨去看看，王高说，我在那儿人头太熟了！不像在海口。

我突然问道：你能帮我打进电视台吗？

王高就问什么意思，是不是有东西要卖给电视台？

我说：不是卖，是买。我想买蓟州电视台的黄金时间，每周半小时。

我的意思是买下这个时段，办一个有特色而被观众喜闻乐见的栏目，然后再做贴片广告的生意。我料定像蓟州那种电视台节目水准肯定不高，我们只要认真来做，绝对会有竞争力，不怕广告上不来。这样，我们既为电视台无偿提供了一档节目，又通过交换来的广告时间有钱可赚，相得益彰。王高一下就显得很兴奋，说这是个极好的创意，但又对节目成本感到忧虑。每周一期，一年就是五十来期，那可是一笔不小的数目呀！王高说，万一赔了呢？我就说：赔了是我的。你只要帮我把关系理顺，拿下这个项目，就是大功臣了！

这不过是个即兴的想法，却让我们不断地细化了。那一天我们谈了很久，从栏目的设计到节目的编排，竟谈出了很多不错的思路。譬如说，我们通过北京、上海、广州的三家文学刊物建立兼职的记者站，这样外埠的信息素材就委托他们去做了，我们只需在蓟州成立一个总编室，外加一个为栏目服务的广告公司就能运转起来。

于是不久，王高就辞职回了蓟州开始操办这个项目了。与此同时我又和冯维明就公司的前途反复谈了几次。这时已到了1994年的5月，海口的一些大公司正加紧向大陆回撤，大势所趋，我们似乎也做不出更好的选择。冯维明对蓟州项目反应暧昧，他既承认这可能是个有钱好赚的项目，又对它的可行性表示怀疑，因为在他看来，意识形态领域历来是管得很紧的，不容易插进去。我便解释：我们是在为电视台干事，终审权是他们的，出了名也是他们的，我们不仅省了他们的节目成本而且还交管理费，他们难道还不同意？

冯维明说：理论上讲得透的未必能在实际中行得通。

但他同意先把海口这边的事收拾干净。

这回，是我们替自己打广告了，想把酒店和车一起卖掉，尽可能地回收资金。结果来谈酒店的还真不少，车却无人问津。当时这辆车才从修理厂拖出来，看上去和新车没有二样，然而在我心理上还是留有阴影。有一天我开车去报社接桑晓光，到了门口找不上停车位，我一下就急了，跳下车我不禁自言自语地说：你这车可真是给我添乱了！谁知这句话正好被出门的她听见了，所以在回来的路上她问我，是不是真想把车卖了。我说是，广告都打出去了，就是没人来谈。她很是沉重地说：是我不好，我害了你。她的脸色也随即黯淡了，然而这种貌似道歉实为埋怨的态度让我极不舒服，我就回了她一句：晓光，你这么说是不是过了点？她立即要我停车，她要下去。我就真的停了。

她把车门用力一摔就掉头往回走了。

这是自买车之后我们之间的第一次红脸。如果说我后悔，那一刻我是真的后悔了。我想这个女人变化实在是太大了。为了让她心情好受，我差不多已经是倾家荡产断了后路，到头来她非但不领情反而还弄得我神经紧张，简直就是惯出来的毛病！然而我又想，也许我没几天就要离开这个岛了，我们的关系已到了重要的关口，女人这时候心里必定是不好过的，何必要雪上加霜呢？我们走到这一步终归是不容易的。

事隔几年后的今天，桑晓光对当初的买车觉得确实是难为了我。一小时前她来电话说，她在杭州的街上看见了一种新款的宝马，跑起来十分神气。她还记得我以前说过想买一辆宝马的事，就说：要是我现在成了富婆，我一定要送你这种车。我说：我现在什么"马"也不需要了。我说我也不希望她成为富婆。说到这里，我们不约而同地叹了口气。

三亚的月亮是这样的妩媚。明天，我又得转回海口了。

——1998年4月26日

1994年5月下旬的一个黄昏，男人从三亚交完那部招商片，返回海口的路上，突然接到公司邢蓉的电话，说酒店的事处理完了，是冯主任带着一个客户来签约的。

男人就问是多少价格。邢蓉说：五十八万，比事先估计的要好一点。

男人松了口气，然后很快就大吃一惊，因为他听见电话里又说：冯主任让人把支票拿走了。很明显，冯维明要撤资。

他立即就往冯维明家里去了电话，询问是怎么回事。

冯维明说：见面时再谈吧，我这儿现在有客人。

说着便把电话放了。十几天前，这个男人由处长提拔成了主任，成了副厅级的高级干部，所以说话也跟着高级起来了。变化之快让人猝不及防！

当晚，他们见面了，地点是靠近秀英码头的一个酒店。去年公司组建时，他们曾来这里打过两次保龄球。今夜还是打球，他们到的时候已经没什么人了。等偌大的球厅只剩下他俩时，冯维明才向他解释关于撤资的事。那笔钱本来就是一个朋友的，冯维明说，现在经济形势如此不好，加上你又做了回内地的打算，所以我考虑还是抽一些回来。这也是对朋友负责。那谁来对我负责呢？他打断说：其他股东的利益谁来保证？

其他不过是小股东嘛！

在利益上大家都是平等的。难道公司也搞特权？

你这么说就不好了。我当初是拿你当朋友，要不我会为你弄上这一百万？

你为我？我又为谁？

咱们就别争了，就算你体谅我一回吧！余下的四十二万算是借你了，你给我出张条子就行。

你这不是把投资变成借贷了？冯维明，当初你可是拍了胸脯的！你是不是还打算放我的高利贷？

他把球一扔，走了。不欢而散。

那真是一个悲凉的夜！后来他就独自来到秀英码头，望着停泊在岸边的那几艘旧船以及浸在水里的倒影，心中难过到了极点。他难以让自己相信刚刚发生的一切是真实的，他连做梦也不会想到有一天和冯维明会有这番遭遇。他们从小一起长大，以后又双双上了大学，成为石镇的骄傲，再后来又成为同事——在犁城机关的那段日子，他们可以说是相依为命彼此挽扶，怎么现在竟为钱搞成这般模样？！这是他一生中最大的懊悔，如果不是因为这笔钱，他们之间是绝对不会出现裂痕的。他深信这点！钱这时又成王八蛋了。他已经被钱弄得焦头烂额了，钱让他失去了对爱情的信任，现在钱又开始瓦解他的友谊。钱太可怕了！钱为何如此的可怕？是因为中国人太穷还是中国人太贪？抑或是中国人对这东西就是天生的绝对信任与绝对崇拜？钱能让相爱的人分手，钱能使亲密的朋友离间，钱甚至还能使骨肉相残！（报纸上几乎天天有这类消息）钱真他妈的是万能的！

一种恐怖的气息在他身边弥漫开来，那气息仿佛也是蓝色的，也是梦幻的形态，但给予他的却是梦魇般的令人窒息的压抑感，是一种近似活埋的感觉。这感觉远离死亡却能够把死亡的过程拉长，并且把死亡的痛苦放大数倍。他似乎是绝望地自问道：我还能信任谁？

事到如今也只好面对了。第二天，他让邢蓉把酒店移交给了别人。第三天，他召集了公司会议，把公司面临的困境和盘托出，然后他说：我们得离开了，至于去哪里还没有个头绪，如果这个月底还找不着突破口，这个公司就宣布解散了，大家就各奔前程吧！这番话一说，气氛就变得凝重了，一个担任出纳的女孩当场就哭了，其他人都不出声。他走到阳台上抽烟，望着前方那些业已停工的楼厦预制件框架，他不禁自嘲

一笑。那时他想，一切仿佛都规定好了，本命年意味着在劫难逃。

桑晓光连日来都显得坐立不安。当酒店正式转让后，她意识到男人这回是真的要离她而去了。这使她有了一种如梦初醒的感觉，好像自己是在梦里与这男人过了两年，现在男人要走了，才突然回到了现实之中。但是女人已无力改变这些，她只能眼睁睁地看着这人的离去。这个时候，女人对年初买车的事觉得懊悔了。她原想不过是帮前夫一把，同时替自己赚回个面子，没想到由此引起了连锁反应，不知不觉地就把一切给弄乱了，乱得不可收拾。现在男人要走了，是真的要走了，那么这以后就成了未知数——现在连她对他们的前途都不抱信心了，还能指望男人怎样？可她是需要这个男人的，他们相爱，和这个男人结婚曾是她恪守的目标，为此她下了很大的决心，甚至想和他能有一个孩子，甚至……

门声中断了女人的思绪，男人回来了。这几天男人住到了她这儿。连日来的操劳与焦虑使他看上去明显地憔悴了，脸上泛着一层黝黑。男人的言语也少多了，那种口若悬河的侃侃而谈远离了他们的生活，以至于连做爱也显得缺乏热情。她给男人沏了杯茶，然后打开电视机，想让男人看九点钟转播的一场交响乐，她希望在海口最后的日子里给男人留下个贤妻良母的形象——男人们差不多都喜欢这个样子。但是她怎么也没想到这个晚上后来竟是另一番情形。那场音乐会迟迟不来，节目前的广告却绵绵不断。一个女人在讲述一种新型的洗衣粉是如何如何地好，桑晓光说：你听，这声音听起来好像电话里的李佳。

男人从沙发上欠起身，问道：你什么时候和李佳通过电话？

桑晓光一下给噎住了，紧接着两颊现出了红晕。面对男人平静但是直视的目光，女人觉得还是把那件过去了却总使她不安的事说出来的好。

女人说：是我告诉李佳我们的关系的。我当时是想……

男人打断说：我早该知道。

男人就说了这一句，然后去外面洗澡了。

她对着我的背影说：我一直为这件事后悔你信吗？

我说我信。我说你现在讲什么我都信。

她一下就哭了。外面的天很黑，我脱光了身体，把水龙头接到这个大而不当的阳台上，没完没了地冲了起来。海南的水很怪，或许是太纯了，淋在身上总有点儿"隔"，滑腻腻的，像是洗不干净的感觉。我把浑身搓得火辣辣的，还是觉得没洗干净。我洗了好久，听见桑晓光在屋里抽泣，似乎今夜就是我们分手的时刻了。其实我已经不再计较这件事了，女人的用心良苦也算是看重了我吧。我的心还是被公司的处境牵扯着，没有精力来对付这儿女情长。但是这个晚上我洗好澡便穿上了衣服，这当然属于反常。而且后来我们一直没有说话。我在外面坐了很长时间，回到屋里时，她已和衣睡下了，从均匀的呼吸看她睡得很踏实。我就想起那次在广州，因为电话的故障让我折腾了整整一夜，情形可谓悲壮。

现在倒练得皮实,心仿佛结了茧,一觉之后什么就都过去了。

　　昨天我们在三亚"鹿回头"拍了一场戏。那个著名的景点起源于一个美丽的传说。但很少有人认为那是个悲剧,人们完全沉浸在男耕女织的田园牧歌气氛中,却忘记了这段千古绝唱的爱情实际上是屈服投降的产物。譬如说那男人手里如果没有一张弓,那鹿会停下来并且变化为美女么?再譬如,那鹿倘若不是身临绝境,她还会停下来给那传说中的小子当老婆吗?这些算不算是条件?算不算是交换?连千古绝唱的标准神话都这么不可靠,我这逼近世纪末的家伙还有什么想不开的呢?我想这世界上最可怀疑的东西恐怕就是爱情了。爱情也最脆弱,可以向任何东西投降。

从前那个晚上我的心大致是麻木了,然而在事隔几年的今夜我又觉得不平静。我好像是在等桑晓光的电话,这是一种死水微澜的感觉。她避开我已有多日,若再不回来,我或许很快就走了。走了也就走了。

"鹿回头"……

我没有更多的感叹了。

1994年5月对我而言是一段焦灼不安的时间,那情形如同我在去三亚的路上发生的车祸,同一时间与四面八方全都失去了联系,陷入到无边的风雨黑暗和一个钢铁废墟中。我差不多就是躺在了棺材里,成了一具尚可呼吸的尸体。酒店这件事使我与冯维明的关系出现了僵局,已有好几天没通电话了。公司的员工开始陆续离开了,其实他们是在体贴我,不想白拿我的钱。而剩下的则是陪伴着我,我真是感谢他们。就在这个时候,我终于等到了来自蓟州的电话,王高说那边的头绪全部理清了,他的一位同学刚被提拔为蓟州电视台的台长,表示大力支持,条件优惠。王高在电话里比我还兴奋,声音激昂,让我赶快过去签合同。他这么一说反倒叫我不踏实了,觉得这件事不该这么顺利,我就反复询问了一些细节,譬如管理程序、财务独立以及广告时间等,王高还是说一点问题没有,让我当机立断,不要错过这个极好的机会。

我还是犹疑不定。为了慎重起见,我想让邢蓉和陈涛先去蓟州接触一下,要是事情和王高讲的差不多,就代表我与电视台草签个意向书,再着手前期筹备工作。同时,我也好集中精力拿出一个比较完备的栏目策划方案来。第三天,他们就出发了。我送他们到机场,当飞机呼啸升空时,我这颗潮湿已久的心总算感觉到了一点儿暖意。这是1994年5月的一个星期日的上午,海口的天空万里无云,涂满了蓝色。但这已经不是我向往的那种蓝色了,在我的视野里,它过于实在,失去了应有的想象力。而且它也不再是透明的,就像我小时候在石镇照相馆见过的那种布景,于方寸之间冒充天空。

然而它就是天空。可疑的天空。

——1998年4月28日

他给冯维明去了电话,家属说不在,说去琼海了,要等两天才能回来。但他的感觉是冯维明此刻就在客厅里看报纸。他就说：维明回来请他给我来个电话，我很快就要去蓟州了。果然第二天下午，冯维明派人来了。那是一个保养得很好但面目不让人喜欢的陌生人，大约五十岁，拿着冯维明亲笔写的条子，自称是那钱主的亲戚，来办余下那四十二万的"借款"手续的。他一听就非常反感，说：我不需要借钱，而且我也不认识你。那人便冷笑道：这事不清，你想离开海口恐怕没那么容易。

他气得把桌子一拍：你想干什么？威胁我还是把我杀了？

那人倒显得平静，说：还是立个字据吧，就按银行利息总不难为你吧？

他说：你让冯维明来。我们没什么可谈的。

说完，他就下楼了，想开车直接去省政府院子找冯维明。但是他看见那辆车的边上已经站了三个身体魁梧的青年，显然，他们是有备而来，要扣留这辆车来做抵押。他觉得这简直太恶心了，他难以把眼前的一切与一个从前在名牌大学读西班牙语、如今身为政府高级官员的男人联系起来。这已经不是钱的问题了。就在这个瞬间，他打定了主意。

他和那个陌生人返回办公室，他告诉那人：我现在就给你打条子。

然后他很利索地做了一切手续，并把车钥匙和有关证件交给了那人，说：请你转告你的冯主任，我会带钱来赎这辆车的。

那人感到有些意外，满脸堆笑地说：这就对了，大家都方便。

这口气不禁让他想起小时候在国产电影里见到的拷问共产党人的场面。他还记得，十岁那年，他们几个小伙伴模仿《红色娘子军》，他演南霸天，拷打扮演洪常青的冯维明，要他写"自首书"，说只要你洪先生肯与我合作，我南某保你荣华富贵。"洪常青"一阵大笑，挥笔写下"砍头不要紧，只要主义真，杀了洪常青，自有后来人"。

"洪常青"是真有其人，本姓李，他就义时背后那棵老榕树还活着，立在万宁的公路边上。那次去三亚的路上，他还特意停车去看了那树。那时他想：一个青年，就为着某种信念敢于舍去性命，这精神到什么时候都是值得尊敬的。那时的人活得艰苦但却是那么充实。这个下午那棵老榕树的形象一直浮现在他的眼前。它似乎在向他展现着一部很厚的历史，又似乎是一篇启示录，让他激动而忧伤地回想了许多事，那都是些无法说清的现实和纠缠不休的过去，它们尘封在记忆里但是却难以磨灭。然而他在这个岛上的故事是到了告一段落的时候了。几天后，他又接到

蓟州那边的电话,一切进展顺利,公司的筹备工作也大致完成。他想,该动身了。他事先没有告诉桑晓光,等拿到了机票,他在"潮江春"预定了一张台子。那时他想,这或许就是最后的晚餐了。

似乎是某种感应,这个晚上突然停电了。这一片街市完全处在微弱的星光之下,月亮暂时失踪了。酒店迅速换上蜡烛,而且也不再有客人光顾,整个大厅就只有他们这一对即将分别的情侣。于是在这个感伤的环境里,男人和女人以低沉的声音开始了交谈。

你还会回来吗?你要是不回来,我怎么办?

我会回来看你的。

你对蓟州的事那么有把握？

我只能走一步看一步——这些年都是这么过来的。这是命。

什么时候能稳定呢？

不知道……

我现在好后悔……

后悔什么？

当初我们有那笔钱时，我该听你的，去一个安静的地方过日子。

这事过去了，别再想了。还是祝我有好运气吧。

等你在蓟州脚跟站稳了，我就调过去陪你。

再说吧，其实我没想过要在蓟州扎下来。毕竟我还有个女儿。

你最后还是要回犁城？

不，我不可能再折回去的。我是说，我将来在哪儿，要看孩子的发展。

可你女儿今年才上小学二年级……再说，她母亲会让她随你吗？

我想会的。总有一天会。

要是不给呢？

那就这么耗下去吧。反正……

反正什么？反正你一个人无所谓？你的责任心呢？

我现在负不起任何责任。我头绪很乱，真的，我不敢设想以后。

你这个样子让我难受……

有时我好想大哭一场，可这解决不了问题。

我真担心这样下去你会……

我不会去死。至少我会活到女儿三十岁。

蓟州：1994 年 6 月

中原对于我这样的人其实是不合适的，这是一年后我的判断。我是个习惯在南方生活的人，喜欢看见连绵的青山和秀丽的水泊，喜欢看见蓝天和雨季，喜欢听见平缓的而不是一惊一诧的语音。喜欢吃米饭而厌倦面食更害怕羊肉烩面。虽然我现在与那条著名的黄河挨得很近，但我在领略过它的风采之后立刻就怀疑蓟州这个城市的食用水的处理能力。而且我去的时候，黄河的水面十分地狭窄，水流却艰涩而迟缓，裸露的河床上呈现着垃圾，整个地脱离了我亲切的想象，让我沮丧。蓟州是个不伦不类的城市，既没有现代都市的繁华，也缺乏中原历史的古迹，却在未来的发展规划中有一个很时髦的飞机场。似乎这样才能与京九的枢纽位置相匹配。但在当时，它使用的还是经过改建的军用机场。当波音

757 在蓟州机场降落后，黄昏也像轮胎着陆那样"嘭"的一声降临了。这是 1994 年 6 月初的一个黄昏，蓟州是一个多云的天气，我这个外省人带着深切的焦虑踩上了一块陌生的土地，尽管事先的消息是那么令人鼓舞。这或许是受离别的感染，几小时前我还在酷热难耐的海口，桑晓光送我到了机场。在我即将通过安检时，我回了一下头，看见女人的眼泪忍不住地夺眶而出。那一刻，我受到了震动。这是真情的泪水，是一个女人对一个男人的无力挽留而抛洒的幻灭之泪，甚至就是对爱的悼念之泪。人真是个奇怪的生物，明明在理智上站不住脚的东西，情感上却难以拒绝，这就像是考试时的自我作弊，图一时过关痛快，不懂的还是不懂。

邢蓉他们已在蓟州完成了新公司的注册，并租了两套房子，置办了办公与生活起居用品。这个架势一拉开，就表明我们要在这个中原城市干上一阵子了。等我把关于电视栏目操作的一揽子设想向大家抖开时，他们显得特别地兴奋，笼罩在头顶上几个月的愁云似乎一扫而空。我也按捺不住地激动，因为我已经看见了这个项目成功的雏形，只要和电视台把合作的协议一签，我就有信心也有能力使这个栏目在中原一鸣惊人。我一直认为，中国新闻界优秀的人才都在报业，电视这个历史短暂的行当里称得上有水平的人寥寥无几。我不知道这一行里是否有著名编辑著名记者，充斥两耳的是一些具有明星色彩的主持人。这些人的特点是基本上识字（因为他们经常念错别字），会说普通话，长得还可以（当然仍需要化妆），拥有三流演员的演技和一副成功者的风度。他们在荧屏上或忧国忧民或打情骂俏，然后把自己炒热了好出书做广告挣钱。

为了稳妥起见也便于有效地进行操作，我到蓟州之后并没有立即去与电视台方面洽谈，而是先杀向了意在蓟州大展宏图的几家大型企业摸底。这些厂家每年投向蓟州的广告费都在千万元之上。剔除人为的因素，厂家的广告心理是都会选择那些收视率高的节目。这就是我的信心所在。我在这些企业跑了一圈，心中更有数了。厂家对我们栏目的思路很赞赏，但口头的表达与实际的节目毕竟还是两回事，他们希望能看到至少一期的样品，这样才好谈贴片广告的赞助。于是我们很快就悄悄地动起来了。为了确保节目质量，我特地从北京请来两位朋友帮助，（并通过他们拿到了刚刚辞世的一位德高望重的老作家生平最后访谈的镜头素材）我们埋头干了近半个月，把这个样板做得非常精美。等我再把它送到那些老板眼前时，几乎无一例外地受到了称赞，往下的事就好谈了。经过几番接触，很快我们就分别与一家啤酒厂和一家房屋开发公司达成了协议，他们以协办的名义每年给我们两百万。而我预算中的节目成本是一百二十万左右，就是说，我们还没有干起来，钱已经赚到手了。我踏实了，压在我心头的这块沉重而沮丧的石头总算搬开了，我在绝望中又诞生了一回。现在是到了和电视台正式洽谈的时候了。那是1994年7月的上旬，蓟州的气候刚刚觉得热，在去电视台的前一天黄昏，公司的几个人一道去黄河边上散步。大家的情绪都是前所未有的高涨，言谈之中洋溢着一种荣誉感，好像只有我们才能干出这样的节目。一路上每个人都在谈选题，也都在算经济账，觉得按这个势头下去，一年挣上个两三百万不是问题，而且还挣得体面。我说，你们别净想好的，好的不想它也照样在那儿，还是多想想不利的方面吧。我虽这么说，心里其实也一样得意。最让我感到不可思议的是：我在开放的海南没玩成过一回"空手道"，却在闭塞的中原得逞了——等赞助的钱一到位，我们实际上就没花自己的钱。

  现在想起来我对当初的那个策划还是有些沾沾自喜。我记得钱钟书说过，有本的生意还是生意，无本的生意却是艺术。那个时期，我差不多私下就是以商场艺术家自居了，我整天和书刊报纸广播电视打交道，但是我能从中赚出钱来。我又想起在南岛集团的那段日子，要是刘锐信任我支持我，类似这样的事我早就做起来了。现在不过是失之东隅，收之桑榆罢了。看来，蓟州这着棋我是走对了。

  那天夜里我沉沉地睡了个好觉。

——1998年4月29日

  一早，王高就来了。今天是和电视台交涉的日子。这个在南方闯荡过的年轻人依旧保持着白领的装束，一身都是名牌，意气风发。相形之下，他倒显得有些窝囊。他不想打领带，更不愿意在头上弄点什么摩丝啫喱水之类。若不是邢蓉提醒，也许他连胡子也不想刮了。但他有他的设计，他在蓟州最好的酒店预定了一个豪华包间，并准备在宴席之前给台长送上几本自己的小说——据王高介绍，台长以前也做过辉煌的文学之梦，这样既便于交朋友，同时又暗示了自己的能力，是值得信任与合作的。事后看来，这的确是个不错的设计。

  台长姓冒，比他年长七岁，看上去是一个老实巴交的男人，不善言辞但十分爱笑，几杯酒过后这个人便乐不可支。台长说久仰久仰，台长说好事好事，台长说方便方便。整个洽谈的过程基本上是他和王高的声音，台长只是搭话，只是首肯，只是喝酒。这情形仿佛说相声，他是逗哏，捧哏是台长。这倒让他心下发虚了，这么谈下去会有结果吗？于是趁台长去洗手间时，他低声问王高：这人情况不太对，只是吭吭叽叽的，好像总不切正题。王高就笑了，说这人历来就这样，要不怎么能当台长呢？王高说：放心，一会儿他就会跟你把协议签了。你只要强调一是在他的领导下，二是有钱大家赚，就行了。

  果然不出王高所料，等酒喝得差不多了，他把该说的都说了，台长就把协议草草看了一遍，说：不错，你们考虑得很周到，比草签的那个还细致，签吧。

  就这么签了。签完了他还觉得吃惊。

  送台长出门时，外面的天气很热，那人就问王高：你家空调装了吗？今年看来不装还真是不行呢！

  王高说：这事你别操心了。

  台长说：哪能不操心呢？老婆去北京开他娘的会去了，家里大事小事全套在我身上。

  王高说你别管这事，还是多想想我们今后的合作。说着就把台长推上了出租车。等车远去王高才转过身问他：这困难么？

  他笑道：小事一桩。

  第二天他就叫陈涛买上两台分体式空调连同发票一起送到了王高那里，让后者处理去了。然而这件事让邢蓉很不高兴，她说：这也太快了，当时放盐当时咸！他把她叫到自己的办公室，掩上门说：这是中国。商场上你每走一步都是靠钱铺出来的路。

  邢蓉说：我懂，可是我看不惯。

  他说：看不惯也得看。这不过是个开头。

邢蓉叹了口气，说：是个可耻的开头。

他说：是可耻。我们只能可耻地活着。

这个下午后来他就在办公室无聊地坐着。邢蓉的话让他想到这两年在商场的经历，几乎每一笔生意最后都得靠可耻的手段才能拿下。可是没有办法，除非你脱离这个肮脏的环境。这样他又觉得那辆车买得太误事了，而出发点不过是为了使一个女人心情好，大有一笑千金的意思。离开海口快一个月了，桑晓光与他还保持着密切的电话联系。女人的声音还是那么动听，有时称得上是情意绵绵。桑晓光说想飞蓟州一趟，他没同意，他说等我忙完了这事的开头再说吧，这个时候我不便分心。这大概是十天前的事。那时他正在多媒体机房里做片子，为一个三维动画的片头忙得昏天黑地。现在总算像个东西了，与电视台的合同也顺利签下，明天就能争取赞助商预付一部分款项了。他想等拿到这笔钱后立刻就飞海口，把那四十二万的余额当面交给冯维明。那时他会平静地说：维明，我们之间现在全结清了。他只想说上这么一句。然后他就和桑晓光一起把那辆本田车开回蓟州来，行程两千五百公里，一路心情舒畅。

天不觉地黑了。这最后的思想转变了他的情绪，他走出办公室对大家说：晚上我们出去吃饭，吃完再去跳舞唱歌，统统由我买单！

1994年7月的这个晚上，男人的心情越来越好了。他一展歌喉，连续唱了八支歌，全部是二十年前的老歌。这一年正是《红太阳颂》余音绕梁的日子，那些标语口号式的歌词他觉得好笑，但旋律却把他带入了往昔岁月。日子真是过得好快，他想着，转眼间神秘的毛泽东就一百岁过去了。他还记得在自己十岁那年，曾经为毛泽东有无妻室和一个叫小丹的女孩子发生了激烈争吵，以至于不欢而散。当时他固执地认为，毛主席没有老婆；没有是因为他是伟大领袖。后来这个问题被遗憾地证实了，他无端地流了很多眼泪。这莫名其妙的伤感几十年他都没有想明白，倒是在整整三十年之后成为他一部小说的开头。

从前那些日子尽管没有音响彩电但并不觉得枯燥。从前不懂信仰但有信仰还有崇拜——从崇拜领袖到崇拜英雄，从崇拜女人到崇拜城市，他度过了一截充实饱满的好光景。现在是既无信仰又无崇拜，没有神话也没有童话，整天想的就是挣钱花钱，真有点行尸走肉的意思。所幸的是他还明白什么叫醉生梦死……

外面的舞厅里响起了约翰·施特劳斯那首不朽的旋律《蓝色的多瑙河》。邢蓉过来请他跳舞。华尔兹他是喜欢的，蓝色是他钟爱的颜色，而流动的水很久以前就被他视为生命的特殊形式。他们愉快地跳着，舒缓地旋转着，那时，他不禁想起了远在几千里之外的桑晓光。此刻，女人在干什么？会在灯下等候他的电话么？他觉得这是自己对女人最为深刻的一次思念，尽管并不强烈。

从歌舞厅回来已经是子夜时分，我似乎还没有什么倦意，洗过澡，躺在床上看一本关于全球艾滋病调查报告的书。看了几页，精力便又分散，想着明日与那两家企业最后的洽谈，把赞助敲定。我们的样片当时对电视台还是保密的，主要是担心被剽窃，要是他们走到我们前面，我们也就泡汤了。赞助款一天不到账，我这颗心就是悬的。而且万一厂家突然有变化，我们就很难下台了。我们总不能做一期节目就溜之大吉，让人家替你擦屁股。按我们自己的经济能力，充其量可以干上一个季度，也就是做出十来期的节目，这完全是赔本的买卖。所以赞助的事显得相当重要。那时我就处在这样的关口，要不赔光，要不一上手就赚，可以说是冒险，是背水一战。成败在此一举，最后还是自信支持着我没有乱方寸。

电话突然响了，铃声在深夜里显得特别尖锐。我预感是桑晓光的。果然就是她，但一开始就让我觉得不太对劲，她的声音变得低沉而且喑哑，好像刚哭过一场似的。她说：是你吗？我说当然是我，这是我的宿舍呀，没人与我合住。她就停顿了。我心里暗自一惊，想这女人肯定又是遇上了什么不顺心的事，就问：怎么了？是不是出什么事了？谁料她在那端一下就哭了起来，这下可真把我吓坏了！

我追问道：到底发生什么了？你好好说，慢慢说，谁欺负你了还是惹上麻烦了？

她这才说：我遇见了一个人……

这回轮到我停顿了。我明白发生了什么。

她接着说：他是个新加坡的商人，对我很好……他想让我随他去新加坡，还说先在我的户头上存上一百万，表示承诺……

我打断道：你爱那人吗？

她说：我不知道……

你就知道一百万？

这是他说的，我还没有接受……

你在犹豫是吗？你在掂量一百万和我哪个重对吗？

我心里就是很矛盾，所以……

所以你这么晚了还给我打电话？那我告诉你：一百万比我重。

然后我就把电话给挂断了。过了会儿，铃声又响了，我把电话线摘开，绕成了一团。

这是我始料不及的。我离开海口不过一个月，十来天前她还说要飞过来一趟呢，怎么这么快就成了这个局面？我真是很难想通。然而事情既然已经到了这步田地，说什么都显得多余了。我难过的是，没想到我和桑晓光的这段恋情最后会以这种方式结束。这是个最无趣也最通俗的方式。它在我的自尊心上划了一道口子，使我原本还是美好清洁的回忆蒙上了一层阴影，顷刻间变得龌龊起来。我也替桑惋惜，她犯了一个致命的错误，把次序弄颠倒了。她应该先与我提出分手，再去新加坡花那一百万。

这个晚上我又是一宿未眠，忧伤滞留在我心里，无法排解。但我已不觉得痛苦了。那时我认为，忧伤是情绪，我没有驾驭它的本领；而痛苦则意味着一个男人的立场。我不知道这是否有点自欺欺人，但我就是这么想的。

黎明的时刻，这艘船闯进了我的意识。这是我和桑相识的起点，促成我们相识的是女人在广州做的一个噩梦——她放弃了飞行而改为航海。在那无垠的海上，我们遇见了一个十九岁姑娘的殉情自尽，那个瞬间总让我想到人生的无望，想到活着的尴尬。几个月后，当我重返海口，与桑晓光作沉静的话别时，我眼前仿佛又出现了这条笨重不堪的铁船。而那时我已没有更多的感叹了，我只是羡慕那个死去的姑娘，她带走了爱，却把爱的沉重与耻辱留给了我们……

今天，是1998年4月的最后一天。我这部《北纬20度》的拍摄已到了尾声，再过几天就可以封镜了。剧组的演员开始陆续地离去，大家彼此拥抱，有的甚至是相泣而别。遇见这情形我总是悄悄地走开。这些年我的生活里，类似的场面实在是太多了，敬而远之也许是最好的方式。感情这东西如同雨后的彩虹，来得快去得也快，好像挺符合时代的节奏。我不敢相信这时代还残存着恒定不变的情感，但是我不怀疑情感自身的美丽。从某种意义上看，美丽往往存在于短暂的时间甚至是一个瞬间，就像落日的辉煌风中的云姿黑夜里的闪电，以及我们向往的一见钟情。很快我也要走了，这一走可能一辈子就不会再来，我和桑晓光也许就终生难以相见了。这么想下来，心里竟有些怅然。难道我们还需要一个仪式吗？

——1998 年 4 月 30 日

不知是由于水土不服还是因为昨夜突然而至的那个不好的消息，男人在去公司的路上就感到浑身不适。先是一阵阵地作冷，像打摆子似的，接着又开始发低烧。原定上午去厂家的计划临时做了调整，改在了下午。男人悄悄对邢蓉打了个招呼：如果桑晓光再来电话，就说我出差了。邢蓉有些犹豫地问了句：你们又闹了？他没有作任何解释。果然，桑晓光的电话很快就来了。他不禁笑了一下，然后掩上办公室的门，四肢无力地躺到大班椅上。外面邢蓉在说着瞎话，好像桑晓光知道是在对她撒谎，使得邢蓉一个劲地解释。男人听着，慢慢地觉得眼睛湿了，好在这时他打了个喷嚏，在下属眼前挽回了一张面子。邢蓉进来说道：你最好别这样，有什么不能直接讲清楚呢？

他说：没什么好讲的了。

邢蓉说：那你就别让我说瞎话了。你知道吗？她在电话里哭了。

他说：也就一会儿的事吧。

邢蓉很是诧异地看了他一眼：你这人其实也挺狠的。

他一下站了起来，想说什么，却还是把到嘴边的话咽了下去。

如果不是这一天有意外的收获，男人或许要在这个介于失恋与被抛弃的泥沼里挣扎好久。下午，他强打着精神去了啤酒厂，当他把与电视台的协议书递给厂长时，那个山东人毫不犹豫地就在赞助合同上也签了字，然后让财务科按合同立刻给他们转 50% 的款，也就是人民币陆拾万元。望着这张支票，他突然显得有些手脚无措，竟像个小贩似的向对方暗示着回扣。他说：您有什么要求尽管提，我们知道该怎么办的。

山东人大手一挥，说：你别给我说这个，我所以支持是看出你们在正经地做事。你们这个思路挺不错，能在蓟州产生轰动效应的，这对我们产品也好呀！另外我还有个想法，就是如果这个栏目真火了，明年我们联合来办，我独家赞助。一年不就是两三百万吗？

他说：这太好了，我们肯定能打响的！

最后厂长说：我有个儿子，今年高考看来没戏，他又不想复读。这孩子就喜欢你们这个行当，我想要是你们做起来了，就让他跟着你们学学——这不算回扣吧？

他说：你要是信得过我，明天就可以叫孩子来上班。

现在，他又潇洒了。

这个晚上后来他随厂长去了一家山东馆子。到这时他才知道厂长叫张临生，山东临沂人，曾在部队干到副团。或许因为他们都是异乡人，抑或从一开始他们就谈得投机，他破天荒地喝了将近半斤的白酒却没有醉倒。他只感到头越来越痛，神智并不糊涂。张临生说，蓟州这地方的人事不好处，这儿的人胆大心眼小，经济落后又他娘的自以为是，自我感觉特别好。

他有点答非所问地说：我只是喝不惯这里的水。

厂长拍拍他的肩说：你才来，日子久了就觉得水不是个问题，有问题的是人。

然而山东人的忠告在这个晚上毫无意义，反而让他觉得有点危言耸听。来蓟州一个多月，他的事办得十分顺利，其过程算得上是简单明快。这是个喜出望外的开端，他实在想不出往后会遇见什么不测。头又痛了，与厂长分手后他搭乘出租车回到宿舍，一进门就哇哇吐开了，喉咙和鼻腔被刺激得火辣辣的，他顾不得脱衣服便端起一盆凉水从头淋下，然后就摔倒了，不省人事……

不知过了多久，他才觉得灯光有些晃眼。可他看不清周围的环境，眼前一片斑斓，像儿时玩的肥皂泡泡。他竭力睁着眼，渐渐地感到看清了一只手——

逆光下的这只手很美，修长而富有弹性，无疑属于女性。这是韦青的手么？还是林之冰的？要不就属于少女李佳……

你们都不管我了？你们都把我抛弃了？你们都在恨我是吗？你们是不是觉得我在沉沦在堕落在走斜路所以你们像咬过耳朵似的集体离我而去然后让我年复一年日复一日地流浪像狗一样整天想着怎么活下去活得毫无道理毫无价值毫无尊严！

我爱你们操你们忘不了你们有时真恨不得宰了你们！

可我征服不了你们，最后打白旗的总是我……

他听见有声音在喊他，这是邢蓉的声音。女人轻声问道：你喝水吗？

他欠了一下身：几点了？

五点一刻。

你在这儿待了一宿？

其他人才走一会儿。干吗喝那么多酒呢？这很伤身体。

我没醉。我真的没醉。今天怎么安排的？

你今天最好睡一觉。

我睡够了，你们上午放假吧。

你没事吧？

现在好了，你回去休息吧。

那我走了……

邢蓉，谢谢你……

一个男人的一生其实就是与女人结伴而行的一生。我没有勇气去设想做一个孤单的独行客。我的生命里离不开女人，这是我的真理。但是，表现在邢蓉身上又很复杂，我总觉得这个时候无论如何不能对她萌生任何念头。我刚刚被桑晓光踢开，要再回头来找邢蓉，那情形无疑就像对她摊派一件次品而有失公道。那是对她的侮辱。我也许能拿走女人身上任何东西但不能拿走一个女人的尊严。

邢蓉回头看了看我，然后就离开了。这一眼叫我很不好受，似乎带有嘲弄与责备。这声突兀的道谢实际上已把她给伤了，虽然发自我的内心但她会觉得很虚伪。在她看来我是以这种方式回避感情上的尴尬，说穿了我这个人还是爱自己的。她是公司员工，没有伺候老板醉酒之后的义务。她之所以付出是因为她对我的信任，也可以说是对我的爱。这个四川姑娘跟随我两年，并没有得到什么实惠，却给了我许多的帮助与温暖。而最让我不安的，是她还得忍受着情感的折磨——在海口的那些日子，她的内心是很苦的。对于邢蓉，我最懊悔的是一年前的深圳发展计划未能如愿。这不仅是错过了一次生意上的机会，而且也使得一次可靠的情感与我失之交臂。说实话，当初我考虑去深圳，不排斥有与桑晓光结束关系的因素。我甚至私下把这两个女人作过比较，虽然邢蓉不及桑晓光漂亮，但显然是比她高尚。她们是两种女人。一种女人愿意为男人而活，另一种女人则是要男人为她活。但这不能理解为奉献——我认为爱这种东西是不可以随便奉献的。这是一种寄托方式，爱一个人就如同在爱自己。爱与被爱都是幸福。我曾经对我妹妹说起过邢蓉，她认为我将来如果娶了邢蓉会很享福的。这当然是笑谈，但也的确是实话。我未必需要一个年轻而有文化的保姆，但作为终身伴侣，心心相印同甘共苦理应是起码的条件。好几次，我想起三亚的那次车祸，想着那个风雨交加的山中之夜，也是邢蓉陪着我坐在那辆撞坏的车里，心中自然就产生了一种风雨同舟的崇高感。我认为这就是人间最可宝贵的感情，是毋庸容置疑的爱，尽管没有一声表白。

在来蓟州之前我曾和邢蓉谈过一次话，我让她慎重地考虑一下再做选择，因为与沿海地区相比，蓟州对个人发展的机遇要小得多，某种意义上我是在玩一次冒险，也是一次赌博，我不希望别人跟着我赔进去。她当时就说了一句话：就算是去玩一趟吧。这果决的态度给了我很大安慰，也一定程度上化解了我的焦虑。我在蓟州这些日子，生活上全靠邢蓉的照料。那时我因为劳累过度，整个状态是精神振奋身体虚弱，三天两头的感冒。而且桑晓光这么一弄，可谓是雪上加霜了。我没有对邢蓉挑明这件事，但她肯定是预感到了这回不像是一般的争吵，我拒绝海口的电话就是拒绝打电话的那个女人。

我想，还是把一切交给时间吧。眼下要紧的是赶快把项目做起来，趁热打铁。所以一连十多天我都在考虑前几期的选题与制作形式，甚至在考虑在前五期节目播出之后怎样来把这个新栏目炒热，以吸引更多的广告。我的思路十分清晰，每个环节都经过了反复论证，对今后的管理与发展也制订了一套规划。我想要是蓟州一炮打响，明年我的目标便是郑州或者济南。公司每个部门都在按计划运转，一切井然有序。

然而事情突然间起了变化。

我记得是个星期二的上午。那位冒台长一上班就来了电话，说局里的领导想和我谈谈关于栏目的事。台长的口气很急，又说已经派车来接我了。我当时以为是选题上的事，觉得应付起来不是难事，大不了把局里认为不合适的部分拿掉就是，我们可以换上别的。王高也没当回事，只是一味埋怨台长太窝囊，屁大的事都要捅到局里，抓着虱子往头上放。等到了局里，我一看几个局长都在会议室，心下不禁顿了顿：看来今天这事不简单。

局长主持会议，这个过早谢顶的中午男子用浓重的鼻音首先批评了电视台，说像合作栏目这样的事竟然不和局里打声招呼，搞先斩后奏，是违背了纪律。

这个调子一定，我心里立刻就发毛了！我一个劲地看着冒台长，希望他尽快站起来解释几句，但那人却只是不断点头，分明就是当众承认了错误。那人根本就不去想错在哪里，却先承认了。

局长清清嗓子，继续说：新闻单位是党和政府的喉舌，怎么能和一个公司搅到一块儿呢？公司充其量只是与广告业务发生往来，怎么能直接插手节目制作呢？全国也没有先例嘛！台里必须写检讨。总而言之，这个合作不能搞了，出了问题谁都负不起这个责任。

他们找我来就是让我听候宣判，但我没料到竟会是死刑！我必须说话了。无论这个事实能否更改，我都必须向这位局长说上几句。我强压着气愤，面对着局长问道：您看过我们的第一期节目样片吗？

那人点了点头。

您觉得哪儿违背了纪律？

这是两码事，局长说，问题在于这种做法。

我们是受蓟州电视台的委托来制作的，每个环节都由台里把关，我们其实就是为台里打工，难道打工也违背纪律？连中央电视台都经常请协作单位制作节目，怎么能说是"全国没有先例"呢？我不明白局长您刚才所说的问题是什么，更不知道您怕负什么责任。

一时间会场出现了难堪的沉默。

过了会儿，那位局长才微笑着说：这事不怪你们，我批评的是我们家的电视台。

我站起来说：我只希望在座的各位局长、台长把我们的节目再看一遍，还我们一个起码的公道。

说完，我就离开了。

现在想起来也算是书生意气吧，其实哪还有什么公道可言呢？问题的关键我当时认为是我们少烧了一炉香。直到去年的春天，我与几位作家去蓟州签名售书，王高来宾馆看我，才知道当初那件事的症结所在。王高说事情坏就坏在我们把节目制作得太好了。这让我很是困惑。难道问题竟然出在一个"好"上？王高说：你们干得这么好，他们就觉得没面子了。王高说这不是臆测，而是事后他亲耳听见那位局长说的。局长说电视台这么多人难道是吃干饭的？将来弄出一个轰动的栏目，结果还是从海南过来的几个无业游民搞的，你叫我的脸子往哪儿搁？我怎样对市委交代？怎么对几百万蓟州人民交代？同时他要求电视台的业务骨干把我们这期的节目好好观摩一下，说看看人家是怎么干的。人家不花钱就把事做漂亮了呢。

我不知道这叫什么逻辑。签名售书结束的那天晚上，那位局长来看望作家们。他已经改当什么部长了，但说话的鼻音依然浓重，他和作家们一一握手，握到我头上，他似乎愣了一下，连忙满脸欢笑地说是你呀，老朋友了老朋友了！

我于是说：老朋友就不需要再握手了。

我发现我说话也带上了鼻音，这大概是感冒所致。蓟州这块水土看来是真的不适合我。

——1998年5月2日

蓟州：1994年9月

  与以前几次不同，这回的感冒持续的时间很长。这种不起眼的小灾拖久了也很麻烦。人一旦病了，心态也随之作了调整，整日躺在一张陌生的床上，口枯舌燥，四肢松软。那时便羡慕有力气的日子，便觉得活动是件值得骄傲的事，便以为从前的一切基本上都算幸福。就想，这人的幸与不幸总是相对的。其实真要是把那点儿钱赔光了，人也就轻松了。蓟州的项目彻底完了，在蓟州发生的不过是一个白日梦以及一堆开支——大约赔进了三十万。这笔钱给那位局长买回了一颗高度负责的心，顺便给台长买了两台空调。就这么简单。

  他们是奔着与电视台的合作来蓟州的，现在这事黄了，公司一夜间成了空壳，就像一条搁浅的死船。

  这一幕像是海口那一幕的重演，但这回他已失去了回旋的余地。他面临的差不多就是绝境，生的可能性实在是渺茫得很。他不由想到冯维明以前说过的话，说意识形态领域如何如何，倒是不幸被言中了。既然一切已无法改变，也就只好面对了。他的压力还是在于冯维明的那笔钱，现在他觉得可以理解为借贷的还款了。他不会因为这个去与旧日的朋友打官司，不会咬住这笔钱是投资而非借贷，是风险共担而非本息偿还。他想既然这笔钱是经我的手玩完的，我就会承担责任，这责任与法律无关但在道义上沉重。而且这笔钱的来源看来很不简单。他想起有个晚上，自己接到了一个匿名的电话，一个陌生的声音对他进行严肃的提问：听说冯维明和贵公司在经济上有来往是吗？

  他着实吃了一惊，就问：你是谁？

  陌生的声音冷笑说：请原谅，暂时还不便告诉你。

  他也还以冷笑：那我就没什么可说的了。不是暂时，是永远。

  他气愤地把电话给挂了。卑鄙之举，他想，挂电话的人肯定是冯维明的政敌，或者是往日的对头，想靠捕风捉影来把冯维明整倒。但是那个人是怎么知道他在蓟州的电话的？难道还有另一种可能——冯维明让心腹之人来摸他的底，看看他会怎样对那个陌生的声音言语？是一次不友好的试探？他想如果事情真是这样，那么冯维明就更可耻了。那时他真想面对冯维明大嚷一通！冯维明，你的水平居然低下到如此地步，我要想卖你还能等到今天？我凭什么卖你？就凭你中途撤资把投资变成借贷化险为夷不想亏一分钱我就把你给卖了？你要这样想你他妈的可真没治了！

后来他还是给冯维明写了一封信，重点提到了这个匿名的电话，并表示自己会尽快把那笔钱送到海口，赎回汽车。然而冯维明没回信，也没来电话。

倘若项目没有这个突然变故，也许他已经去了海口了。一想到这一层，他就非常沮丧。他担心自己在冯主任眼里成了一个无赖，卷了朋友的钱溜之大吉。这是他最大的不安。可是眼下从哪里能得到四十万呢？项目泡汤了，啤酒厂的赞助款不能挪用，得替人家送回去才是。煮熟的鸭子飞了。

于是几天后，他又去了张临生那儿。山东人还以为他是来催第二批款的，见面就说：等我忙完这几天怎样？眼下正是生产旺季呢。你放心，我张某人说话算数，绝不少你们一个子儿。他心里不觉地酸了，把那张陆拾万的支票放到厂长桌上。然后他说：这事吹了，但我还是要好好谢谢你。

厂长一愣：咋吹了？

他说：就是吹了。没有个咋。

接着他就把事情经过简单地说了一遍，山东人把两手一摊，说这他娘的就是典型的蓟州人，先"结婚"，跟着就叫你"离婚"。

他自嘲地一笑：我还没"结婚"呢，不过是梦里娶了一回媳妇。

山东人问道：你现在咋办呢？

他说：还没想好。看来蓟州这地方是难以立足了。

山东人拍拍他的肩说：沉住气！这时候最要紧的就是沉着。

后来很多回他都想起山东人的这句话。当一个人濒临绝境之际，能得到一句问候那也是莫大的赠予。所以他感激邢蓉，在这个极端困难的时刻与他相伴。那时整个公司完全陷入了瘫痪，员工们也只好考虑走了。但他没有想到陈涛这么快也要离开——大约在项目宣布流产的第三天，陈涛似乎有些腼腆地对他流露了去意。陈涛说水市的组织部门近期要放一批干部去县里挂职，他觉得是个机会。其实这个人从来就没有打消过当官的念头，不过是脚踏两只船罢了。

陈涛走的那天夜里,他主动找邢蓉谈了一次。这回他开门见山地说:你打算去哪儿?要是想去北京或者广州那一带,我可以帮你联系。

邢蓉说:等我帮你把手头的事处理完再说吧。要走,我哪儿也不想去了,回成都。

他说:那也好,毕竟是家。

邢蓉问:你呢?你下一步怎么打算?

他摇摇头说:不知道。

他说我现在成了一个夜行者,只能凭感觉前行,但我还会边走边吹着口哨。

1994年夏天我在中原蓟州莫名其妙地栽了跟头,眨眼工夫就撂进黄河里三十万,连个水泡也没有见到。这件事实在是伤了我的元气,也促使我想尽早从商场抽身。然而这个残局如何收拾,仍是个不好解决的问题。我等于把自己的钱全折腾完了,而且还得想法子去还冯维明那四十来万。我原想通过水市那位行长帮助一下,给我一笔贷款好把海口的事了结,拆东墙补西壁。谁知一打听,那人因为受贿刚刚银铛入狱,由座上宾成了阶下囚。我又一次落空了。我想这或许是我本命年的余韵未绝,晦气还沾在身上,怎么做也还是不顺。我只能自认倒霉了。与此同时,桑晓光那头又起事了,她还是不断地来电话,却不再提新加坡那百万的承诺了,说话的口气也恢复到原先的从容自如,好像什么也没发生。她只说自己不舒服,病了,想我飞过去看看她。说来说去就这一个意思。我呢,不想再说什么了,但听了心里也的确不是好滋味。我和这个漂亮女人有过不少美好的回忆,我的出现又加速了她家庭的解体,如今我又不去问她,把她一个人撂在那个孤岛上,总觉得很歉疚。如果不是新加坡插一腿,我想我早就过去几趟了。在男女感情上我是个心胸狭窄的男人,缺乏宽容,但我不想检讨。

二十年前我就幻想一种清洁的男女之爱。一对一地终生相爱是我的梦寐以求。尽管日子逼近了世纪末,我还是认为爱情如同眼睛这个比喻很生动,很对我的口味,眼睛是无法接受一粒沙子的。我承认我对所谓爱情有过多次的思想背叛,但在行为上我始终恪守一个原则:决不先负女人,哪怕是我不爱的女人。这也许是我最大的虚伪与可耻,可是没办法，我就是这么个货色。有时候我觉得我像一只鹰，总是支着翅膀，对女人保持着警惕，而一旦有沙子钻进我眼里，我便突兀地飞起——远离是我应急的方式。我的悲剧在于：每一次都飞不高，而且还习惯性地在那片耻辱的天空里作有气无力的盘旋。

有一天桑晓光又来电话了，说她近期要做手术，妇科有点问题。她的意思是希望我能飞过去陪她一阵。这让我很为难，去与不去都不合适。我就说现在蓟州这一摊子正乱着，情况很不妙，我倒也想出去散散心。话说得模棱两可，很暧昧。她就低声地哭了，很伤心地问道：你真的不管我了？

这一问一哭叫我心神不安。那时我实际上就已经做出了决定，还是得去一趟海口，女人在这个时候是需要关心的。再者，就是分手，我们也应该面对面地谈上一次，把话说清楚。遇见这种局面，我就立刻成了一个优柔寡断的男人，这似乎也是一种劣根性。于是这天下午我就自己去民航公司订票了，准备这个周末飞海口。这件事我没有告诉其他人，连对邢蓉也没说，我担心她会因此看轻我。等我订完票回来，桑晓光的电话又来了。这回她提出了一个令我吃惊的问题，就是钱。她说：我动手术需要一点钱，你看能不能把我那八万块钱给我？

这简直太让我意外了！我在蓟州的处境她应该可想而知，怎么这个时候突然来这么一下？我就说：公司的财务现在很紧张，拿不出这笔钱。

她一下就急了：我要动手术了，你怎么这样？

我说你是有单位的人，生病住院单位不会不管的。

她质问道：你说，这笔钱到底给还是不给？

我说：我没说不给，只是现在真的拿不出。

一点都拿不出吗？就不能给我借点？

我在蓟州举目无亲，你让我找谁借？

她就把电话挂了。过了一会儿，便又拨过来，这次的口气更重了，她说：你真没辙我也不难为你，但你得给我打张条子！

我说这没问题，我立即给你打。

她进一步说：要以你的名字，把一切都写清楚。

这回是我把电话挂断了。但是那一刻我已不再感到惊讶，只是觉得胸口堵得慌，需要不断地进行深呼吸。我认真拿起笔，写了一张工整的借条，签上了我的名字，还加盖了印章。这种条子我已经是第二次写它了。然后，我让邢蓉去把它寄出去，我强调说：记住，发特快专递。

这应该是我和桑晓光的历史中最黑暗的一天。她何以这样对我？我至今也想不明白。去年我在北京时，广州那位哥们儿来组稿，住到了我这儿。一晚，边聊天边看电视，他说某个电视剧里的女主角很像是桑晓光，就又笑话了我几句。他说：怎么样？我说你们好不出两年吧？我就谈了我们后来因为什么破裂了。我说我万万没有想到在那么困难的时候她会让我给她打条子，这事要在小说里看见，我都觉得不真实呢。朋友哈哈一笑，说什么话，这太真实了！你以为爱情是铜墙铁壁呀？

我说我怎么也还是想不通的。

朋友说你小子一溜烟地走了，女人当然就得考虑后路了，眼见着人笼不住了，那还不急着把钱弄回来？

我说这好像太简单了。

朋友说就这么简单。

现在看来，朋友的话没错。男女的事有时就是这么简单。

——1998 年 5 月 3 日

傍晚，邢蓉走进他的办公室，说财务上把账大致清了一遍，基本上是平的，问是不是可以办移交了，会计急着想回家。

他默默点了点头，手中还在玩着自己的印章。这方印还是多年前他习画那阵子一位金石老先生替他刻的，那上面还留有边款：只研朱墨作春山。这真具有讽刺意味，如今哪还有春山可作？倒成了债务的铁证。印盖上去的那一瞬，他感到心脏剧烈地一颤，他越发觉得这红的印就像一副枷锁，美得残酷。

邢蓉这才轻声问道：你什么时候还借她八万了？

他苦笑道：借？就算是借吧。借了还掉，一了百了，倒也干净利落。

邢蓉似乎还想说什么，却终于没再开口。

他掩上门，看着外面的天一层层地黑下来。后来他又想到了那艘铁船，第一次觉得那个不知名的姑娘的死不是写实，而是象征。象征往往比写实更有力，他想，我们的相遇从一开始就预示了死亡。现在总算是走到尽头了。

这天晚上他意外地接到母亲从故乡石镇来的电话。母亲问：有一个姓桑的女人说你欠了她八万块，有这事吗？

他说：这事我自己处理。

母亲说那女人口气很厉害，说你拿了她的钱就再也不见面了。于是母亲就告诉那女人：你放心，我儿子欠的钱要是还不起，由我做娘的还。她追着要你打条子，你打了吗？

他说：我打了……

最后母亲说：你要是外面不好过，就回家来。

他说：没事的，我很好。

放下电话，他的眼泪就跳出了眼眶。这时，男人对女人已不仅仅是失望了，还带有痛恨。这个女人完全失去了理智，简直就是疯狂！他气愤地想着，怎么也不能把当初如胶似漆的相爱与眼下正发生的事实拼贴到一起。那个晚上男人被彻底地激怒了，他发誓要尽快弄到一笔钱，就是偷也要把那八万首先去掉！这一天在男人心里扎进了一根针，每跳动一下就会引发一阵刺痛。很长时间过去，男人回想起这一天的情形仍然感到恐惧，但他还是不敢相信这些绝非杜撰。1994年对于这个男人是灾难的一年，命运似乎把他今生全部的挫折与打击汇集到了一起，想置这人于死地。他整个地笼罩在无边无际的阴影之中。

实际上他已经被弄死了，现在大家看到的这个家伙不过是个赝品。这个人也是身高一米七一，体重也是七十四公斤，依然抽着三五牌的香烟，每年写三十万字的小说，一味地模仿前任的腔调与做派，但这个人的心换了，换上的心脏至少已用过一百五十年，循环的血液颜色和酱油差不多。1997年10月，有人在中国首都北京见到过这人，并热情地为他介绍一位拉大提琴的女友，这人感激不尽，好色的品性继承得很好，但他说了一句莫名其妙的话：这个女人将来会让我打条子吗？

那一刻，他又看见了阴森的1994年，夏天已经过去，秋天来了。

蓟州的秋天藏在弥漫的黄沙之中，远不是画报上那回事。你就是每天擦上十遍，室内还是有一层微尘。一杯水喝完，杯底就见到了沙子。

黄河就更是黄了，黄得凝重，逶迤东去的仿佛是锈的铁流，让你不敢相信东边还有着一片无边无际的蓝色。

秋起的时候我雇了一匹枣红色的老马,沿着干涸的河道溜达,颇有些西风古道的意思。我的视野里都是些萧瑟的景象,那时我常常想,中原这块土地实在看不出多少的蹊跷来,不明白为何自古就属兵家所争,遗下逐鹿之美名。直到一天我去了洛阳的龙门石窟,才对这地方产生了眷恋,那时,我却想离开了。

去洛阳的计划是早就拟定了的。原想等我们的电视栏目五期播过,请一些朋友来蓟州开一个座谈会,再集体去看看那伊水的两岸——龙门石窟和白居易墓。现在情况变了,但我还是想去一趟洛阳。那时公司的事务都处理完了,会计一走,也就只剩下我和邢蓉了。我就想和她一道出去散散心。同时觉得这大概是个仪式,玩过这一趟,邢蓉也会走了。前些日子她妹妹来了电话,说她父亲的病最近有加重的趋势,想让她回去看看。邢蓉就只有这个父亲,靠她妹妹照顾,但她妹妹想在国庆前后结婚。我想邢蓉这一走也许就不会回来了。这么一想,我心里便有些伤感,似乎这才感到自己是真的走到了山穷水尽这一步了。有时我觉得我就是座岛屿。一座浮岛,周围是无边而苍茫的海。我心里也矛盾,一方面我不想这女孩离开，一方面我又不愿去连累她，我已经是债台高筑，四面楚歌，仿佛离乌江一刎也就一步之遥，鼓过三更，灯枯油尽，是到了别姬的时候了。但是从前看过的武侠小说里诗剑逍遥的江湖情怀又让我觉得很鼓舞。我曾不止一次地幻想过那种神雕侠侣般的生活，好像人除了吃饭恋爱，就是练功习武，单纯而潇洒。那自由如风中行云，称得上飘逸，而我的自由却是像穿上了一件雨衣，潮湿而沉重。

那天晚饭后，我们去街上散步，一路上谈着去洛阳的事。我说已和啤酒厂的张临生说好了，让他派车跑一趟。邢蓉就笑了，说你这人倒是个乐观主义者，这时候还有玩的好心情。我说其实想通了也就那么回事，我不信我这辈子都背时倒运，总有顺的那一天。

邢蓉说：你还有五十万的债务，我愁的就是这个。

我突然反问道：你觉得凭我的能耐这会永远是个问题吗？

邢蓉沉默了一会儿，然后说：你只要保持这个状态就行了，我信。

不知从哪一刻起我拉住了她的手，现在又拉得很紧。我们后来就一直这么拉着。

那是9月下旬的一天，我们散步回来的路上正好被房东截住，催着要交四季度的房租。这房东大概也看出我们垮台了，害怕赖账，三天两头地催钱。邢蓉就叫我先回去，自己把房东拉到一旁交涉去了。那时账上所剩还不到两万，我就想，管到年底的花销还不是问题。回到宿舍，我又开始想自己的下一步，觉得面前的路也就两条，一是像两年前那样去找一个安身吃饭的地方，以等待新的机遇；二是回到老本行上，靠稿费解决温饱问题。但无论走哪条，前提是必须离开蓟州——哪怕是重返海口，也比耗在这个黄沙黄水的地方强。海口找不到机会，但毕竟还有南方的气息，毕竟还面临着海，毕竟还可以看见一方蓝天。

然而目前我是回不了海口的。我已经想好了，我回海口的那天就是清除两笔债务的日子。因为这不是一般的债务。

邢蓉还没有过来，我突然感到了一些寂寞，刚才路上那牵手的感觉越发地强烈了，浓浓地袭上来，这种感觉已经疏远我好些日子了，现在却再次找到了我。我想，今晚得和这个叫邢蓉的女孩说点什么了。我想我必须对她说：你不要离开我。我们从头再来。

我向往已久的那种生活其实已经出现了。

这时候听见邢蓉在门外喊：帮我开一下门。

我去开门，就见女人一脸是汗地立在门口，手里拿满了自己的行李。女人说：我退掉了一套房。

这一天是 1994 年 9 月 28 日。很多次，我把它视为生命再度诞生的日子。那个遥远的中原秋夜开始的一切都是崭新的，我坚信我后来的好运气频频而至都离不开这个值得纪念的晚上。这个晚上透析的是我生命的全部。那时我想，一个男人的贪婪不是别的，就是要得到一个好女人。你拥有了这个女人，你就觉得一身的晦气都抖搂干净了。这个女人给予你的应是一般女人所不能给的，那就是一个男人无法剥夺的尊严和必须坚持的自信。

——1998 年 5 月 4 日

犁城：1994年10月

人生有时就是一台戏。美国影片《偷窥》企图揭示的就是这个主题。那个由威廉·宝云饰演的饭店经理，我不认为是个变态狂，他通过隐蔽的电视监视系统对每间公寓进行偷窥，是因为觉得生活本身比"肥皂剧"更好看，于是偷窥成了这个人的精神寄托。

我的前半生中可以说是充满了戏剧因素，这或许与我的遗传基因有关，我的父母都是从事戏剧这行的，我母亲怀我在腹六个月还在台上演出，据说，那是一出悲剧。我之所以几次迟疑不决来写这部关于自己的书，最大的心理障碍就是这些难以抹去的戏剧性。某种意义上我很不喜欢这种奇巧跌宕的因素，它很容易把我精心营造的自然状态破坏掉。但是很遗憾，我无法回避这些，理由只有一个，它是真实的。如此看来这就形成了矛盾：因为真实我写，而一旦写进去又显得不真实。然而这就是我的生活，我的人生。

1994年9月最后的阳光落到了我的身上，我以为从此走进了温馨灿烂的日子，却不知此时自己的阴影就在脚下。第二天，9月29日，我突然接到王高的电话，说郑州有朋友想看一看我们做的那期电视栏目样片，要我立刻赶过去谈。我很兴奋，手忙脚乱地准备着。那时候邢蓉正在洗衣服，听到这个消息也非常高兴，她提醒我尽可能把条件降低一些，眼下最要紧的是求得项目成活，把名气打出去。

这样我上午就动身了。匆忙之中连手机也忘了带，等人到了郑州，才想起来找个公共电话给邢蓉打过去，但是她不在屋里，或许上街去买床上用品了。昨天晚上我就对她说过要买，我说我们要让一切都新起来。我在郑州的朋友很多，都是文学界的，所以一到便有饭局。大家难得一见，酒喝起来就没个完的。那时在大家心目中我还是个能折腾的人，这两年我的情况也时常见诸报端，于是就以为我在海南发了横财，如今又打起中原的主意了。说得我啼笑皆非，还得硬撑着是个有钱的主的模样，频频举杯感谢。郑州之行令我愉快，尽管这愉快里掺有苦涩。但是生意谈得不顺，对方是电视台的一位小头目，想干出成绩给上面看，又担心这事公开化，淹没了他的功劳。他的企图是想让我永远很廉价地把片子卖给他，却不想让我正面介入，说是借我一臂之力，其实是想我替他个人打工，剥削我。我自然不能同意，我说：这不是通奸，总是在阴暗里搞。我要的是光明正大的合作，而不是雇佣。

晚上，我又给邢蓉去了电话，结果感到很意外，她还是不在。那时已是近十一点了，她不该不在屋里呀，她怎么可能不等我的电话呢？我脑海中迅速闪过那次在广州给桑晓光打电话的经历，不免又往坏处想了，担心她突然生病或者遇上别的什么麻烦。那会是什么麻烦呢？也不知自何时起，这种神经质的担忧像影子一样缠上了我，一有意外就首先想到不测。这或许是每个漂泊者共同的感觉，人在途中，每走一步都觉茫然。

我谢绝了郑州友人的挽留，第二天一早就上了火车。四小时后，我回到了蓟州，一口气从车站赶回住处。我喊了邢蓉，没有应答。我于是打开门，看见室内收拾得干干净净，接着我就见到了她留给我的条子——

家中出事，我须立刻回蓉，详情等我电话。
珍重！

大概一周之后，是个雨夜，我终于等来了那千里之外的电话。原来是邢蓉的妹妹出了车祸，惨遭了不幸。邢蓉在叙述这件事时竭力想使自己平静一些，但最后还是忍不住地哭了。我对不起妹妹，邢蓉泣不成声地说，如果我在家，也许死神会看上我的。你知道，我们是孪生姐妹……

邢蓉最后说：亲爱的，我恐怕很难再帮你了，你要多保重，凡事想开一些，你要好好活着，你要……

她无法再说下去了，电话里是一串忙音。我的眼泪早已淌下，而我的眼前出现的却是邢蓉遭遇车祸的悲惨情形，它不像电影里常见的那种变格高速摄影，飘飘若仙般的充满诗意，它就是血淋淋的，就是一个鲜活的生命的毁灭！很多次，这血腥的画面闯入了我的梦境，总让我一身冷汗地于夜半时分惊醒……

我的梦又一次碎了。我想我该离开中原了。诺亚方舟上连蚂蚁都是成双结对，而上帝却执意要我独自去走以后的路，我不知道这路还有多

长。第二天,我给邢蓉汇去了一万元,又把剩下的六千全部提了现,开

始打点行装了。在离开之前,我还是乘长途汽车去了洛阳,在伊水之侧作了半日的逗留。伊水南北而贯,一桥连接东西,西岸是气势恢宏的龙门石窟,东岸是清丽肃然的白香山墓。中国的石窟寺渊源于印度,据考,公元三世纪就已传入,所以其早期的雕刻技法带有南亚次大陆犍陀罗艺术风格痕迹,而至南北朝以后,本土的精神占了上风,化为中国式的佛教艺术,于唐时登峰造极。相传奉先寺的大卢舍那就是照着武则天的模子写生雕刻的。我不信这个,我觉得这位仪态从容、神情超凡的女佛形

象应该起源于一个乡村少女，这只有那个不知名的石匠晓得。

我羡慕那个石匠，他以这伟大的方式留住了自己心中最好的女人。我也羡慕那位白乐天，中国历史上像他这样走运的文人并不多，白老西儿生前就选人间天堂的苏杭做官，且官做到了刺史，晚年又相中了这依山傍水的精舍隐居，活到了七十五便长眠于香山。然而后人记不得这点实惠，诗人最终还是活在了他的《长恨歌》和《琵琶行》里。这是诗人的方式，为的也还是女人。我羡慕的就是这个。那个黄昏我徘徊在古代的石匠与诗人之间，风声乍起，伊人不再，眼前的香山伊水也渐渐暗淡了去，我心中充满了凄凉。三年前我去海口，落脚的地方是苏东坡发配待过的五公祠，现在我欲归去，白香山的墓冢又成为最后纪念的背景，这种难以破译的暗合我至今不明就里……

——1998年5月5日

铩羽而归。男人又一次回到了犁城。那是个细雨凄迷的星期六早晨，火车的汽笛在空中回荡着，如同哀丝号竹。犁城的街道上人影稀疏，才进十月，寒意就侵入了这座城市，一切看上去都显得那么清冷。一夜的旅途劳顿，使男人原本就憔悴的面容平添了一份倦色，那时他最想的是蒙头大睡，然后由女儿把他弄醒。

雨是从昨夜开始下的，女儿一定是听着这沙沙的雨声走进了梦乡。女儿的梦中会有我这个父亲吗？男人忧伤地想着，一边把钥匙从锁孔里抽出。女儿此刻尚在睡梦之中，他不想惊动孩子。男人坐在自家的门口，拿出剃须刀把胡子又光了一遍，他不想让女儿从父亲的脸上看见失败。但他想，李佳是完全料到了的。昨晚临上车之前，他们通了电话。他告诉李佳明天回犁城。李佳就问：蓟州那边的事是不是做不开了？他轻叹了口气，说：不顺。他们就没有再说什么。

他很佩服这女人的嗅觉。这么多年下来了，他们了解对方就像熟悉自己的身体，但是情却不同手足。看来理解的未必都是爱，甚至有时候问题恰恰就出在过多的理解上。男人正想着，门开了，李佳睡眼惺忪地说了句：回来了？就又进卧室接着去睡了。

男人的床铺在自己书房里，被套床单以及枕巾又都换过了。这让男人很有些意外，同时也生出了几分的内疚，觉得这个家要是从这时开始，情形是大不相同，然而这已经晚了，过去的阴影实在是太多。这个早上男人后来新烧了一壶水，沏好茶，坐在书房里细细品尝——他总算是又喝到了一口好水了，蓟州那三个月里喝的那叫什么水呀？当然最好的水还是在海口。整整三十个月之前，男人就是从犁城去南方的，他把这次远行看做生命的起点，但是万没料到绕了一大圈子竟又折了回来。这真是一个漫长的玩笑，男人想，下一步呢？男人突然觉得这三年里一直就在想着"下一步"，想得精疲力竭，而眼下却没有了所谓的"下一步"，或者说这下一步与上一步没什么区别，他从终点又回到起点。当初去南方男人似乎带着琴心剑胆，如今琴断剑折，所剩的就是一腔忧愁了。

他着实感到累了。

当天下午，他便像以前那样开始操持家务。他给女儿烧了酸菜鱼和火腿芦笋，孩子吃得很欢。孩子说爸爸的菜做得就是要比妈妈好，李佳就笑了一下，说：你爸爸除了会烧菜还会什么？他也笑了，他想李佳这话没错。我还会什么？那感觉带有败军之将何以言勇的惭愧。倒是女人过得挺滋润的，胖了，也白了，神情自若，浑身散发着少妇的风韵，这应该是爱的成果才对。李佳能调理得这么好，他感到高兴。但是第二天，他送女儿去少年宫学画的路上，又忍不住地问孩子：你妈电话还是那么多吗？女儿看了他一眼，表情迟疑地说：不太多。他觉得难为了孩子，不该这么问。刚才孩子那一瞬的表情让他很不安，似乎是第一次感到，这孩子长大了。

1994年10月，犁城的天空很少有过晴朗的日子，气候却十分怡人。男人每天买菜做饭，余下的时间就是去一座叫做"鸿泥"的陶吧消遣。陶吧的主人是他从前的朋友，原是个工艺美术师，痴迷陶艺，就与人合伙开了这么个边喝茶边玩泥巴的场所。这无疑是个好去处，很合他的胃口。

望着旋转的泥团，他感觉像是返回到了童年。三十年前他随外祖父去老家罐子窑，一个遥远的秋日下午，他看着老人从一团红泥里拽出了一只陶罐，顿时就爱上了这手艺。于是以后的每一年秋天，他都要回一趟老家，为的就是这爱。他因此有了一点制陶的功底。这个爱好一直延续到1978年他进大学。现在再玩，心情却是天壤之别了。一天下午，犁城的两位记者在这儿遇见了他，就想采访，他谢绝了。但对他们还记住他还是一个不错的作家很是感激。每次回犁城，他都会收到一些读者的来信，他们询问他

　　的近期作品与生活，他们问哪儿能买得到他的书。每每面对这些陌生的问候，他的心情就会变得异常复杂。这几年像着了魔似的被一堆无法想象的杂事纠缠，他难得写点什么。唯一能使自己解脱的是他还能认真地去写，而且他也从未想过将来要成为另一种人——他也成不了另一种人，他做这行已是前定，就像一个人无法改变自己的血液。

　　这天，他收到了邢蓉的来信。女人在信中谈了回蓉之后的情况，说自己现在已到了一家电讯业务公司上班，那儿离家较近，便于照顾病中的父亲。人生无奈，邢蓉这样写道，要面对多少躲不开也绕不过的事啊！有时觉得人活着就是义务，妹妹的死使这感觉更加强烈了，现在我无法去选择生活，而是让生活来选择我，直到把我放弃。

　　邢蓉提到了那一万元，就问：你还有饭吃吗？邢蓉说你还是早点从商场抽身吧，回到你的台子面前，你至少要养好你的女儿。邢蓉写道：我曾经想将来一定要替你准备一间漂亮的书房，看来连这点事也做不了了。

收起信，他不禁想起那恍然若梦的一夜情怀，心中难免生出了感伤，想这大千世界的无常，实可谓白云苍狗了。

1997年3月，我去成都选这部《北纬20度》的演员，在宾馆里意外地听说了一个故事，竟与邢蓉有关。那天，这家宾馆的门前出了一起车祸，据说受害的是一位姑娘。人们议论着，便联想到三年前发生在这附近的另一起车祸，死去的也是一位姑娘，认为这个地方的风水很有问题。我当时正在茶座里和一位女演员聊天，听到这议论就感到所说的可能就是邢蓉的妹妹。于是我就问了这位演员，三年前遇难的那个姑娘是不是姓邢？演员说是，问我怎么知道的。我谎称是从一张小报上看到的。演员就感叹了，说那件事很有戏，也非常地感人。她说那对孪生姐妹几乎是同时爱上了一个画家，后来姐姐退出了，只身去了海南。那画家人很不错，画也挺棒的，据说他画的那些人体作品，都是以自己女朋友为模特的。不料就在他们即将结婚的前夕发生了这个惨剧，画家痛不欲生，简直就要崩溃了。但是有一天，他的女友又走进了他的画室，对他敞开了身体——这就是死者的姐姐。后来……

我打断说：后来的事我已经知道了。

可能因为这个原因，我没有给邢蓉去电话。我不想破坏这个凄美的故事，我要做的就是对那个曾经属于我的女人由衷地祝福。既然邢蓉认为妹妹是替她死去了，那么她就该替死者活着，好好活着——这是我们彼此的祝愿。几天后，我离开了成都，当飞机从双流机场升空时，我还是忍不住地落泪了。在以后飞行的两个多小时里，我也飞速地把自己这半生的经历大致梳理了一遍，突然总结出一个有趣的公式——毁我的帮我的同是两种人：朋友和女人。但无论如何，我都忘不掉他们。

我说过，1994年的10月犁城是个雨季。但是10月24日却是一个阳光明媚的日子。这天早上我像往常一样去菜市上买了菜，回来后还把被子架出去晒了。那时大约十点多，我想抽完一支烟就动手做饭，李佳突然进家了。我以为她哪儿不舒服，提前下班了。正想问，她先开了口。她说：出太阳了，我们今天去把手续办了吧。

尽管我对婚姻的解除早有准备，然而事到临头还是觉得很突然。我就问：你想好了？

李佳说没什么可想的了，迟早的事。她说：我们还是协议吧，你要女儿，我也给，但你现在带不方便，我还和孩子住一起。

就是说我只是法律上女儿的监护人？

是这意思。孩子长大了，就不存在这一点了。她爱跟谁就跟谁。

那你去单位开介绍信吧。

我已经开过了，你去文联开吧。

那好，我现在就去，回来我们再谈协议。

协议也没什么可谈的，我只带走我自己的东西。你要是赚钱了，就给我一点。

我给十万吧，但我现在还拿不出。

那就等你有了再说吧。

我给你打张条子。

说着我就打了条子。这是我打的第三张条子。不过这一次没有人逼我，是我自愿。这一次也没有盖章。当天下午，我们就去了中市区的民政部门。那是一个风景如画的地方，面临着一湾清流。阳光意外地强烈，我们合打了一把遮阳伞，一瓶矿泉水在手中递来递去，所以登记的人就把我们往楼上引。楼上是结婚登记处。我想起整整十年前那个秋天，我们来办理结婚登记，那天却下着倾盆大雨，如今看来算是意味深长了。

按照要求，须现照一张二英寸的黑白相片。是快照，一分钟就出来了。但照片上的那个男人怎么看都不像是我。很快，手续办完了。我和李佳十年的夫妻，五年的冷战，了结却不过是半小时的事，如白驹过隙。思至此，就不能不觉出人生的荒谬来。

那天我们是乘车而去，步行而归。阳光一直很好。

——1998年5月7日

男人的钥匙插进锁里，居然门没有开。女人说，用我这把吧。女人开了门，又说：你那把钥匙也用得太少了。然后就麻利地换拖鞋，突然手悬在空中，笑着叫道：现在这不是我的家了。

男人也笑了一下：你女儿还在这屋里。这可是离不掉的。

女人的表情有了刹那的阴郁，对男人说：这事暂时别告诉孩子。

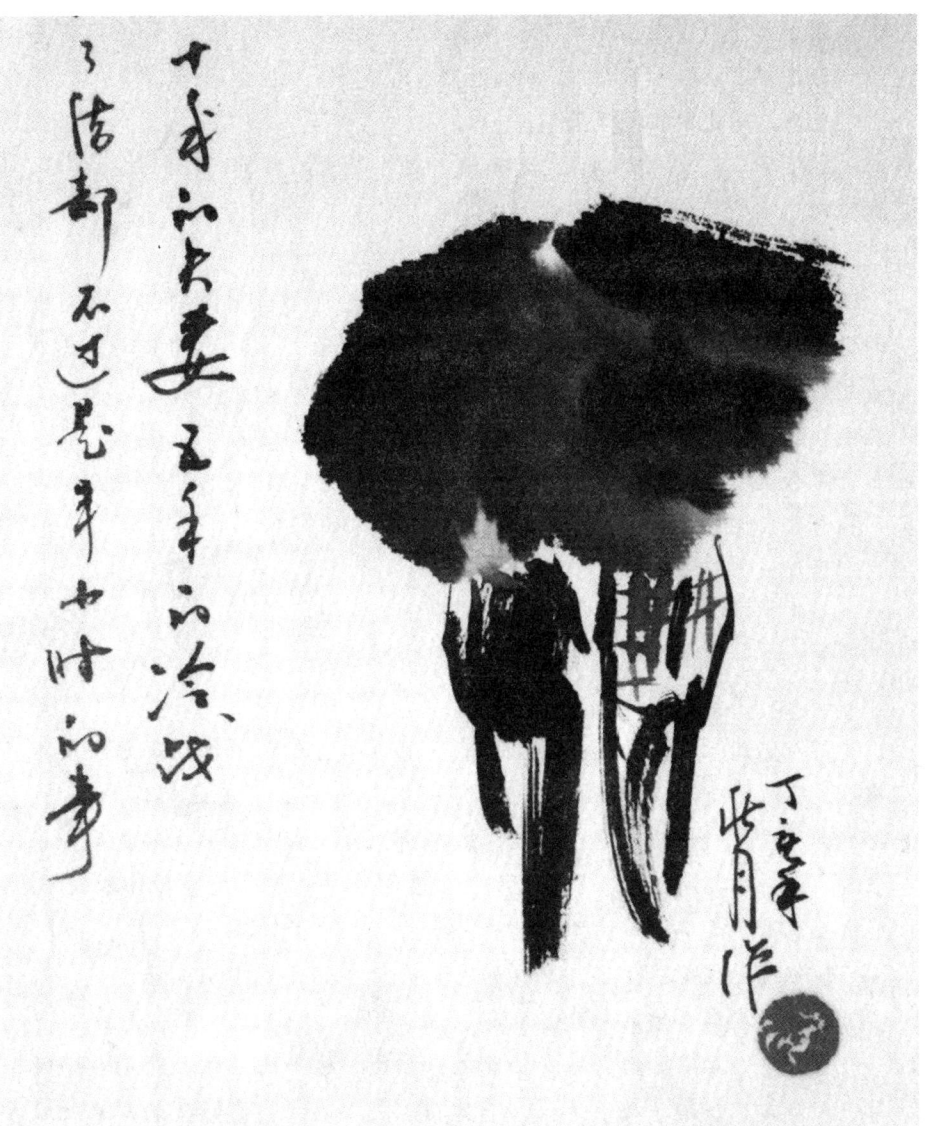

男人点点头，就进书房了。现在他知道了女人为什么这么果断地把这件事办了，原来不过是因为一套房子。她单位盖房，领导关心地找她谈话，说早就听说你和某某人要离婚，要是真离，这回的房子就要考虑她；否则以后可能就没机会了。

这就是离婚的契机。但是男人觉得这契机不好，还不如闹出个第三者体面。离婚理当是感情破裂，离婚也还是为了感情，所以离婚值得尊重，与房子有何相干？

也许这不是契机而是借口。

过了会儿，女人走到了这边，说：这下是真的离了，我们结得糟糕，离得倒还漂亮。

男人说：离了干净。

两人沉默了一会儿，似是尽在不言之中。那个时刻他们都在想对方的过去。男人的思绪很清晰，他从多年前那列北往火车上的相遇，想到一片杉树林中捧读陀思妥耶夫斯基的这个少女。从新婚之夜想到女儿的诞生。蓦然间，男人想起了一件事。

男人灭了香烟，说：那次你从深圳回来，其实我们坐的是一趟飞机。

女人很诧异，就问：你不是从上海飞回来的吗？

男人说：我骗了你。

女人：……

男人说：后来你又骗了我。我想你和那个穿藏青色西装的家伙……

女人打了男人一耳光。

男人仍然往下说：在飞机上，我一直看着你们的背影。那趟航班很糟糕，飞机颤个不停，那时我想，万一飞机出事了，我就朝你冲过去，抱住你，要是我们没有这个女儿，我想那个结局挺好……真的挺好，很浪漫，很公平，所谓生不同床死同穴，生得平平淡淡，死得却轰轰烈烈，就像徐志摩……那个瞬间，我们就全部属于了对方，就彻底干净了……

他们就紧紧地抱住了。这样的冲动在十年的婚姻中从未出现过，却不可思议地在离婚的第一天诞生了。

也许命中注定他们只能在法律之外相爱。这一天应该和他们相遇的第一天焊接在一起，属于情人的节日而非夫妻的纪念。情感的悲哀就在于永远只有一瞬的美丽。这美丽是脆弱的，根本支持不了婚姻的重负，更谈不上对一宗失败婚姻的挽救，这一瞬只能供奉在意识的神龛之上。经历过这场波澜，他们现在需要的是把角色重新定位：我们做不成彼此信赖的夫妻，但我们能成为可靠的朋友。对此，他们深信不疑。

几天后，男人在"红门"附近租了一间普通的民房。但白天的时间仍然在家中做饭。每个晚上男人坐在灯下，习惯性地回想着往事，觉得自己这三年里好像是演算了一道最简单的加减法，先是不断地得到，然后又依次失去。而这道题至今还未有结果，却是趣味横生。一个后半夜，男人从睡梦中醒来，撒完尿之后睡意顿消，他就洗了把脸，用剩茶漱了漱口，然后突然决定要写一部长篇小说。

他想以这种熟悉的方式对自己作一次清算。

海口：1995年2月

从那时起，我的全部精力都放在了那部小说上。我写得很顺手，每天差不多能写四千字，有时达到五千。所以仅仅一个月零几天，小说的第一部便杀青了。我的一些编辑出版界的朋友知道我在埋头写个长点的东西，就事先约了这部稿子。最后我还是把它寄给了北方的一位老朋友，他主持着一个受到广泛称赞的文学期刊。稿子寄出时，我才将它命名为《北纬20度》。

于是在1995年1月，这部小说公开发表了。从写作到发表，所经历的时间是两个半月。这个速度并不让我意外，我自觉写东西历来手快。但这部小说给我带来的好运气让我始料不及。

小说发表的同时，一家出版社就与我敲定了出版合同。这家出版社以前就出过我两本书，但都赔了钱。而这回他们显得信心十足，首版印数就定在五万册。就是说，我至少可以拿到十万了。这叫我高兴，我便提出：你们最好先付了这笔钱。他们爽快地同意了。

然后是北京一家影视机构要买下它的长篇电视剧的改编权，所出的价格还是十万。而我的要求是，这部电视剧将来必须由我本人担任编导。经过几番接触，他们对我的能力似乎也不再怀疑，但是目前还只能是先买下改编权，有效期为三年。显然，余下的那些钱还是镜花水月，可望而不可及。可我实在是太需要这笔钱了！我又想起了以前林之冰对我说过的一句话：有时候钱能为你买一个公道，赎回你的尊严。钱这时又成好东西了。

或许人世间果真有感应一说，有一天，我接到一个电话，是一个陌生的男声，自称是林之冰的朋友，刚从墨尔本回大陆。那人约我在犁城饭店见面，说有要事面商。我心里不禁颤了一下，立刻就过去了。刚进大堂，一个体态修长面目斯文的男人就向我迎了过来，说我和书上的照片距离很近，然后就自我介绍说他复姓上官，单名一个文。他说代林之冰小姐问候我。我就问：林过得好吗？上官说很好，在那边发展得不错，张罗着一家中国餐馆。我们就去了酒吧,上官文说他比林之冰先出去两年,主要从事出版业务,范围除了澳洲,还涉及港台东南亚一带。这次回大陆我就想组一些青年作家的书稿,上官说,其中当然也包括您的。他说这批作家的书在外面的销路还不错。那时我就觉得,这个人不太像我常见的那些书商或者出版经纪人,没有人会先说你的书好卖,然后再与你谈价的。我想这或许是林之冰的一手安排,料定我在生意上栽了便以这种方式来接济我。所以后来我和上官文也没有就价格作洽谈。他出价两万美金,买我四部书稿,连同这部刚问世的《北纬20度》。我说可以,但我提了一个要求:您不要用美金支付,就按官价给我人民币吧。

那人似乎感到不理解,我想这种情况他在国内也许还没有遇见过,但我也无心多作解释。临别时,我托上官文给林之冰捎去了这本登有《北纬20度》的期刊和一件我在鸿泥陶吧烧制的作品。

这是一只手。一个男人的手。我的手。我深信我的女人会经常握住它。我没有更多的话要对林说了,这只手的语言比我的倾诉也许更为丰富。就像我现在写的这部书,我已经说了不少,但更多的却是我没有说的。

那时已经距离春节没多少天了,我还是决定要去一趟海口。我手头的钱集中起来已有四十来万,余数并不多,就想先向朋友借一下,以凑成五十万好还给另外的朋友——无论如何,他们都还是我的朋友,我希望这样。于是我就同李佳谈了,我说很不好意思,我欠你的钱没法给,反过来还得向你借。这事我还不想让我的父母知道。我说现在借钱似乎是不礼貌的,所以想来想去还只能对你开口。李佳就问还差多少。我说八万。李佳说她拿不出这么多,但表示替我想想办法。也就在这天,我突然接到了那位山东人张临生的电话,说他在报上看见了对《北纬20度》的评论,很为我高兴。说我的确是个人才,所以现在他想拍广告,就觉得我最合适。他说:你得帮我这个忙。我说是你在帮我,我心里有本账的。接着我们就谈了一些细节,我建议去北京拍,用35毫米的电影胶片,成本虽然略高一些,但出来的效果绝对要强过磁带。山东人说:你造个预算,我把一切都包给你。你把我儿子带上见识一回,但别给他发钱。我也就明说了,说这回我需要赚你十万。山东人就说没问题,接着他说:上回你要是把那六十万卷走了,我也只好干瞪眼,所以我老张拿你当朋友。那个下午我真是感慨万千,觉得人与人之间的信任建立起来并不困难,然而丧失它也同样不困难。

一小时前,我从外景地回来,今晚并没有夜戏,我主要是去验收美工部门的那一场景的搭制效果,同时确定一下明天拍摄的机位。这大概是我们的最后一场大戏了,同时也是全剧的尾声。剧中的那个男人在海口折腾一番后,将要离开这个岛屿重返大陆,他的身后就是两年前送他来的那艘轮船。我认为这应该是个雨天,而那个男人却不能打伞,我要让他淋够——我想表达什么?证明那家伙还在冒充好汉,还是告诉观众这小子混惨了如落汤鸡一般?抑或是借一场无端的风雨来渲染一种悲切的气氛?我倒说不清楚了,但我需要雨。

剧中的男人离开的时间确定在1995年2月。那个时候,我正由北京飞往海口。

——1998年5月9日

波音737型飞机在经过三小时四十分钟的飞行之后,笨重地降落在了海口机场。这趟航班很空,大约只有一半人。在北京订票的时候,服务小姐问他是否订往返的,因为回来的票很紧张。他说不用。小姐就说:您是去海口过年的吧?现在很多人愿意到外地度假的。他笑了笑,心里在说:我是去海口还债的。

每回坐飞机他都有一种莫名的恐惧感。但是这次的情况变了,当飞机在北京上空完成爬高后,他便有了阔别已久且又浓重的睡意,不多会儿即慢慢地睡去了。于是男人的梦便悬浮在了万米高空。

它们跳动着,像火,也像是显微镜下的精子,或者就是火的精子。

它们跳动着,那是迎接精子来临时迸发而出的舞蹈,那形态也如火的光焰,或者就是火的舞蹈。

无论何时,火的形态都会构成某种启示,这是男人梦醒之后的总结。

那一天海口的阳光很软,天高云淡,机场上异常繁忙,那些大陆人正急着赶回去过春节,他们中间的一些人这一走也许就不会再回来了。然而记忆中这边的天总还是蓝的,它或许不再是梦的颜色,但却是回忆的提示。这是个值得回忆的岛屿。

男人在海口宾馆住下之后，立刻就给冯维明去了电话。冯主任在，但是没有想到是他的电话。他们已有很久不通电话了。男人说：冯主任，我到了海口。我来还你的东西。冯主任稍有迟疑，然后热情地说：别叫我主任好不好？晚上我们老地方见吧，我给你接风。有些事我得当面跟你解释才是。

于是天一黑他就去了靠近秀英码头的那家酒店。冯维明没有来，来的还是那个以前见过的陌生人，开着他的那辆本田车。陌生人说冯主任晚上临时有个活动，说很抱歉，明天他去宾馆看你。男人没说什么，就把一张存单拿了出来，然后换回了自己的条子，当时就将它撕了。撕过了又有些后悔，觉得该

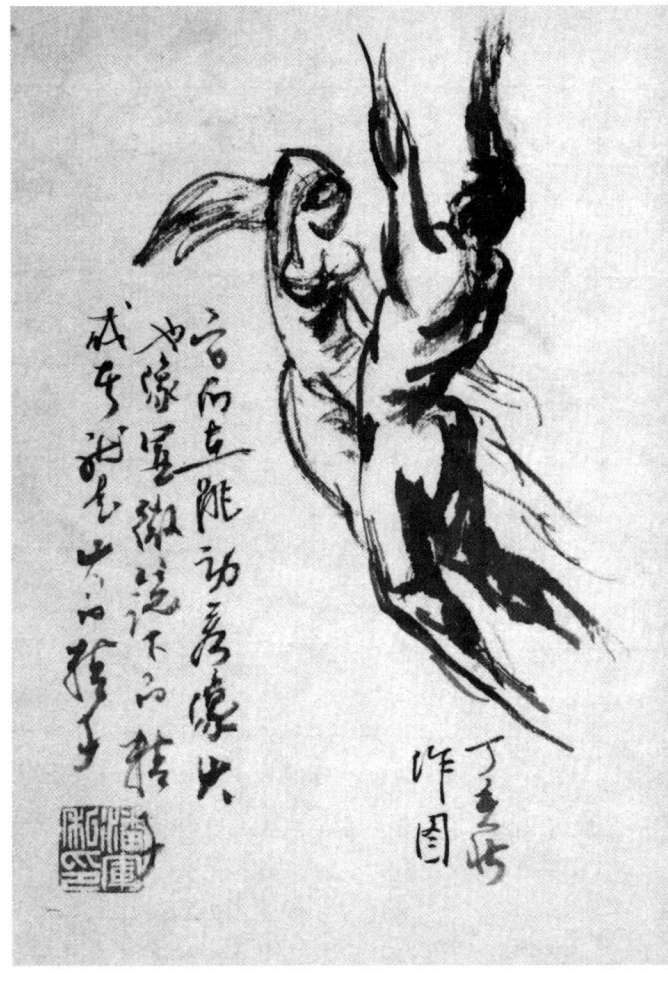

把这东西留起来，作为纪念。陌生人一边抄着存单密码一边解释，说当初处理这事时冯主任出差了，事后知道还批评了他们，说你们怎么能这么干呢？朋友之间有什么不好商量呢？

男人打断说：你今天身上带刀了吗？

陌生人有些意外，也有些尴尬，但是却无言以对。

男人点上烟，把收回的车钥匙在手里掂了掂，上了自己的车。然后他落下窗玻璃对着那陌生人说：请你转告冯主任，这笔买卖我们都赔了。我赔了钱，他赔了鸡巴。

然后，他一踩油门急速离开，直插那条风光怡人的滨海大道。现在，

他该去会一个女人了。这夜的风称得上凛冽,刮到脸上竟然有点儿麻。这一路上女人的面容一直闪现在风中,却是在不断地变化着。但这张脸现在怎么看也是平面的。男人一口气把车开到泰华酒店,在那儿给女人打了传呼。电话很快就回了,女人那会儿正在 KTV 包厢里唱歌,背景中的音乐还是那支香港老歌:今夜你会不会来。

喂,谁呀?

我。

真是你吗?在哪儿呢?

在泰华。

你在海口?!

我上午才到,要是方便,你过来一趟,我把你的东西交给你。

……

半小时后,他们相见了。那时男人就坐在咖啡厅里,正面对着酒店的门口。他不知为什么要挑这个位置。也许是为了让自己的情绪得到适应吧,从门口到咖啡厅的这一段路大约有五十米,他想看见女人是怎样走过这五十米进口花岗岩的。女人的步态女人的神情在这半小时里都成了悬念。男人就这么安静地坐着,抽着烟,视线一刻也没有脱离那个金光灿烂的旋转门。他忽然想起美国的一部叫做《旋转门》的影片,剧中的那个金发美女自从通过一道旋转门,就成了另一个金发美女,于是这两个相貌完全相同的女人拥有的却是两种完全不同的生活。

这部本应是糟糕的片子就因这点设计变得不同凡响。旋转门……

这时,女人的身影在旋转门中出现了。女人是慢悠悠地朝这边走来的,视线向下,但她在走过一半的路时,脚下一软,好像是被什么绊了似的,男人立刻就下意识地从座位上跳起,想去扶女人一把。女人身体斜了斜,并没有摔倒。她似乎有些难为情,不过还是对边上看她的人从容地笑了笑,说:这儿怎么这么滑呀?

这个意外的插曲倒使他们的相见变得自然了。男人像以前那样替女人把椅子移开,再回到自己的座位上,然后吩咐小姐:两杯咖啡。

女人纠正说:我要柠檬茶,加冰块。

然后女人回过头问男人:过得好吗?

还行,男人说,你呢?

一般吧。和你离开时没什么两样。

那就好。

我变了吗？

你指哪方面？

全部。

我只觉得你的容貌没变。

容貌也变了，我都有白头发了。

说到这儿，他们都沉默了。男人望着女人慢慢搅动冰块的手，突然想捉住它。这念头是他刚才等待中的设计所没有的。于是他又点了支烟，不料女人也从包里拿出了一包摩尔，顺手拿过男人的打火机点上了，这让男人感到吃惊。

你怎么抽上了？

这话应该问你才对。

掐了吧，我历来……

我知道你历来看不惯女人抽烟。可你不在，我总得找个伴儿吧？

你不是有伴儿了吗？

那是后来的事。

后来？好像不该是后来。

是的，你一走我就另有所爱了，这回答你满意吗？

我没别的意思。

可我有。你说两个人的生活要透明，我才把什么都告诉你。那不过是女人最真实的想法，哪个女人不爱钱？

难道就没例外？

我没把自己卖出去，我只是矛盾，没着没落的。你一走了之，想你回来看我你都不肯，你说，我凭什么信任你？就凭一周一个电话？用电话霸着我？你是黑手党还是黑社会？

所以你就让我打条子是吗？还把电话打到我母亲那儿？你以为我他妈的是个骗子？是个无赖？那么好，现在这个无赖把支票带来了，你收好，密码很好记，920919，1992年9月19日。

说完我就走出了酒店。本想就此离开，但往回一想，腿就迈不开了。

　　1992年9月19日那个晚上怎么也挥之不去。我在停车场上不断地抽着烟，身上凉飕飕的，现在已不是风的印象而是水的痕迹——那夜的水像刀子一样刻在我背上，似乎现在还一阵阵地火辣辣地痛！过了很长一会儿，桑晓光出来了，双手环抱着，这也是冷的感觉。我心里的酸楚这时已浓烈到了极点，好想与女人抱头痛哭一场。但我克制着，转身迎向了她。我说，我送你回去。她不语，微暗的灯下我能看见她的眼里闪着泪光。我就把车门打开，对她说：去兜兜风吧。

　　后来我们就去了白沙门。

　　那时已是子夜，月亮停顿在海的上空，海面波光粼粼，涛声低回。我们没有下车，就坐在座位上。这辆车自买回来后我们就没怎么用，如今倒成了一只龟壳，虽可以遮风挡雨让人畏缩而眠，但却是与生俱来的重负。我时常担心一只乌龟被人踢翻过来，那会怎么样？这卑贱的生命会自己翻身吗？我担心。儿时听见的关于乌龟和兔子赛跑的故事，在我活过半生之后才意识到是个骗局，是彻头彻尾的谎言。没有人相信乌龟能跑过兔子，但我们还是信以为真了几十年。而当从这无辜的生命中攫取了谦虚忍耐之美德为社会所吹捧后，又无情地给它扣上了一顶绿帽子。这简直就是裤裆里的纳粹。

1995年2月，我和桑晓光再度重逢，引起的波澜是我事先完全没有料到的。我原打算像对待冯维明那样交完支票就走，然而一见面，这种设想就顷刻瓦解了。这情形与我和李佳的分手之际十分相似，但在那天晚上，我始终没有提及我已离婚的事实。这是我很卑鄙的一面，好像若提起这个，坐在我边上的女人也许又会重新燃起希望之火。而我不希望这样，我知道我们之间已不存在希望这种东西。即使有，那也是昙花一现，接踵而至的便是无尽的失望。我们都不是以前的我们了。望着眼前的景象，我们的心情都变得很复杂。我们曾在这里度过不少美妙的时光，留下过许多欢声笑语，而今夜我们沉默了。又过了一会儿，我替她把座位降低，对她说：春节打算回武汉吗？

她摇摇头，然后她说：你不该来。

我说我得把你的东西交给你才是。

她拿出那张支票，说：你拿回去，它本来就是你的。

我说：别再提这事了。这事过去了。

她苦笑了一下，说：人都走了，我还要这份钱干吗？我不知道当时是怎么想的，太失败了，算我对不起你了。真的，我有些过分了，我没想到事情会搞成这个样子，我怀疑我脑子是不是有病，可那时我真的很绝望，没有任何人帮我，生病连个倒水的人都没有……我知道你也不容易，现在说这些又有什么用呢？

说到这里，她就抽泣了，同时把我的一只胳膊抱在怀里。这个举动如同拉开一个闸门，潮水顷刻之间便汹涌而出，余下的事可想而知了。我们依旧是疯狂地做爱，那感觉完全是对第一次的公开抄袭，是彻底的复制。我们也的确就是在复制昨天，但我们最终获得的还是一个赝品。

那一夜我们就在这车上度过了。

很多次我都在咀嚼这一夜。那时我就想这世界如果还有爱情一说，那么这应该是它的本色。爱情不仅仅是美好与甜蜜，更多的是无奈与苦涩。爱情未必都是崇高的纯洁的，有时也他妈的肮脏可耻，但它还叫爱情。

天下雨了，这很好，希望这场雨延续到明天，这样我们就省去了许多事，至少不再需要消防车了。不过海口是个气候无常的城市，今年的雨又全都下到长江和松花江去了。这场戏拍完，我就该离开这个岛了。我就给桑晓光打了手机，回答的还是：你所拨打的用户没有开机。

——1998 年 5 月 10 日

这场戏从下午两点开始我们就在现场等待，万事俱备独缺雨。天一直阴着，乌云像经过电脑处理似的流动得很快。这样的气氛没有雨实在不是道理。全剧组的人都耗在秀英码头，围观的人也越来越多。摄影师沉着脸对我说，剧中提示的时间是个黎明，而这么等下去光效差不多就像是黄昏了。我突然笑了起来，我说同一幅画面上你能分清黎明和黄昏的界限吗？难道黎明是狼黄昏是狗？

我们还是坚持等。将近两小时后，雨他妈的来了。现场一片忙乱，各就各位，我大喊了一声：干吧！

一共只有八个镜头，却调度了五个机位，轨道升降全用了。因为剧中那个小子我不让他动，于是我们就得围着他动了。从监视器中看，效果还不错。这场雨就是漂亮，但也把我们等苦了。等不是个滋味，而人的一生有一大半的光阴就是在等中度过的。

最后一个镜头拍完了。这是个升降加摇的设计，它的起幅是码头边的那只锈锚，然后摇过了雨幕以及椰林，在海上形成落幅。这是个空镜，但也可以理解为剧中人的主观，似乎寓意着海对岸、岛屿对大陆的向往，而它的意味无疑是反讽的。随着光圈的加大，海置换了颜色，一片苍白，一片苍茫，而后，音乐骤起，是大提琴或者萨克斯的独奏……

我喊过收工之后，剧组的人一齐欢呼起来，这下是真的完了！围观的人群也渐渐散开，他们的表情像受了骗，原来电视是这么个拍法，不好玩。我从监视器前直起腰，顺手把戴了两个多月的那顶冒牌的耐克帽给扔了，好像为自己平了反似的。我晃悠悠地走出来，想赶快回去洗个澡。这时，我不经意地看见侧前方的一把鲜艳的红伞下站着桑晓光。我连忙跑了过去，问道：什么时候回来的？

她说昨天。我很想你去机场接我，她说，怕你分不开身，现在倒成了我送你了。出去吃饭吧，也许你明天就走了，算是为你饯行。

我是不是该洗个澡？

那就先去游泳吧。还去白沙门？

我想去看看你的房子，方便吗？

我那儿没有大拖鞋。

那我赤脚。

你开车吧。

我知道往哪儿开？

我可以指路，但到了楼下你要猜哪个窗口属于我。

我已经猜到了，是挂蓝色窗帘的那个。……

你怎么了？干吗像个孩子，都三十出头的人了。

本来我想等你走了才回来的。

那何必呢？

可我还是……

房子很漂亮对吗？

漂亮谈不上，但很干净。

东西全是新的，我知道你很重牌子。

只有一样是旧的……

我知道。

你未必知道。

我知道，因为那上面留着我从前的汗味……我知道……

……

1995年2月，有人看见一辆蓝色的本田雅阁2.0型轿车于一个雾气浓厚的黎明越过了琼州海峡，行驶在去广州的路上。但是刚过徐闻地界，这辆车的变速箱突然起了火。在经过三天的修理后，蓝色车又跑了起来，车速仍然还是很快。又过了几天，这辆车大概在江西的境内停了下来。据目击者说，当时这辆车正面临一个复杂的路口，开车的那个男人好像是迷路了。于是有人给了他地图，可男人说：我就是按这图走的，但我忽然觉得这么走不对。

你怎么连地图都不信了？

男人什么也没说，把自己的车开上了一条很瘦的砂石路。他一走，后面的人就笑着直摇头,因为那条路不是国道,据说已荒废了多年,不过仍然还有关卡和罚款。

后来就没有这辆车的消息了。

1999 年 7 月 28 日合肥寓所
2007 年 7 月 20 日修订于北京
(原载《小说家》2000 年第 1 期)

附　录：

初版后记

　　《独白与手势·蓝》原计划是放在2000年完成的，这么考虑，主要是两方面的原因：其一是我在写完第一部《白》之后，需要作一段时间的休整，想听听朋友及读者的反映；其二是我想抽空再去一趟海口，做针对性的实地考察并拍下一些照片。其时我正在筹备电视剧《海口日记》的运作，想自己再做导演。我想等去海口拍完片子，然后再静下心来写《蓝》。然而正如俗话所说，计划总赶不上变化，《海口日记》的投资方有固定的合作班底，我要坚持自己导戏便有点强人所难，于是就把剧本给卖了。紧接着，一些期刊编辑部得知我在写所谓长篇三部曲时，便不断和我联系，他们像事先约好了似的众口一声：还是趁热打铁吧！再就是，写完《白》的我其实也未能从这种新鲜的叙述形式里走出来，有一种意犹未尽的感觉，这便有了里应外合的基础。还有一个站不住脚却十分真实的理由，就是我刚买了一台笔记本电脑，正练着，需要靶子——从前我是竭力反对换笔的，但近期我的脖子不行得厉害，时时发出嘎嘎的响，就害怕，可又担心用这东西找不着写的感觉。我用的是拼音，于是就有朋友劝我改用五笔，说那样快。而我执意不从，觉得把一个漂亮的方块汉字活生生地拆开再组装起来是一件不可思议的事。那时我就想上手就拿拼音拼出一部长篇来，认为二十万字拼过，怎么样也熟练了。于是便跃跃欲试地做起这件事了。从某种意义上，这次的换笔，是对我找到的这种形式的一个小的补充，因为它也给予了我刺激。

　　与《白》不同，《蓝》规定的故事时间前后不过三年，所以相对而言要集中一些。在这部小说里，除了延续了一个男人的情感旅程和心灵磨难，我着意要表现的是"我"在海与岸之间的那种焦灼状态。这种情绪，曾经在我其他的中短篇里表达过，但我觉得还不够淋漓尽致，我希望它能成为我对南方最后的思念。

兴许与合肥冬季没有供暖有关,我发现我大部分的文字都完成于夏天,所谓挥汗如雨,而我早已习惯成自然。《蓝》文字部分的写作大约只花了七十天,脱稿日期是 7 月 28 日,正尽酷暑,这使我仿佛又一次回到了那个位于南方之南、地处北纬 20 度的岛屿,不禁恍然若梦。

《蓝》首发刊物是《小说家》2000 年第一期,正好与《作家》连载的第一部《白》相接,现在人民文学出版社将这两部同时出版,是让我愉快的。整整十年前,我的长篇处女作《日晕》就是由她出版的,使我获得了一份特殊的慰藉,我自然要谢谢她!

我有一篇叫做《关系》的小说,也是写南方的,在那篇小说的结尾,我也写了一个男人对海南岛的告别,当时他站在船尾,在这个男人的视野里,海水越来越蓝。这时,男人出其不意地对着接近模糊的海岸线大喊了一声。于是有人问他:喊什么呢?

男人说:喊一位朋友。

问话的人一笑:这么远,能听得见吗?

男人说:听不见,但我需要喊一声。

1999 年 10 月 25 日　北京天坛之侧

潘军文集

第伍卷

长篇小说

独白与手势·红

我是一个生于11月28日的男人。

有一天,一个自称是我小说读者的人给我寄来了一本书,叫《生命密码》,作者是美国人盖瑞·寇奇奈特和胡斯特·艾尔佛斯。

这本书指出,生于这一天的射手座男人,意味着一生独行。

——作者题记

北京：1999 年 2 月

穿棕色羊皮夹克的男人在经过整整一夜的旅行后，于这个看上去阴晦不堪的早晨到达了本次列车的终点站北京。从站台上看，地上的残雪斑斑驳驳，仿佛一顿大餐后的杯盘狼藉，让人极不舒服。车站的过道比以前更暗了。因为装修，这个原本陈旧的老站显得格外杂乱无章，充满视野的全是建筑材料和施工的安全网。到处都能听见大声的咳嗽，而此刻广播里正在朗诵一篇气势磅礴的社论。男人突然产生了一种不安的感觉。他放慢了脚步，看着那些着急的旅客从后面拥上前去。

几分钟后，男人走出了北京站。他立刻就感到一股浓重的寒气扑面而来。早春二月的京城比他想象的要冷得多，不过空气却意外地有些湿润。对于男人，首都早已失去了新鲜感，甚至有些厌倦了，这段日子他总是与这座城市发生关系，仅去年就跑了四趟。不过那几次都是来去匆匆，挣一把钱就走。而这回的情况有所不同——一家公司想与他合作一个专门制作影视的工作室。这件事对男人来说还是有吸引力的。长达七年的漂泊不定的日子他已经过够了。他也希望能有相对的稳定。尽管他不喜欢这个城市的空气，但是做所谓文化方面的事情，还只能选择北京。

看来我得在这里住上一段日子了，男人想。可我不知道能否适应这个不可一世的城市。这时候，男人看见有人举着写有他姓名的纸片向这边走来了。那是一个同样穿着羊皮夹克的女人，不过是流行的那种酒红色，质地也明显地优良。那女人看上去大约二十五岁左右，东张西望的神情很可爱。男人想，这或许就是那家公司的一位办公室的秘书什么的。男人不想及时地迎过去，而是站到一根方柱的后面进行带有欣赏成分的观察。他总觉得面前划过的这张脸是在哪里见过的。在哪里呢？男人又实在想不出。也许所有的男人都会有这么一种近乎意淫的邪念，只要遇见一个可爱的女子，便以为和自己很亲近。现在，那年轻的女子看过来了，她的视线十分明朗，以至于男人慌乱地被它牵引而出。男人扔掉香烟走近说，小姐，我就是你要接的人了。

女人放下手中的纸片，大方地笑了一下，说：你怎么和我感觉里不太一样？

不太一样？就是说也还有一样的地方？男人同时心里在说，我现在离你们女人的感觉越来越不一样了。就把地上的皮箱拎起来。女人说我来吧，男人说别，它很重的。他们就这样说笑着向一辆红色的丰田车走去。女人在打开行李箱的时候对男人自我介绍说：我叫王珏，是中奇实业公司的公关部经理。

女人的简单介绍却让男人想到了南方。经理？这个词生疏好些日子了。这个词现在听起来一点也不生动。但是他这一刻的心情已变得很好。他看着边上这个叫王珏的女人很自然地想到了另一个至今还在南边的女人，她叫桑晓光。那也是个开车很好的漂亮女人，她们的侧面有些相像。但他想，漂亮的女人最好别开车。他不知道为什么会这么想了。

后来的几天里男人一直在想这个问题，似乎毫无道理可言。他觉得有些东西女人是不宜玩的，车就是。女人只要开车，哪怕是世界上最破的车，也会把身边的任何东西忘了，包括男人。同样，他也不喜欢一个男人去弹钢琴。这两件大东西因为支配它的人性别互换，也会导致荷尔蒙的一种转移，男人和女人会因为它们进行疯狂的自恋。女人倒可以去玩枪，男人可以拉大提琴——那感觉应该是像搂住一个女人吧？

红色的丰田车从东单口拐出，驶入了长安街。男人看到兴建中的东方广场也被建筑安全网包裹着。这个长安街上块头最大的建筑物群肯定要在九月底前完成它的面子装修，至于内瓤则可以慢慢来。不过这个名称不好，世界上找不出两个毗邻的广场。它容易使人产生这个城市人口很少的错觉。事实上这个城市最多的就是人。

要是中国每条街都能像长安街这么宽就好了。问题是这条街在高峰时期也一样地塞车。现在，天安门广场正在向他逼近。广场的周围也实行了隔离，那里面也正在进行一次规模宏大的维修。即使是作为最高权力象征意味的天安门，城楼边上照样搭设着钢筋的脚手架。1999年应该是北京城的维修年。这个城市毕竟太老了。

然而在很多年前，这儿被大家视为中国的心脏。那时他最大的理想就是在这个心脏部位照上一张相。这个儿时的理想直到他成为青年的那一天才得以实现，而且是凭借着一句谎言实现的。他插队的那个公社，书记的老婆得了不治之症，他却谎称自己有个本家的叔叔在北京友谊医院当什么主任，他说他可以效劳。于是，在那个炎热的夏季，他搭上了开往心脏的火车。但是第一次的北京之旅并没有想象的那么开心，插队知青漫无边际地在京城游荡，不仅没有找到兴奋点还在光天化日的天安门下被偷了钱包。他很沮丧，沿着长安街拖着腿走。当他正准备走进一条小巷避开日头时，忽然听见了一声巨响，紧接着一道红色的光弧从他眼前掠过，他才看清发生了一起车祸——被撞的是一个穿大红色连衣裙的姑娘，她轻盈的身体从车上飞过，被抛到了十米开外，当时就不能动弹了。人们立刻围了上去。他挤在人缝里，只看见那个姑娘的血从腹部渗出，染到裙子上竟变成了黑色……这么多年过去了，这触目惊心的一幕他总忘不掉。他无法想象在如此宽敞的大道上会发生这样的惨剧，他也不能接受人的鲜血染到红布上怎么会变成黑色。

坐了一宿的车很累吧?

还行。后半夜还是睡了一会。

是软卧吗?

对。

软卧不好。要是同包厢的有个脚臭的,就受大罪了。我可没说你的意思。

他们几乎同时笑了起来。尽管这是个不太适宜的玩笑。他觉得这个王珏小姐天生就该是个当公关经理的料,这么快就以这种独到的方式消除了他们之间的陌生感。王珏的做派并不张狂,她的言谈举止都是那么和谐而统一。这是个典型的北京姑娘。他想她对自己的情况一定了解了不少，以至于在初次见面时就显得如此随便。北京就该是个随便的城市。北京人似乎与生俱来一副见多识广的派头，哪怕是胡同口的一个卖报纸的老太太，你只要和她聊上三分钟，你就会感到她可能是某位要人的街坊邻居，更别说是作为一家大公司的公关部经理的年轻女人了。

车继续北行。等过了亚运村，开始进入到一片别墅区。男人调整了一下坐姿，不由想起自己几年前去海口的经历来。当时他在南岛集团，他的第一个住宿地也是在一幢别墅里。但那个时候他已经不是个客人了，他成了那个集团的一员。男人很不愿意记起这一幕来。他觉得无论怎么看，当初的选择都是一次失误。他放弃了做客的权利，也就意味着自动去接受一份莫名其妙的约束。不知当时为什么那样想了。或许是因为自己刚刚脱离业已习惯的稳定，一旦失去，便会有说不出的恐慌来，他急需找到一种新的依托。这很像一个刚离婚的人，向往的自由突然间到手了却又手脚无措，像只无头的苍蝇成天团团转也不知在忙些什么，甚至会担心一顿晚饭的着落。那么，现在好了，男人想，从去南方的那一天到现在，整整的七年过去了。这七年过得那么缓慢，有时又觉得过得飞快。都说人生是一个过程，是时间的某种印证，这种过于抽象又过于空泛的表述总呈现出自欺欺人的色彩。人生是什么？这其实是连神也无法回答的问题。

我下榻的地方是一座崭新的宾馆。王珏说，这个叫做"冠华酒店"的实体也是他们公司的物业，三星级的标准，还没来得及开张。你是我们的第一位客人。王珏说着，就从行李箱里帮我取出行李。女人的腰很费劲地直起来，我便连忙过去，说：我来，很沉的。

还真是，怎么这样沉呀？

我笑了笑。心想，能不沉吗？我的一个家可全在这里呢。

我被安排在三楼朝北的一个房间，编号304。是我自己选的。这个漂亮的饭店设计得很别致，有点北欧一带建筑的特点，在大堂与客房之间是一个小巧玲珑的花园酒吧。从我的窗口可以鸟瞰花木、雕塑以及人造的小桥流水。这里还摆放着一架白色的三脚钢琴。总之这是个别有洞天的环境，我很满意。我设想在以后我的工作之余，可以立在这窗前抽支烟或者走下来一边喝茶一边欣赏某个女人弹奏钢琴。

来前电话里经纪人和我谈的条件应该说还不错,投资方尊重我的一些构想,并说在资金上给予保证。最初,他们希望和我签订一份合同,想让我以技术入股的方式与他们合作一个子公司,我毫不迟疑地拒绝了。海口那一幕对我永远是一重阴影,我被那个叫公司的家伙折磨得差点要了命。我好不容易杀出了重围,现在只想喘口气了。回想这七年,我除了赚钱就是赔钱,再这么折腾下去,我会彻底崩溃的。我现在不过是找个饭碗,如果这个问题不突出,余暇的时间我想再写出几本书来。这就是我想要的下一步。

当晚,我见到了这家公司的老板,一个看上去十分踏实的中年男子,与我在南方见到的那些西装革履的白领完全不同。但是在这个宴席上,有军人、新闻界的人和政府官员。这就是典型的北京了,即使你是想做一双拖鞋,也得有各种类型的人物介入。整个饭局持续了近两个钟头,他们谈论的中心话题是不久前发生在京城的一起特大谋杀案。而我对此又不感兴趣,却还要作出颇有兴致听的样子来给他们看。我宁愿去想那座漂亮的酒店,它至少会给我带来愉快。饭局结束,接下来是去一家著名的夜总会。我借故旅途疲劳推辞了,于是老板派车送我回来。路上,我向司机打听酒店开业的事,我说我没想到你们会有有这么一座饭店。司机说,这就算是内部的招待所了,朋友来了,得有个吃住的地方。司机的口气一点也不比老板小,也就是说,这位老板的朋友很多,多到需要一个三星级的酒店才可安置。下车时,司机塞给我一个纸包,他说:这是五个,要不要点点?

我说不用。我接着说:这是订金吗?

司机说:什么订金,你先花吧,老板说一个男人手头没钱可不成。

然后他让我给他打了张收条。也许是被前几年的拮据弄怕了,当我从司机手里接过这笔钱时,竟生出了几分的激动。

我毕竟是个俗人,在钱的问题上我没办法清高。我想明天得先给李佳汇过去三万。离婚已经四年,协议中我给她的十万元直到现在余款才算有个了结。李佳没有让我给她打条子,她手中的条子是我自愿出示的。昨天在犁城是李佳为我饯行的,我们去了一家火锅店吃涮羊肉。李佳当然知道大名鼎鼎的东来顺在北京,但她还是建议吃涮羊肉。我让你提前感受一下北京的气息,李佳说,我预感你这次去北京会交上好运。至少是桃花运吧。我只好勉强地笑了笑。我想李佳的潜台词大概是说,那一年我们在北上的列车上相遇不能算作好运吧?那一年是1979年。二十年过去了。二十年前的那个夏夜,李佳请我吃了一枚橘子,而现在她又请我吃涮羊肉,怎么看都像是个呼应的过程。

趁李佳去洗手间的空隙,女儿问我:我看你们相处得还不错呀,你们能复婚吗?

孩子的话使我觉得有趣但不是个滋味。我没想到会有这么一天,让孩子来做父母的复婚工作。我说这不是个简单的问题,其实不复婚也不影响我们做你的父母的。女儿说:你们太奇怪了。

奇怪吗?这个晚上我后来就在想这句话。我说过,只要这个孩子夹在我和李佳之间,这个家庭就不意味着解体。或者说,解体的只是一种被法律看重的婚姻形式。我走下楼,到了那个花园酒吧。我的手抚摸着这把造型别致的椅子扶手。在我的眼前,是一些忙碌着的年轻男女们,据说有很多是从重庆招来的服务生,也有职业学校送过来培训的实习生。我注意看那些姑娘们,觉得她们个个都是充满活力,干活不知疲倦,而且模样都还好看。我想这或许就是一种衰老的征兆吧。人一老,眼光就越发地变得宽容了。可我刚过四十,这理应是个年富力强的人生阶段。我过四十岁的生日那天也是在北京,是在西城一个招待所里。我记得那一天的北京正在下一场大雪,窗外一片苍茫。没有人来陪我,我也没有给任何人打过电话。我后来沿着复兴门外大街走了许多路,内心充满了忧伤——这忧伤分明不是因为孤独,而是对衰老的恐惧。一种灯枯油尽的伤感像磁铁一样牢牢抓住了我。

现在,这种感觉又来了。我的视线最后被一样东西所牵制,就是它,这台三脚钢琴。

在我的感觉中,我似乎已经注视它很久很久了。

——1999年2月15日

一周过去,合作的事情没有任何进展。老板自那天吃完饭后就再也没有露面。男人成天待在房子里看电视和晚报,偶尔接待几位来访的朋友。做《北纬20度》那回,剧组的成员大都来自北京。他们合作得不

错，这回自然还想与他有再次的合作。北京似乎就是个搞影视的地方，昨天他去什刹海那一带胡同里转悠，一下子就撞上了三个拍电视剧的摊子。这在经济萧条时期倒成了唯一的生财之道。但是电视剧怎么看都是个破东西。他想，自己今后的安排可能还要保证每年做出一部长篇的破东西来，先挣出一笔钱，这样才能安心去做自己喜欢做的事情，那就是继续写小说了。这是一种滑稽的、令人啼笑皆非的安排。仿佛他是古董商,一件破东西卖出去却相当值钱。他需要以此谋生,然后再去过一种安静不慌的日子。看来人对这个世界的恐惧感来自许多方面,一些有形和无形的东西都会使你魂不守舍。他想起那年在海口的白沙门,想到那幢无端的云彩,总感到一阵胆战心惊。他甚至觉得,自己的这一生是从恐惧中开始的。1967年10月石镇的那个雨夜,密集的枪声从头顶上呼啸而过,那时他才十岁。可是,有形的恐惧往往与兴奋结伴而行,或者说恐惧之后接踵而至的便是兴奋,这又是个不可思议的事实。只有无形的恐惧不是这样。白沙门竖起的那幢恐惧之云实际上已是横在心中的一道洁白的阴影,这是他很长时间以后的觉悟。

回忆总是删繁就简。时间会过滤一切。在这百无聊赖的一周中，他时常要陷入到回忆之中。位置与视角在几十年之后都不可避免地出现了变化，他吃惊地发现，自己仿佛正在走出自己的回忆。记忆中的那个男孩，那个少年，那个青年，甚至那个正在迈进中年的男人，全都不像是自己了。这就像整理一摞过去的旧相册，面对从前的我怎么看也还是陌生。他成了旁观者，成了局外人，成了对从前那个我的批评家。这便是习惯中认为的那种反思吧？他不喜欢这个暧昧生涩的词语，他愿意接受另一个词语：检讨。

外面的天又开始转黑了，这一天又算过去了。今晚酒店的歌厅调试音响，据说设备都是一流。还据说要来两个时下京城当红的歌星。酒店经理刚才通知他，让他也过去凑份热闹。经理说：去吧，成天一个人待着我看着都闷得慌。他答应了，但他却提出了一个连自己都觉得唐突的问题，他说：我怎么总见不到弹钢琴的来呢？

经理说：你是指楼下酒吧里那架钢琴吗？快了，开业准来。原先约定的那一个嫌这儿路远，我们又得重新物色。你喜欢钢琴？

他说：我不过是随便问问。

经理说：其实那无非是个摆设。

他想经理的话是对的。最好的钢琴搁在酒吧里也是摆设。可他还是有些困惑，自打住进这家酒店起，他就开始惦念着那架琴。这有点怪。然而在很多天后，他才意识到这架琴其实是一次大胆的暗示。

这个晚上的计划后来还是起了变化。有个朋友，就是那位《北纬20度》的摄影师，突然在晚饭前来了电话，请他去吃一种"三巴汤"，然后再去听一个意大利的铜管音乐会。他匆匆打了辆车赶往约会地点，见面就问那朋友：什么叫"三巴汤"？朋友哈哈一笑，说动物身上，当然是指雄性的，除了嘴巴尾巴还能有什么巴？这汤可红遍了北京城的！

他笑道：我不知道北京人还这么会吃，就凭这个丁当响的名字，北京也配称得上是文化中心了。

朋友说那是，要不怎么有那么多文化人艺术人都来北京扎摊呢？朋友说：我看你干脆正式加入"北漂集团"得了。反正你什么都丢了，何不图个自在？

他心里大响了一下，一句话差点儿说出：我还有个女儿呢！

这个晚上他第一次感到了沮丧。他无法回味起那道著名的"三巴汤",也很难陶醉在铜管乐中,在听音乐会时,他明显地分心了。他的思绪纷乱而恍惚,眼前仿佛在放映一部关于他这前半生随意剪辑的录像,跳跃,不清晰,却能使他受到震动。是的,如今他是什么都丢了,女儿是他唯一的财富,这是他万万不可放弃的。可是,女儿在一天天长大,下半年就升初三了,身高已超过了她母亲李佳。春节时,二妹从美国挂来了电话,说他们一家正准备由俄亥俄移居到西海岸的洛杉矶。他们现在发展得不错。二妹说:哥,你要让你女儿把外语基础打好,最好念完高中就送到这边来。念完高中?他迟疑地说:这是不是太小了?二妹说怎么小呢?直接读本科不是挺好吗?你不至于把孩子留在身边一辈子吧?他笑道:这倒不会,我尊重她自己的选择。后来他就把这件事对女儿说了。他以为这孩子会感到事到临头的惶恐,没想到女儿却说:还要等到高中念完呀?我恨不得马上就走呢,我都被作业折磨死了!尽管这是一次非正式的交谈,但女儿日后的去向大致描绘清楚了。也就是说,还有四年,这个孩子就该飞走了。余下的内容可想而知,那无非就是每月例行的几个电话,越往后越少,再就是隔上三年五载地见上一面,再往后,他就完全老了。四年,那是一晃而过的。

那天晚上,他给李佳打了传呼,让她回这边一趟。李佳当时正有一个应酬,电话里问是不是孩子出了什么事。他说想谈谈女儿几年后的去向。李佳说:不是几年后吗?几年后的事那就几年后再谈吧。

然后李佳又问:你是不是想娶个正式的老婆了?

他说:你怎么会这么去想呢?

李佳说:其实我觉得你还真是应该有个老婆的好。

这或许就是李佳请他吃涮羊肉的依据。现在想起来,他觉得女人就是比男人敏感一些。时间已是凌晨三点多了,他还是没有睡意。电视里播着译制节目,一个老者在用沙哑的声音讲述一个历史上著名的悬案。那是个充满血腥又扑朔迷离的案子,半个多世纪过去还没有解开。但是越来越多的证据表明,人们长期以来信奉的某种结论可能是错的。

最初,是一滴血样的东西,如山间泉水似的响亮,凝重地落在一面水里。接着渗开,像泼墨留在生宣纸上的痕迹一样。再以后是这面水慢慢在眼前竖立起来,仿佛雨帘,又伴有急雨敲窗的效果,你便被这片颤抖的红色所包围,你会感到致命的窒息紧紧地捆绑着你的身体,你无法动弹,无法呼吸,你的手像中风一样哆嗦个不止,但是眼前的这片红雨却越来越急骤,你努力用你的指甲从雨帘中挖开一个孔来,你想抵制咸腥的气味,你想听见自己的心跳,于是你奋力一搏地挣扎而起,指关节在崭新的墙纸上留下了四个浅凹……

我认真地记下这个梦，是在今天的下午。这是个阴雨的天气，但我的窗外看不见雨，只能听见夸张变形的雨声——雨落在透明的钢化玻璃顶棚上，如同笨重的机械发出的轰鸣。我需要记下这个梦，因为类似的梦魇已纠缠了我几十年。我没有能力来驱散它，更没有力量来摆脱它，我唯一可以做的，就是认真地把它记下来。但我还是第一次看见这个梦的颜色。

我已经在不安中度过了十几个小时。我的耳鸣越发地严重了，可是，我又能听见电流的声音——如果你把电视机的音量完全关闭，我就能清晰地听见电流的声音，那是一种尖锐而又低沉的怪音，它穿透了我的耳膜，回旋在我的脑腔。起初，我以为这种不适是由于一年前没完没了的装修所致，那个时期我无论到什么地方好像都与房屋装修结缘，冲击钻的声音持续不断地在我的周围响起。现在看来，这个判断是过于简单了。我觉得这应该是另一种梦魇，有声的梦魇。如果我的记忆没有出问题，这个梦魇至少是从1957年秋天开始的。在一个秋色迷惘的黄昏，我出生在一个叫石镇的地方，一个普通的人家。我听到这世界上的第一个声音不是我的哭泣，而是接生婆铰断我的脐带的剪刀声，那绝对是一把生锈的剪刀。

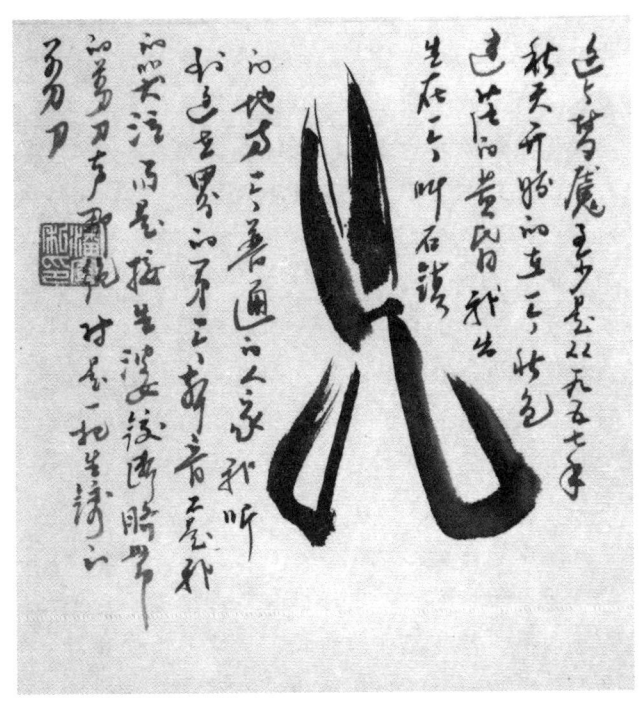

我想得可能太多了。在这个阴沉的下午我出现了不规律的头疼，一阵阵的。这所名为冠华的酒店对于我实际上已成了一座豪华奢侈的监狱，没有人管我，也没有人来给我交代工作。我仿佛一座活动的雕塑，整日端着架子无所事事。但是我已经拿了人家的五万块钱了，并且也开始花了，总得有个名义吧？于是我呼了王珏，电话很快就回了，她说她刚下飞机，从深圳回来。

我正想晚上过你那边呢，她说，一起吃顿饭吧？我私人请你。

我说：项目的事怎么没动静了？

她说：这个我不太清楚，我的工作是把你安顿下来。没动静不是更好吗？

我说：我不能闲着，总得干点什么吧。你们这儿又不是五角大楼，干吗分工那么仔细呢？我还以为我们会一起共事呢。她说：我提出过，可是老板没表态。再说，我手头这一堆破事也没完。你别着急，忙的日子在后头呢。见面谈吧，再见。

和王珏的简短通话却给我带来了很大的快慰。我不想去推敲她在电话里的表述是否带有应酬的意思，我宁肯信以为真。实际上，从十天前我们第一次在北京站见面，我就对这个女人怀有好感，她让我想到了桑晓光。我与桑又有近两年没联系了，我们好像是故意这么做的，既然事过境迁，淡忘就是最好的怀念方式。我深知，像我和桑这样的关系是不宜再见面的。桑晓光现在何处，我还真是不清楚。但我相信她还会找我，在她需要的时候。而我不希望这样，尽管死灰复燃的可能性几乎等于零，然而当某一天我再次面对那张动人的脸时，我的内心即刻就会不平静。这是千真万确的。我不知道其他的男人与我会有什么不同，如果你与某个女人同床共枕了，你是否会忘记她？而我是这样的男人。我记忆中的女人都与性密切相关，很多时候，我像整理断简残篇那样一丝不苟地整理着我的性爱历史，虽然具有不可再生性，但仍然使我怦然心动。我甚至敢于公开承认，正是这些激动而伤感的回忆支配了我对每一天生活的态度，这就是我生命的支柱。

二月的北京寒冷而干燥。天黑得很快，雨倒是不知不觉地住了。我打开窗，看着花园酒吧日臻完善的面貌，心情在慢慢转好。那架钢琴还死着，居然上面还坐着一个幼儿在玩积木，这是经理的孩子。酒店的服务生从昨天起就开始换上了工作服装,姑娘们穿着青花图案的便衣上装,下面是大摆的橙红色的绒裙,色彩搭配很不和谐但依然生动活泼。这就是青春固有的魅力。我在楼道上徘徊着,在期待着王珏的到来。我在想,这顿饭在哪儿吃合适?我想去外面,王珏不是有车吗?那车很漂亮,真的很漂亮,开到哪里都会令人注目的。现在,这辆车该到哪儿了?安贞桥还是亚运村?

然而等到了八点,王珏还是没有出现。她也没有来电话,我找出她的手机号,想拨一个,但想想还是没这么做。我觉得王珏的迟到或者不到,都是会有站得住的理由的。女人的理由总是多于男人,也永远站得住。电话一直没来。我在这个夜晚意外地陷入到不安中,小便频繁,洗脸间的镜子里那个男人一脸的疲倦,原因在于一次毫无道理的期待。可是,这个王珏不该是如此粗枝大叶的人,即使有什么急事,电话总该会来一个的。这很方便。她本可以一边开车一边拨打手机。为什么不打?难道那辆车里还有另一个男人?那个男人会限制她解释一次失约?失约算不了什么,问题是这个细节破坏了我对一个女人刚刚建立的好感。我担心的是这个。

这时,我突然听见了一声轰鸣,是那架钢琴发出的,似乎以此证明它拥有着生命。

——1999年2月26日

杭州：1999年3月

现在，男人打开了那本叫做《生命密码》的书。这本书是一个自称是他的小说读者的人于半个月前寄到犁城的。自从他恢复写作以来，由于作品不断发表和广泛转载，他每个月都要收到一些读者来信，但像这样匿名给他寄书的还是头回。如同这本俨然神秘的书一样，这位读者没有留下任何只言片语，也没有留下地址，信封上只注明：杭州，你的读者。

作为占星学的专著，严格地讲，《生命密码》算不上一研究成果。这套由美国人盖瑞·寇奇奈特和胡斯特·艾尔佛斯编撰的书籍，充其量只是一堆牵强附会的通俗读物。这套书共有六卷，每卷解释两个星座。中文版由台湾一家出版社出版。他得到的是最后一卷。他生于11月28日，属射手座，与天蝎座并到了一块。

他自然要首先看看与自己有关的部分，于是就翻到了11月28日。实际上关于这一天的解释也就是一页，然而这一天的导语却赫然写着三个字：独行侠。

那一瞬男人很是惊讶，他联想起过去一些报刊对自己的专访侧记，有许多相似的提法，譬如独行客、一意孤行、我行我素之类。这种不可思议的暗合使他在那个雨后的黄昏魂不守舍，他仿佛意识到，自己这一生仿佛都经由一只看不见的手精心编排好了。

他带着这本书到了北京。现在当他准备好好读它时，手机却响了，而且又是杭州。是一家文学期刊社来的，要他去领一份奖。他本不想去，但是对方诚恳地解释说，你还是飞一趟吧，本来人就不多，你若再不来，这个事做起来就冷清了。他觉得不好再作推辞，就答应下来。同时在想：我能在杭州见到给我寄书的人吗？要是通过晚报的采访，把这事说出去，也许那个神秘的人就该露面了。那应该是个女人才对。这样一想男人便很愉快。杭州就该是个浪漫的城市，就该风情万种。男人想起几年前与桑晓光的那次"飞行幽会"，不觉有了恍然若梦之感。那一次，他们因为一天的时间双双飞抵杭城，可谓春宵一刻。如今事过境迁，回想起来还是有些感慨系之。男人在北京耗了十几天，什么也没干成，出去转一趟也好。于是他就给老板去了电话，说明了情况。他说：我只待几天。老板说：没事，你安心玩吧，咱们的事看来还得往后推一阵子。

他打断道：还得往后推？

老板说：我临时抓了个新项目，觉得是个好机会，就调整了一下。

他进一步问道：你估计咱们的事要推到什么时候呢？

老板说：也快，我想不会迟于三月底吧。这段时间你随意安排，什么时候动，我会叫人通知你的。

放下电话，他突然有了一种不好的预感，觉得这个开局不怎么样。在犁城时，这家公司几乎每天都有电话来，老是问他何时启程。现在他来了，却又将事情一味地往后推。他们耗得起我可耗不起，他想，我得做事挣钱。这个年纪闲着不是个办法。难道要我坐在这个环境里写小说？写不出来。我看不见一样熟悉的东西，看不见自己的一本书，连一本字典也看不到。他想这两年所到之处都是住着大致一样的标准房间，光在北京他就住了十几处。有一次他对一个记者说，我现在成了一个"住标间的男人"，我感觉不到时间和空间的变化，因为标间与标间，几乎没有任何的差异，连服务生的表情都是那么相似。标间不是写小说的场所，倒可以用于写电视剧。写小说只能回到犁城，或者故乡石镇。本来，他的安排是尽快把这部电视剧做完，然后带着这笔钱回到犁城，在夏季来临之际开始写一本书。现在一切都变了，他不知道像这么推下去会有什么结果。

每次都是这样，总是在系上安全带的那一瞬懊恼不已，后悔不该乘坐飞机。飞行中遇上强气流的颠簸，躲避积雨云层的调整下降，出其不意的铃铛声，都让他惶惶不安。可是从北京到杭州坐火车需要近二十个小时，对于临时性的出差显然是不合适的。飞行是唯一的选择。

这个航班没有满员，至少有三分之一的空位，因此显得比较宽敞。在前面的头等舱里，几个电视记者正在采访一个西装革履的老胖子。看上去是个有钱的华侨，大概要很快掏钱给杭州了。然后，男人听见了一个女声，她是主持人，好像是说一段开场白。他没听清楚，但他觉得主持人的声音很柔美。男人便侧了一下身体，朝前面看过去，很快就看见了一个穿着暗红风衣的修长背影。他当然希望这个优美的背影能尽快转过身来,但是没有。这个浅薄的念头转瞬即逝,后来男人便又去翻那本《生命密码》了。他还在被行前的那个计划所诱惑。再后来,男人不经意地睡去了。直到飞机开始下降,广播通知请系好安全带、收起小桌板时,男人才醒来。他一睁眼就发现了那个暗红色的背影,就在面前,在看那本书。

是你的书吗?女人回过头对他说。很有趣。

你是说书还是说我?

当然是书,我是天蝎座。

然后女人就把书还给他,说声谢谢,再次转过身去,走到前面原来的位子上。这以后她就只和她的同事聊天了。男人有些懊丧,他觉得和一个陌生女人的交谈不该就这么仓促地结束,更何况那是个看上去气质不凡的女人。

飞机迅速下降,他的耳膜在隐隐胀疼。很奇怪,每到这个时候,所有的乘客都不再说话了,飞机的引擎似乎也关闭了,机舱内一片静寂。是人们意识到一种巨大的危险在潜伏着?从航空事故看,绝大多数的灾难是发生在飞机降落的过程中。人们在期待着哈姆雷特式的是生还是死?而他的想法恰恰相反。从他的心脏感觉到飞机下降的那一刻起,他才会感到放松。这是一种儿童式的幼稚心理,那时他想:毕竟是离地面越来越近了。一万米,五千米,一千米,一百米,直到轮胎与跑道摩擦发出嘭的一声,他几乎是感动地想,脚踏实地是一件何等幸福的事呀!

城市的面目就像中国人眼中黑人的脸,越发没有区别了。你会认为这就一定是杭州吗?她也可以叫广州、郑州、福州,也可以叫武汉、成都、长春。流行的建筑风格和统一的装修材料使城市成为孪生兄弟,即使是语音方言,也日益地不纯粹而令人怀疑。好在杭州还有一面西湖,可以为杭州作证。另外,还有一条钱塘江。

现在,我又被人安排到钱塘江边上的一个三星级的酒店,进入到一个新的标间里。这个标间依然是两张床,两把罗汉椅和一张小圆桌,一件低柜和一件嵌入墙体的挂衣柜,一张写字台和一盏亚麻布罩的台灯以及一个落地灯,一台21英寸彩色电视机,一部分机电话。我甚至一眼就看出低柜上的那台电视机和北京冠华酒店304房间的那台是同一个牌子。

我这是在杭州呢还是在北京?

前来领奖的作家都是我的朋友。这几年文学掉价了,所以大家见面的机会也大大减少,现在见了自然很是亲切。但我们闭口不谈文学,说明我们的头脑还正常。同屋的哥们儿问我,你怎么从北京飞呀?我说我在北京做事呢。今年想给一家公司做电视剧。他说,你最近小说也没少写呀,哪来那么多的时间?我说我别的都当出去了,剩下的就是时间。

哥们儿从皮包里拿出一本新出的书送给我,说:我知道你来,就把给你的带来了。

我说回去好好拜读。

哥们儿说：你别当面奉承好不好？这年头有人能记住书名我就感激不尽了。我记得这套书也有你一本呀，给我寄了吗？

我说我退出了。

他便有些不解：退出了？为什么？嫌版税低？

我说：我讨厌那个编委会。尤其讨厌主编，那是个什么都想要的家伙，除了名片上一大堆的头衔什么都没有。

哥们儿哈哈大笑，说：你还这么当真呀？他爱主编就让他主编呗。

大致安顿下来，我给一位叫张毅的朋友去了电话。他是我几年前在海口南岛集团的同事，在一家房地产分公司。下海之前张毅是杭州某个银行的科长，却爱好文学，我们一直处得很好。以前我每回来杭州都是由他一手安排。1996年秋天，我处在最狼狈的时候，只有这个张毅还经常与我通电话。我们聊得很痛快但我心里想的却是如何开口向他借钱。我不知道我为什么最终还是没有开口。这年秋天行将结束时，我应张毅之邀来到了杭州，当时他想和台湾商人合作淡水养鲈鱼的项目，想让我帮他一起策划。我谢绝了。我说我这种人可以在头脑里想得天花乱坠，但一落到现实里，十有八九是碰得头破血流，注定要栽。我说，哪怕日后我成了亿万富翁我也不会染指投资业务了，我情愿去做慈善事业。张毅很意外，因为在他看来我还不至于这么悲观。他说：其实男人应该做做生意。人一做生意，心就磨成茧了，日后还有什么可怕的呢？

我说，你的话不无道理，但我原本就不是个勇敢的男人，我的心智与胆魄都不够用，能从那块泥沼里爬出来已是侥幸了。

张毅就感叹了，说中国的市场经济都他妈是无序状态，游戏没有规则，难就难在这儿！

游戏没有规则的岂止是商界？

我记得那次他还问起了桑晓光，见我一笑置之，他就没有把这个话题打开。

晚饭后，张毅开车到了我的住地。和几年前相比，他似乎老了很多，但仍然一副豁达开朗的样子。他说你别住这儿了还是去我那里吧。我那里虽然没有中央空调但有个人自由。说完这话，他就对我诡秘地笑了起来。我说：你小子这是同情我呢还是挖苦我？嘻嘻哈哈地抽完一支烟，然后我们就去了他在市中心投资的一个酒吧。从酒店出来不多会车便驶上了钱塘江大桥，狭窄的桥面让我很不适应。我突然想起这里曾经诞生过一位烈士。他是为搬掉横在铁轨上的一根圆木而牺牲的，当时的宣传咬定是有阶级敌人破坏。这件事想起来我就有困惑，不明白在大桥两端都有岗哨的情况下，那根至少重达五十公斤的圆木是怎样弄上铁轨的。我没有任何亵渎英烈的意思，但我的判断是，那根木头应该是从一列运送木料的车皮上滚落下来的。我不知道为什么至今没有人出来纠正。是否减去"阶级斗争"的因素，英烈的事迹就变得不再动人了？我不这么看。

杭州的夜晚平淡而清冷。酒吧的生意倒不错。这个酒吧照样也搁着一架三脚钢琴，是黑色的。不过它不是摆设，我们到的时候，打工的钢琴师已经在演奏一首我所熟悉的旋律了。那是个留着长发的男人，穿着粗条绒的西装，戴着小圆墨镜，因此看上去像个盲人乐师。他闭着眼吗？他在想象着和哪个女人举行这"梦中的婚礼"？但是这个人弹奏得不错。

我们上了夹楼，在靠窗的一张台子落座。很快就有侍者端上了两杯扎啤和一个水果盘。一路上我已经把我的近况大致说了，我告诉他，我会在北京住上一个时期的，那儿的生活条件倒还可以。张毅说：男人老待在酒店可不行的。说完，他又笑了。我明白他的意思，就说：算了，不想再招惹什么事了。张毅说：这种事可不在于你招惹，真的来了，你肯躲吗？我谅你也不会。我说：真的，我这几年下来，没觉得有什么不适应。朋友说：那你可就闹毛病了。这可不像是你。

我心里像是被什么东西碰了一下。我这几年就是这么过来的。从离开蓟州那一天起，我的心思就完全用在了欠债还钱上。我纳闷的是，为什么我欠——就算是欠吧——别人的钱都得连本加利地偿还，而别人欠我的我却一分也要不回来？犁城一个小子至今还欠我十八万，我居然连他的影子也见不着。借我三千五千的就更多了。我根本没有勇气也没有本领去向这些人讨要，好像不好意思的倒是我了。我不是个多么宽厚的人，问题在于我的窝囊。

张毅递给我香烟，问道：和桑晓光还联系吗？

我说：很久没联系了。

我隐瞒了我们在海口重逢的事实。但我又想，我在海口拍《北纬20

度》时，桑晓光为了避开我是在杭州住过一阵的，那时她是否找过张毅谈起我们的再度重逢？

　　桑的形象在这一刹那竟是如此清晰地在我眼前浮现而出。她的背景是海，是白沙门的那片海，我甚至仿佛听见了那此起彼伏的涛声。但令我诧异的是，她身后的海已经不是蓝色而是红色。这种红和我行前在北京所经历的那个梦魇的颜色竟是惊人的一致！

　　怎么，我是不是说错什么话了？张毅这样问道。

　　没什么，随便聊吧。我喝了口酒。

　　海口还是个好地方，张毅说，什么时候我们约好再回去一趟？

　　我是不想再去了。那地方现在怎么看都是个码头，在我印象里，是个旧码头。

　　一生中能在码头上泡几年倒也蛮开心的，你说呢？我们也算是半个江湖中人吧？

　　我是打定主意退出江湖了。

　　其实你现在这个样子还是在江湖上。

　　我倒觉得更像是"在路上"。

　　在北京有女人吗？

　　没有。

　　是暂时没有吧？

　　但愿吧，谁能料到明天会出什么事呢？来来，咱们干一杯。

　　这才像你。

　　钢琴的旋律再次升起，是《梁祝》。这首本该由小提琴独奏的国产民曲改作钢琴来表现，平添了一份热情，记忆中的忧伤于欣赏者的陶醉中不经意地就被覆盖了。艾略特说，四月，是一个残忍的季节。今天是1999年3月的第一天，3月该是怎样的季节？

——1999 年 3 月 1 日

　　所谓颁奖会其实不过是一次自作多情的拙劣表演。与会者只有两种人：领钱的和吃饭的。在这样的场合下，所谓的文学充其量是一个看起来还算体面的借口。写作原本是私人的事，如今却要拖上台面，搞得像过节一般热闹,怎么看都不失为滑稽。前来领奖的几个作家都不具备明星的脸盘,于是面对众多的摄影机和摄像机镜头出现几分狼狈便在所难免。依照组织者的安排,获奖者每人都得说几句话。作家们自然首先要致谢,还要有所荣誉感,倒是其中有位来自东北的作家说了一句大实话,他说:我觉得这种活动最好少一些。下面便有了一片嘘声。轮到他说了,他便附和道:如果这份奖不是由我的几位朋友操办的,我肯定是不来了。

这时,一个女记者站起来说:我想知道这是为什么,是文人的清高还是故作姿态?或者就是奖金的数额太小了。请原谅我的直率。

他抬头一看,说话的竟是昨天在飞机上看他书的那个女人。这种戏剧性的场面从前出现在他的小说里,被批评家们认为是幼稚得可笑,如今发生在他的日常生活中,在他看来便是幼稚得可爱了。他微笑着,认真地看着她说:不为什么,我讨厌坐飞机。再说颁不颁奖我都是要写作的。都说文人清高,这是个陈见——我还从来没见到过清高的文人。

会场上顿时就爆发出一阵哄笑,接着响起了热烈的掌声。

接下来就是在《花好月圆》的乐曲中进行了颁奖。给他颁奖的是一位铝厂的老板,这次活动的赞助商。这个穿格子西装的年轻人对他说:你讲得很好笑。他说:好笑吗?要是这样,我真该多讲几句。正聊着,刚才即席提问的那个女记者含笑向他走来了,说:我想单独和您谈谈,可以吗?

这正是他所希望的。于是他们就走到了外面的这块空地上。开始转绿的草坪让他很高兴。他们坐到一把长椅上,记者递给他一张名片,她叫肖航,是电视台的主持人。

他问:是真名吗?

她说:以前是杭州的"杭",上大学后改了。

他又问:为什么要改呢?因为这个"航"表示志向远大?

她说:不,是这地方叫"杭"的人太多了。

他说:可我更愿意叫你杭州的"杭"。

她说:别,我既然改了,自然有改的道理。咱们不谈这个吧。

这个肖航是开朗的,但他似乎又从女人的眉宇之间觉察出了一丝阴郁。这个瞬间,他感到自己身边的这个有着时髦身材的女人在气质上,和十多天前在北京见到的那个王珏很相似。肖航的这件暗红色的风衣让他想到王珏的红色汽车。她们都属于那种闯世界的女人，充分的自信导致的自命不凡毫不掩饰。但王珏的表情中是没有阴郁的。真奇怪，怎么这几天老想到王珏？

正式的交谈开始了。自然还是从昨天飞机上见到的那本书谈起。她说你也喜欢这种书吗？那口气是他不该喜欢似的。于是他就把这本书的来历对女人说了。他说：某种意义上我就是冲着这件事来的，我很想找到那位寄书人，你能帮我这个忙吗？

肖航说你这可就难为我了，杭州这么大，怎么找呢？肖航接着说：问题还不是这。既然那个人——我觉得是个女人，连地址都不留，你就是到处打广告，她也是不会出来的。如果我是她，我就会这么做。

可她为什么这么做呢？男人说，她连我的生辰八字都搞清楚了，为什么就不肯出面呢？

肖航说：也许她早就出面了，只是你不知道而已。怎么说你都是在明处。其实昨天在天上我就认出你了，你这个时期照片漫天飞。

女人的口气似乎有点不屑，令他难为情。媒体就是个可怕的东西，凡事经它一闹便不得安生。其实他这几年就是多写了几篇东西罢了。这个肖航看来是个有心人，对这回来领奖的几个作家事先都做了摸底，所以谈起他的近况如数家珍。她感兴趣的话题是：你怎么又回到文学上来了？

他说：那是你们觉得而已。我从来就没认为我离开了文学。这倒不是因为文学有多么的神圣，它只是我日常生活的一个部分。

肖航问：你真这么认为？

他笑道：你别以为我这么说很矫情。写作不过是门手艺，写他十几年是因为喜欢，这是唯一站得住脚的理由。一个男人很不容易持久地喜欢一样东西的。

肖航问：那么你当初怎么毅然决然地去海口做生意呢？而且现在你又在北京搞电视剧了。

他说：我得挣钱。你不觉得挣钱是男人更重要的责任吗？我和别人不同，我历来是把写作与挣钱分得很开的。所以严格地说，我是一个写作的爱好者。你说我不图喜欢又图什么？

肖航说：我有点相信你的话了。

他站起来活动了一下身体，接着说：我就是这么想的，当然我作这样选择最初也是出于无奈和被迫。

被迫？

对，被迫。

你能具体谈谈吗？

今天不谈了。以后我们会有时间谈这个话题的。

那边在喊吃饭了。饭前还要合影，他们向酒店的大门走去。这一路上，他们轻松地谈论着关于天气的话题。肖航说，下午的安排是游西湖，但是看不见荷花了。他说：西湖的美应该是一种人间的凄美，没有荷花倒更能接近这个境界。不过，他又说，这么多人去意思并不大，像赶集似的。

这句话说出后他就有些后悔。他觉得这太像勾引了。他很不情愿肖航悟出这一点，就及时换了个话题，他说：你这件红风衣很漂亮。

合影的时候，他们自然地站在了一起。

西湖的惆怅与生俱来。从这个意义上把西湖作为现代旅游景点是一件不可思议的事。西湖的价值不在乎为政府多赚几个钱，它理应成为寄托离愁别恨相思之苦的场所。你见过花钱买眼泪的事吗？淡妆也好，浓抹也罢，无论三潭印月还是断桥残雪，西湖的美本质上就是凄美。这似乎是命定的。你甚至都不妨把它看做一切悲剧的起源。

为什么是三个潭？我这样问自己。

历史上这座桥从未断裂过，真的是一种奇异的光照效果才留此美名吗？我还是在自问。

不知是我的一句带有勾引意味的暗示，还是命中注定的阴差阳错，当会议的计划由游西湖改为打保龄球后，我接到了肖航的电话。她说她在西湖边上等我。她没说等我们。我想这个肖航一定是事先就知道了计划的改变，就是说，她愿意接着单独与我谈。这样的话便能使我兴奋了。我这种心情还不能看做是对一次普通艳遇的期待，倒很像一次缺乏足够心理准备的恋爱开端。我爱上她了？一见钟情？我并不想急于承认这点。我需要的是这个事实。

今天是个多云的天气。我到的时候，肖航已经在那儿了，站在一个报刊亭边上看一份时尚杂志。她还是昨天的打扮，只是把散披的头发扎成了一条独辫。在她边上还靠着一把红伞。出租车在她对面停下，我匆匆跑过马路，我说：你等久了吧？没想到杭州居然有这么大。

她说：你在北京待久了，上哪儿都觉小。说完，她就买下了那份刊物。等我们走进西湖的大门，她又把刚买的这份刊物送给了收门票的姑娘。我就问：你不是才买的吗？

她说：我已经把它看完了。不买觉得不好。

我说：你是个仔细的人。

这时她问了我：你喜欢杭州这个城市吗？

我说：我喜欢西湖。

你还能住上几天？

这倒没什么约束。会议完了，如果我还想住，就住到朋友那里。是男朋友。

她就笑了。她说：你也是个仔细的人。

我倒有些尴尬了。我说：确实是我的一个非常好的朋友，他开了个不错的酒吧，叫金萨克。

我常去金萨克的。

要不，晚上我们就去那儿？

这才上午，你把晚上就安排了？

气氛是轻松而愉快的。我们这个上午就这么随意交谈着，说到哪算哪，不像昨天那么公事公办一本正经了。和一个漂亮的女人这样进行明朗的谈话，对我已是久违。这种感觉很好，好就好在你没有任何心理负担。这种交谈的意义不在于沟通，而在于欣赏。我想这就够了。你不妨把它看做某次的列车旅行，至少是消除了寂寞。可是，我来的时候并不是这么想的。我是来赴一次约会的，是进一步的接触。这样一想，我便生出了一点感伤了。我不知道肖航的心思，或许她本来就把这个举动看得很平常，就像宴席上对客人敬一杯酒，只是一种礼仪的需要。这种感觉与我的年纪不很相称。我都四十出头了，却还一如既往地幻想着花前月下。

这片微缩塔林还在。每次逛西湖，我都对这片人造景观引起关注。这倒不是因为它造得怎么好，而是这里有水市的那座振风塔的模型，它让我记起一个叫韦青的女人。今天是1999年的3月2日，但我对1982年12月20日的那一天记得很清楚。那也是个阳光失踪的日子，我们去登振风塔。几天后，我们在一起过了圣诞节。那个忧伤而寒冷的夜晚多少年来是我记忆中的一块石头。韦青也该有四十了，我无法想出四十岁的韦青的形象来，我只祈祷她过得好。时间如同流水，不经意就过去了十六年。那个时候我们多么年轻。现在我和这个叫肖航的女人一起游西湖，就像戴着手套与人握手，总有种隔膜的感觉。这么一想，我对西湖的印象即刻就淡了，还是找个什么地方去喝茶的好。

后来我们就去了西湖边上的一家茶楼。芳香的乌龙茶很对我的口味，但对那种繁琐的炮制过程感到厌倦。我告诉服务小姐，我这儿没事，她可以去照应别的台子。然后我对肖航说，我要是住在杭州，一定会常到这样的茶楼上来坐坐的。

肖航说：所有的人都会这么说。但是真住下了，就很少光顾了。你决定了吗？

决定？

决定什么时候走呀。

走很简单。

还是回北京吗?

不,回犁城。从杭州到犁城有直达的火车。

你不是刚从家里出来吗?

反正目前在北京也还是闲着。

那就在杭州多住几天吧。你不是说想去绍兴看看鲁迅的故居吗？我陪你去。

方便吗？

人是我自己的，有什么不方便？我本来就和电视台是临时签约关系。

我想我真是老了，话说得这么蠢。但那一刻我内心真是很高兴，我觉得自己至少没有让这位年轻貌美的女人厌倦，这在1999年，便是对我很大的赏赐了。我们兴致勃勃地喝着茶，谈论的话题也变得宽泛起来。我们谈到了去年奥斯卡获奖影片《美丽人生》和时下的巴尔干战局。我说 Life is beautiful 译成"美丽人生"不准确，准确的译法应该叫"生命美丽"。人生与生命不是一个意思，我这样说道，人生过于抽象，而生命是具体的。至于科索沃，那不是我们能关心的事。他们要打就让他打吧。这个世界实际上从"二战"结束后就没有过一天的太平。这时，她的手机响了。我能听见对方是个男声，就借故去了洗手间。

但是，当我从洗手间出来时，我突然吓了一跳——

我看见了玻璃门上闪现出一个红色的身影。是那个我几乎忘记的北京姑娘王珏！

这是个幻觉，但又如此地清晰。我没有把它说给肖航了。

——1999年3月2日

杭州：1999年3月

雨大约是昨天后半夜开始落的。那个时分男人正在梦中跋涉。白天的那个幻觉使他诧异，但他无法弄清这个瞬间的白日梦含义何在。他的梦也被雨淋湿了，那块鲜艳的红色像西瓜的剖面，散发出诱人的气息，却又让你怀疑。

现在，他的窗外一片朦胧。雨下了整整一晚，城市完全笼罩在烟雨之中。从这个位置可以看见西湖的一角。会议散了，他住到了这套由张毅安排的房子。这是一套两室一厅的公寓，设施齐全。张毅给他新置了床上用品，张毅说安心住几天吧，等天晴了我开车送你们去绍兴。张毅又说，我只负责把你们送到目的地。这一说，他倒不好意思了，他说：还是一块玩吧。张毅说，你怎么现在变得虚伪了？你真希望我夹在你们之间吗？

什么你们你们的？他说，我和那个主持人不过才认识几十个小时！

张毅说：几十个小时就够长的了。现在是什么年头什么节奏？难道还要先写几年的情书才能上床吗？

你别说得离谱了，他说，我确实没有什么别的意思。我想在你这儿玩几天，绍兴也不想去了，免得你这小子胡思乱想的。

张毅说：我倒觉得你来杭州干一阵子不错。我们真可以联手干点事。

他打断道：你别再和我谈生意好不好？

张毅说：那你就安心在杭州搞爱情吧。昨天那个肖航我看蛮好，比电视上还好看一些。我拴不住你，但那个女孩有办法。

他摇摇头：不行的，北京那边我已经跟人家做了合同。我至少要当给人家一年。再说，在杭州搞影视搞不出个名堂，稿费片酬谈不上去。

张毅说：赚钱的方式挺多嘛，何必要认定一棵树上吊？

正这么说着，门铃响了。自然是肖航到了，她带来了一包打印纸。昨夜在金萨克大家都认识了，因此也没有过多的客套。他及时用眼睛向张毅暗示：别再胡说八道了小子。张毅索性告辞，说：你们忙，有事打电话。

屋里少了一个人顿时就显得冷清。他给肖航倒了杯水,说:我们今天怎么安排?

肖航说:我听你的,你是客人。

客人?他想,我怎么到哪都是客人?但他还是很高兴,他在咀嚼"我听你的"。女人此时已移到了窗边,她放松的身姿被蓝色天鹅绒的窗帘所衬托,使她原本就白皙的肌肤更增添了一份光洁。她在看那西湖的一角,晶莹的目光中透着一丝茫然。不过这种形象很有些让他痴迷,他想如果这个女人是桑晓光的话,那么此刻他就会毫不迟疑地从后面抱住她,然后吻她,然后和她做爱。他发现有一个事实已经很明显,就是只要他从某个女人身上看见桑的痕迹,他便会想到肉体。但他不觉得这是个肮脏的念头。问题是,面前的这个肖航总让他想到那个来去匆匆的王珏。那完全是个未知的女人。他不明白自己怎么就无法摆脱她的影子。

我想,他走近肖航说,绍兴算了,下回再说吧。那些景色我在图片上也见得多了。实际上也就是去对先生的故里做一次凭吊而已。

你还是喜欢鲁迅的?

当然,我没有理由不喜欢他。

你是否感觉到鲁迅是压在你们这些人头上的一座山?

他是座山,可我没觉得是压在我头上。

我一直觉得,当代作家对鲁迅都怀有极大的恐惧感。

我们别就这个问题追下去好吗?我今天不想和你谈工作。

我的工作早完成了。你还想去哪儿玩?

雨这么大,就在这儿随便聊吧。

这也好。我们今天可以谈点私人的话题。你女儿多大了?

十三。个头比你低不了多少。如果不是来杭州,我就想回去了。

你这还是一种出差的感觉。不是出门。

你所说的出门是怎么个意思?

就是无家可归的意思。这才是名副其实的漂泊。你到外面其实是为了做事,譬如搞搞影视什么的。一旦事情做完,你就会立刻回家。我这么说你不介意吧?

不,你说得挺好,挺准确,我这几年就是如此。

你不会想到在某个地方相对安顿下来对吗?

暂时不会。除非我把女儿送到国外了,或者她上大学了,到那个时候我就会做出这种安排。

你设想过会在哪儿呢?犁城?北京?

也许我最终会选择一个靠海的城市吧,譬如大连、青岛。

你喜欢海?

对。我不喜欢长江,尤其不喜欢黄河。

那么西湖呢?

西湖边上的房子据说是全中国最高的价位,我怕是买不起了。算了,还是走一步看一步吧。

话说到此出现了停顿。似乎是有意做这样的设计,以便对话的双方都能有思考的余地或者换个话题。在他看来,对话极有可能向更私人的领域发展。但他不想去掌握对话的主动权,他觉得像这样一男一女的个别交谈,最好是由女人做主的好。这也非常符合作为客人的身份,他想,这时候我愿意把自己交出去。

女人抬起手去理滑落到额前的一缕头发。他第一次注意到女人的手很美丽。突然,他发现了这只手的腕部刻有一道疤痕,像一条细小的幼蚕乖巧地匍匐着。他立即把目光移开,头脑中像被发条紧了一把。割腕?她割过腕?

于是这个上午男人的思绪整个被这道疤痕所支配,以致后来他们出去吃饭他都觉得失去了胃口。

这个叫肖航的女人有着漂亮的仪表和优雅的气质以及一道精致的伤疤。我还无法来预测她将在我的生活中起到什么作用。那道疤痕挫伤了我对她可能的激情,却给我带来了不安的遐想。如果从一个作家的角度,我很愿意知道这道疤痕的来历。但是,从一个男人的角度我厌恶女人光洁的肌肤上这块污点。它比一位有过生育历史的妇人无法抹去的花肚皮更令我伤心。这不是一道普通的伤口,而是一次灾难的见证。那是怎样的一次灾难?肖航看起来是个有着成熟思想的女人,究竟是遭遇了怎样的不幸才决定如此轻生?

也许是我过于敏感了。面对那只手,我竟不知怎样来对待,是及时地握住它还是平静地放开，我始终没有作出决定。夜幕很早就拉开了，窗外的雨却未曾停歇。下午我哪儿也没去，肖航上单位了，说是要编一个带子。晚上的安排暂时还没有决定，她让我等她的电话。她说：如果五点钟我还没完，你就自己对付吧。我说我等你。说这句话时我能感觉到自己的目光含有特殊的意味。我肯定会等她的。我在这座城市逗留，就是因为面前的这个女人。这已是昭然若揭的事实。

别，肖航说，我的事没准的。

你总得吃饭吧。

有时候我晚上就不打算吃。

她又说：我晚上不觉得饿。

但我的感觉是她晚上另有安排。这个感觉不好但我能够理解。人与人之间有许多事是不需要解释的。我不由想起在北京的那个晚上，那位王珏小姐电话里说好了要与我共进晚餐，结果没有来。那个女人也不作解释。

那就再联系吧，我这样告诉肖航，晚上我不出去，在屋里敲敲电脑，把晚报约好的一篇随笔赶出来。我这又是在暗示，很愚蠢的暗示。

我会来电话的，她说。她对我笑了一下。

然后我送她上了出租车。我站在一个公共电话亭边，好像在让她从汽车的后视镜里看见，我在雨中目送了她很久。这又很愚蠢，而且拙劣，像是表演。我不能不为此沮丧。在我与女人交往的历史里，我似乎还没有过如此的拙劣。回想起我与肖航接触的这三天，整个过程都是那么不流畅，就像吃一顿夹生饭。而且反映在方方面面都显示出矛盾，莫名其妙的谨慎与同样莫名其妙的勾引搅拌到了一起。没有预想里的冲动，激情昙花一现，我们好似两根受潮的木柴，燃烧起来很困难。即使是烧着了，想必也会弄得烟雾缭绕。这是以往不曾有过的。可我弄不清是什么原因造成了这个局面。我发现我已经与从前的那个我判若两人了。从什么时候开始的，我变得这样的患得患失优柔寡断？

雨下得响了。我躺在床上。我的朋友张毅也没有再来过电话。此刻我就像一片叶子那样飘落在这西湖的边上。孤寂包围着我。单调的冷雨是我听到的这世界唯一的声响。我拨通了犁城的电话，但是没有人接。我不知道今天是星期几，李佳和女儿去了哪里。回家的欲望又一次强烈

地抓住了我,肖航说得不错,我不是一个出远门的男人……

电话铃声骤然响了。我没有及时地拿起话筒,我想这应该是肖航的。

等铃声响过几下,我才拿起话筒:喂?

一个陌生的女声:是刘经理家吗?

你打错了。

错了。好像一切都搞错了。我原本是可以不来杭州领这份破奖的但我居然来了。原本是害怕坐飞机的竟也无奈地又坐了，并且还邂逅了一个女人。原本我应该在完事之后就回犁城的但因为这个女人我竟没有走。原本我应该适时地握住近在咫尺的那只手的结果却在一道陈旧的疤痕前出现了迟疑。我想我委实迟钝了。我记得去年的一个秋日，我从西单图书城出来，阳光把我的身影写在面前。那是个标准的中年男人的身影，缓慢而持重。我讨厌这具行尸走肉，现在我却深知，一个人企图背叛自己的影子事实上是一件不可能的事。这是存在自身的痛苦。那一刻，我才意识到，在我的生命里还是缺少了一项不可忽视的成分，这就是爱情，就是女人，就是性。我难以活在真空地带。对情爱的渴望在那个刚刚过去的冬季呈现出前所未有的贪婪。我不知道自己属于爱的奴隶还是性的乞丐。

那真是一个漫长的冬季。它的严寒至今未曾消失。在这个冷雨纷扬的三月，没有烟花，没有莺啼，有的仅是莫名的不寒而栗——我仿佛看见那道疤痕正在回归到初始的面目，它的位置已由女人的腕部转移到了腹部。那是一道刚切开的伤口，如同十分性感的女人嘴唇，被细黑的羊肠线所缝合，但还是渗出了一滴鲜血。

这时，电话铃又响了。

——1999年3月3日

肖航的电话是在夜间十一点刚过才来的。那个时候男人正在洗澡，裹着浴巾慌乱地拿起话筒，听见女人的声音温柔地传过来，他的心情一下就得到了调整，他说：我以为你不会来电话了。

为什么这样想呢？女人说，我可不愿意你这么想。怎么了？

我突然感到很想你。但我不希望你听了觉得突然。

应该是意料之中对吗？

对。我留下了就已经说明了一切。你别认为我很冒昧。

可我还是觉得有些突然。怎么说呢，我真不知道怎么对你说才好。

你过来说吧。

现在？

对，我等你。

我都睡下了。

要不我打车去接你如何？你告诉我具体地址。

女人沉默了一会，他们应该互相都能感受到对方陡然加重的呼吸。最后，女人同意了，女人说出了详细的住址，其实他们相距并不算远。这就是杭州，远没有北京那样的大而不当。男人匆忙穿好衣服，还对着镜子梳理了一下头发，他不喜欢镜子里的那个男人，所以他把头发使劲地揩干，用手指随便理了理，想恢复到洗澡前的那种比较自然的样子。然后，他就出门了。外面的雨差不多已经停歇，但寒气逼人，远处的几块霓虹灯显得异常地憔悴。男人很快就拦住了一辆出租车，司机掉过头，从一条小巷穿过，就上了西湖边的道路。男人看见西湖的上空有一团厚重的乌云正在随风化开，很像电脑处理的一种特技效果。他想明天会是一个不错的天气，看来绍兴还是要去的。男人好像已经看见了明天的景象，那是一个男人和一个女人，并肩闲散地走在水乡的桥头。他们的倒影落在清碧的河流上。从男人的神情步履中丝毫看不出他是来凭吊鲁迅的，倒极像是对陆放翁的一次公开效仿。

很快就到了。女人站在一只广告灯箱的边上，远远看上去像一幅冷色调的油画。女人实际上已走出来了一些路，后来她也始终没有对男人说明自己住宅的位置。她显然是不想男人知道，也不想引起周围人的注意。车在她身边停下，女人和男人都坐在后面。这样一上车，男人就握住了女人的手。这只手上没有任何的疤痕。

男人的手指从女人指间穿过再握住它。两只手越握越紧。一路上他们没有再说一句话。掠过的灯光使女人脸上忽明忽暗，这种神秘感对男人具有非凡的吸引力。男人的心绪在这一段时间里变得纷乱，他觉得自己突兀地揭开了这个序幕，但对故事的发展还是有些不知所措。他为赢得这个晚上这个开端而激动，却又显得信心不足。最要命的，是男人意识到正在发生的事实含有几分庸俗，这种心理说白了和在路上捡到一只钱包大同小异，原本不属于自己但确实又得到了。

一切随着惯性发展，等回到屋里，他们就拥抱在了一起。

要是我今晚不跟你过来，你会怎么想？女人说，会明天就走吗？

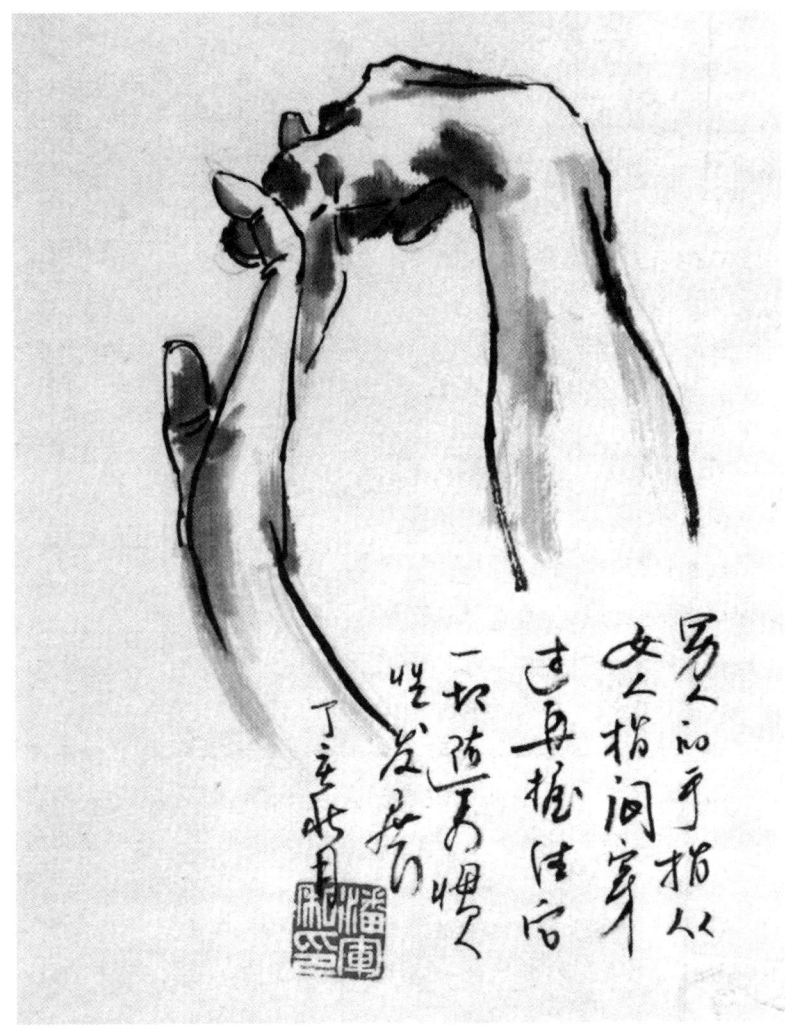

我想会的。我留下来就是想见证一下我们的缘分。

你认为我们有缘?

是的。你看世界这么大,我们竟在一架飞机上相遇……

我不这么看,女人说,爱一个人很困难,也很辛苦。

那你怎么看待我们现在?

我不想回答这个问题。我们或许能在一起开心地过几天,然后剩下的就是记忆了。

就这么简单?

我不想把事情弄复杂，这很愚蠢。

这时，他们才坐到沙发上。客厅里只开着一盏落地台灯，光线很柔和，有点像伦勃朗绘画的调子。女人有些懒散地靠在男人身上，玩着男人的手指。女人说：你的手很性感。有人这么说过吗？

有。男人说，我在海口时，一个女人这么说过。

真的？

对，连措词都一样。

我和她长得像吗？

皮肤很像，都是鱼的皮肤。

鱼的皮肤？

我是说光润、细腻和我的手感。

她很漂亮？

我认识的女人都很漂亮。

你这前半生和几个女孩子好过？

别问我这个好吗？

我想知道我是老几。老七还是老八？

这个晚上实际是从这个时候开始的。女人又说起了那本神秘的书。女人说：看来天蝎座只能和射手座在一起了，但是不会永远在一起的。男人说：为什么不呢？男人紧紧地抱住了女人。这一瞬间变得特别安静。他凝视着女人的眼睛，他数出女人一只眼的睫毛有五十六根，睫毛投下的一圈浅黛色的阴影让他心醉。然后，他横抱起女人走进了卧室。女人半闭着眼睛，身体有效地配合着男人脱去衣服。男人打开了床头灯，女人的胴体没有脱离男人的想象，是那样的白皙与光润，散发着清淡的香水味。这是一床很宽大的丝绵被，遮住两个身体还有不少富余。在足够的亲吻与爱抚之后，女人就骑到男人身上，女人说：我想好好看看你。于是女人从他的颈项开始，一寸一寸地吻下来，男人感到那种久违的美妙体验也正在一寸一寸地生长。他欠起身，想看清女人在自己身体上认真的耕作，一种异常强烈的满足感渗透在他的血液之中。

女人说：你皮肤很苦。

一夜风流。翌日我醒来的时候肖航已经离去了。她给我留下了一句话，是用眉笔写的：

我出差去外地，不要再等我。

我不能不感到失落。我没有料到事情这么快就走向了结束。昨夜的经历就像一场春梦似的过去了，却给了我漫长的遐想。我立刻拨打肖航的手机，但是她关机了。显然她是故意这么做的。我甚至怀疑所谓的出差也不过是托词，她其实早就安排好了。她一定还在杭州，但是决意不再见我了。

我想，这座城市已和我没有关系了。我就站在这个窗口，天放晴了，可是窗户的玻璃上还留有昨夜的雨迹，似乎是凝固着，感觉不到会很快风干。它们在疲惫的阳光下呈现出橘色，成为我对昨夜记忆的一种提示。但那个时候我没觉得在下雨，我觉得雨已经住了。我和一条暖血的鱼在一起度过了生命中又一次刻骨铭心的时刻。做爱之后，我们仍没有睡意，我在考虑我们的下一步。我对她说，要是北京那边的事一拖再拖，我就中止合作，转到杭州来发展怎么样？她立即制止道：别，这不现实。

怎么不现实？我是自由的。

可我不自由。她侧过身，面对着墙说：我的情况你还不知道。我是结过婚的，我那位三年前去了西雅图。

我这才知道她属于那种留守女士。我心里有了一点忧伤，但并没有感到怎么意外。我想象她这样的女人在我出现之前身边是不应该缺乏男人的。

我说：你很快会走？

一直这么想的，不会拖得很迟。她说，可我不知道真的过去了会怎么样。

这不是随便可以预测的。

我去那边能干什么呢？我外语又不行，也不想再读书，做家庭主妇又显得过早。

我没有再接话。这个问题不是今晚能谈清楚的。我就搂住她，但她说：睡吧，明天我还得上班。

灯灭了。对面街上的霓虹灯透过窗帘使室内散发出极浅的红色光晕。雨是何时又下了又于何时停歇，我都不知道。

这一觉我睡得太沉了。

现在，我沿着西湖边上的这条道缓缓走动着，我的身边是刚吐出新绿的柳芽。这春天的消息却没有让我振奋，我仿佛还滞留在那个刚刚逝去的冬季里。我想我也到了该走的时候了。于是在一个公共电话摊上,我给张毅挂了电话。结果是他的三处电话都没有人接。我又改拨他的手机,很快通了,但出现的声音却很陌生,那是个男人,喑哑的江浙口音令我极不舒服。他问:你是谁?我说我找张毅。他又问你是谁。我有些生气了,我就说:你告诉我这是不是张毅的手机。那人说是,但又说张毅现在不在。

　　真是活见鬼。张毅怎么会也不在呢?撂下电话,我打车去了火车站。那时候的杭州有这样一个丢人现眼的火车站是杭州的耻辱。而几小时后我还得从这耻辱的火车站里通过,去一个同样丢人现眼的地方犁城。在火车站,我又拨打了肖航的手机,得到的回答仍然是没有开机。我的心情在这个时候已经很是恶劣了,我为自己有这副心情感到惊讶。为什么这些年来,一遇上稍微的不顺利我就会朝一些不好的地方想呢?以至我女儿每天放学晚了点回家,我都出现莫名其妙的紧张。难道这就是所谓的世纪末情绪,充满着焦虑与恐惧?

　　开往犁城的火车是下午五点一刻出发。我收拾好就去了张毅的金萨克。酒吧还没有到营业时间,我就把公寓的钥匙交给了值班经理。我问他们老板去哪儿了,经理说不知道。经理还说他已有两天没见到他的老板了。我心里不由得颤了一下,总觉得张毅会遇上什么麻烦,可是一想到他那副豁达开朗的样子,我又觉得我的担心显得多余。但我还是这样向那位经理交代了,如果见到他的老板,让他转告我的出发时间。

　　然而,直到开车的前一刻,我也没有发现张毅的身影。

——1999 年 3 月 4 日

犁城：1999年3月

怎么又回来了？李佳见面就这么问道，北京的事情黄了？

拖着呢，他说，这个月底才动作，我去了一趟杭州。

正好，我过几天要出差。李佳说完就准备上班，出门时又说：今天你接手做饭吧，我不回来吃。

他点点头，说：今天我请你吧，我在杭州领了一份奖金。

李佳头也不回地说：你还是把钱攒起来重新讨个老婆吧。

女人的背影好轻松。可以想象出这些日子她的心情一直很好。他想女人或许又有了新的着落，否则脸色是不会这么鲜亮的。李佳真正想说的是希望他也有个安排，这样他们彼此就不会再有牵挂，人生的第二步才算正式开始。他觉得这很奇怪也很有意思，好像总有某种默契存在于两人之间。

这个早上男人的情绪忽然有了些好转。杭州的疑虑与烦恼经过一夜的火车颠簸似乎消失殆尽。只是在洗澡时，他才意识到自己这具略显臃肿的身体四十个小时前是被一个女人亲近过的，他因此有些心乱，继之又产生了恍然若梦之感。他沮丧地想，日子真是越来越乏味了，看来就是肉体也证明不了什么。

洗完澡，他着手检查近期的信件。那都是一些寄赠的期刊杂志和读者来信。还有几笔汇款。他简单地算了一下，这几笔钱加上刚从杭州领到的这份奖金，正好可以给女儿买一台配置时髦的电脑。女儿现在很迷这东西。她总是拿两张学习软件作幌子，其实是专心致志地玩游戏。但不管是学习还是游戏，给她买台电脑都是必要的。她正处于学习的阶段，也是玩的年龄。还有一层意思，也许是最重要的，就是他不愿意女儿把对他的依赖置换成对他的这台电脑的依赖。上一次出门时女儿曾对他说：爸，你要是出差能把笔记本电脑留给我，我也许就不想你了。

这句玩笑话使他难受了好一会儿，尽管他觉得女儿能这样的大大咧咧是值得欣慰的。女儿大了，她总得独立出去，总得去闯，那个时候做父亲的他就是想再帮女儿一把也插不上手了。人就是这么一步步过来的。但是这一天逼过来太快了。他的手机在这时候响了，来电显示的是一个陌生的号码，但听到的是熟悉的声音：我是肖航，你好吗？

你在哪儿？

在宁波。我确实是出差了。

那你干吗把手机关掉？

我怕听见你的声音会改变计划。

你担心我会追到宁波，当着你同事的面吻你？

别这么说，我是想……

你想得太多了。

我不能不想。我们的情况不一样。

可你现在又把电话打过来了。

现在我觉得你该到家了。

我刚到家没一会。

我说过，你是个好父亲。见到你女儿，就说杭州有个肖阿姨问她好。

电池报警，他提醒肖航：你改拨我家的电话吧，手机的电池快没了。

肖航说：先说到这吧，祝你一切顺利。

他说：别经常关机，让我好找到你。

肖航说：你多保重。到了北京和我说一声。

他说：我会的。我很想念你。

肖航说：我也是，昨天离开你那里，我心里到现在还重着，可我不能再伤心了。

电池完了。肖航再也没拨过来。他给她的手机拨过去，对方已经关机了。男人沮丧地坐到沙发上，他想，如此匆忙地离开杭州或许是个错误，可是继续留下又能怎么样呢？春宵一夜或者两夜？那个肖航显然是不想把事情复杂化，她心里最想的还是尽早飞往西雅图和自己法定的男人团聚。这是个既传统又现代的女人。不，这个说法还不准确，谈不上什么心理矛盾，实际上这件事还是一次普通的艳遇。这种事在今天就像一滴水那么自然。

这个上午男人把他在杭州的经历简单地梳理了一遍，心情很不自在。他和那个叫肖航的女人本以为是遭遇了爱情，但更多的却是被即将诞生的爱情吓跑了。肖航说：我不能再伤心了。这说明她的心是被爱情伤过多次，几乎已到了承受的极限，所以守住法定的先生是最为明智的选择。男人自己何尝不也是如此？然而眼下这个男人还不想对婚姻有所渴望，他从来就认为婚姻这种形式没有什么道理。

最后，男人又想到了女人手腕上的那块疤痕。

你怎么这么快就回来了？女儿放学回家见面也这样问，和她妈一样。不过女儿还是很喜悦，鞋一换就去玩我的电脑了。

我系着围裙在忙着做饭。李佳中午不回来，她可能晚上回来拿自己的东西。这么快地走了又回，在我七年的自我放逐生涯中还是第一次，因此在感觉上我还认为自己并没有离开这个家。上一次，是在春节前，我也是从北京回来，然后匆匆赶往石镇去陪三位老人过年。他们的年龄分别是六十多、七十多、八十多。女儿没有随我回来，说假期要上钢琴课。女儿已有三年的春节没有回石镇了。今年的春节过得异常地清冷，比平时的一顿饭还简单。到了正月初三，水市的朋友来车接我，这样我就去水市住了几天。那几天除了喝酒打麻将就是聊天，毕竟大家也是分别了多年。我给小丹去了电话，但没有人接，大概去外地她丈夫家过年了。一天晚上，我独自去了江边，想去看看当初韦青住过的那个屋子，意外的是，那儿已变成了一道新防洪墙。我于是有了一种凭吊的感觉。那个遥远的冬夜又一次从我记忆的深处泛起，仔细算起来，韦青已离开我十六年了。自我去南方以后，我就没有再收到过韦青的圣诞卡，她是否还在洛杉矶我没有把握。如果在，我会让二妹去看望她的。除夕之夜，二妹照例要挂来电话，和以往不同的是，这次她提出要我每天抽一个小时来学习英语。她说：你就一个女儿，最后还是到这边来养老吧。这句话说得我心里一沉，我觉得在二妹的眼中，我离"老"实际上已经只有一步之遥了。难道我真的很快就要老去？

此刻，我的女儿正在书房里专心致志地玩着电脑游戏。她给我的背影是热情洋溢里透着沉着，我似乎这才意识到，她的要离开不是一句戏言。现在她喜欢的是歌星李玟，她说有许多同学都说她长得很像这个李玟。我喜欢李玟的歌，她说，但我更喜欢她的路。经她的介绍，我才知道这个李玟曾经在美国学医，是拿过硕士学位的。这孩子的独立性从小就反映出来，我为拥有这样一个女儿骄傲。但她从不以有一个作家父亲为骄傲，甚至还经常挖苦我几句。有一回她说：爸，我不崇拜你你是不是很失望呀？我说不。我说：感到骄傲理应是上辈对下辈的心理，反过来就是可悲了。这是前年的事了，那时我的《北纬20度》正走红，其他的书也接连不断地在出，报纸上电视上搞得沸沸扬扬，我被记者们包围，而十一岁的女儿却无动于衷，这很好，真的很好，这孩子将来一定比她父亲出息。

吃饭的时候我问女儿，将来想干什么？

她说她暂时不想这个问题，但出国是必需的。

那么，我问道，你打算什么时候走呢？

我希望初中毕业就走，但妈妈认为至少要念完高中。你认为呢？

你得在国内读完本科。

那不行，那样我就太老了。

你走了之后，我和你妈妈每年都会去看你的。

我想将来把你们都搞过去算了。

你还是先把你妈搞过去吧。

那你怎么办？

我一个人就好对付了。

那不行。你病了怎么办？

去医院呗。

医院不是什么都能办好的。

这句话着实让我心动了。我注视着孩子，突然对她产生了歉意，要是我和李佳不走到这一步，这孩子就不会有这样的精神负担。

后来我们又谈到了她的发展方向，女儿一口气说了很多，海阔天空。譬如说她们几个要好的同学若干年后要办一家收视率最高的电视台，推出一流的歌手。我听得津津有味。我插言道：你无论干什么我都不反对，唯一我不主张你干的是文学。

为什么？你不是搞文学的吗？妈妈也爱好文学呀？

可文学把我们都害了。

严格地讲起来，我和李佳的媒人是陀思妥耶夫斯基，而最后离间我们的是我的作品。我不止一次地想过，倘若当初我安心走一条官道，过着机关——家庭两点一线的日子，或许我们也会像这"红门"里的人一样地养尊处优了。可是这确实是一个幻想。差不多是李佳抛弃陀思妥耶夫斯基的时候，这个亡灵加倍地缠上了我，于是我的移情别恋便在所难免了。昨晚在火车上我还是像以前一样失眠，我在车厢的连接处不断地抽烟，眼前出现的1979年8月的那幅画面一点也没有发黄。我甚至还能记起当年李佳头上发卡的样式和颜色。那个时刻，杭州的一夜春宵业已抛掷脑后。我想，我也许是在衰老了。一个人的衰老首先是从记忆的变形开始的。具体地说，他对刚刚发生过的事记忆总是呈现出模糊状态甚至是遗忘，而对一些年代久远的事又越发地记得清楚。这就是衰老的最初信号。望着窗外快速掠过的夜色，我的心在慢慢地下沉。一个男人平生爱一样东西并不容易，我鬼使神差地走上了这条路，掉头是不可能的。几年前在海口，一位记者曾向我提问：如果再让你做一次选择，你还搞文学吗？我说：还搞。要是现在有人再提此类问题的话，我想我会加上一句：我不会再娶一个爱好文学的老婆了。

——1999年3月6日

和全中国一样，犁城这一年的兴奋点是忙着庆祝国庆五十周年。政府在市政建设上花钱像流水，总以为一夜间会改变城市的形象。在东面的一块百亩空地上，两年前就在动工兴建一个广场，投资上亿。那一片是工厂区，报纸上说当初拍板这一计划，主要是为了工人阶级的休闲。这当然是很好的，但是这个城市的企业每况愈下，形势越来越令人担忧，下岗的工人每日俱增，据说他们每月只有一百二十八元的生活费，还据说其中一部分人的生活费难以兑现。让他们饿着肚子休闲就有些勉强了。今天的报纸上还在说这件事，说广场正在加班加点地施工，确保十月一日之前对外开放。在第一版上，还配有市长视察工地的大幅彩照，那个气色很不错的男人头戴安全帽正在施工人员中看图纸，右手指向前方。但是这幅照片有一个问题，就是市长手指的方向不对，因为从方位上看，他所指的前方应该属于一条污水河，倒像是治污的意思。如果真是这个意思，那无疑是积了大德。

很巧，男人在菜市买菜时，碰见了拍摄这张照片的摄影师，于是就谈到了这张照片。男人随口把自己的想法说了：我总觉得市长的位置站得不对。

摄影师说：他一定要以广场为背景，可要是拍他的侧面又不合适，就挪了一下。

原来是新闻秀。就是说这是一张摆拍的新闻照。就是说市长在昨天友情客串地当了一回演员。他本来就是市长，何必还要演呢？男人困惑的是这个。

从菜市买菜回来，刚回到"红门"里，他遇见了文联的一位负责人，他们曾经在机关是同事，刚提拔到文联任职不久。那人把他叫到一旁，对他说：你还是回来吧。

他感到很突兀，便想知道为什么叫他回来。

负责人说：我前些天翻档案，才晓得当初你的挂职停薪手续并没有办，工资也一直还在表上。

他说：我是接到单位的证明的。

负责人说：那大概是临时开的，没有报经人事局和财政厅批准。现在上面已不许再搞了。

他说：就是说这是个骗局？

负责人笑道：你别这么想，回来就是了，反正你是专业作家，也不存在坐班的。从下个月起来单位领工资就是。

他说：下个月？我从1992年起就没领过文联的一分钱，这七年的钱怎么说？

负责人说：这是前任手里的事，我不过是先同你通个气。

他感到很气愤。他绝对没有料到自己的单位会给他出示一纸伪证并且存档。这是明目张胆地吃空额。要是他突然死了呢？难道这笔每月由财政拨款的薪金一直领下去？那是谁指使领的？这笔钱累计起来不过五万吧，不是什么大事，问题是做法太恶劣！

当天下午，他去文联找到了当家的书记，开门见山地说：那件事总得有个说法吧？

书记说：既然当初手续没有办，就回来吧。

他说：就这么简单？

书记说：这是前任的事，就别追究了。你现在这么红火，还在乎这笔钱吗？

他说：我不在乎钱，但我在乎欺骗。你们利用我没关系，但是不能又利用又欺骗。

说完这话他就离开了。书记送他出来，还是希望他息事宁人，免得使事情复杂化。

他说：是你们把事情搞复杂了。

书记说：回来上班不就解决了嘛！

他说：我要是不想回来呢？

书记说：要是能办提前退休也行。

他说：我今年四十二，你觉得是退休的年龄吗？

书记解释说：我只是在想一个办法。

他说：办法很简单，就是你们到你们的上级组织去检讨，我把这笔钱捐给山里的孩子。

书记哈哈一笑，说：这是前任手上的事。

前任？前任是个什么角色？他对那个人已经毫无印象，仅记得那人拥有一副永远微笑的面孔。那个人大概就只会当面对人微笑。他是否也有背后哭泣的时候？也许没有，但总有一天他会在梦里抱头痛哭一场。

这是一个阳光极不明朗的日子。

从文联院子出来我就不舒服。我已经很久没有进这道门槛了。1990年我从机关下放时，当时的负责人一面对我深表同情一面把我牢牢悬挂着，两年没有任何安排，也没有一个部门愿意接受我。那时我已经出了六本书，却还不能成为专业作家，而这个人没有一部著作却能做文联首长。直到我只身去海口，没想到给我开出的还是张假证明。在那些人眼里，我只是一根自生自灭的野草。但即使是野草，也会一岁一枯荣的，所谓野火烧不尽，春风吹又生。而我的生，绝没有凭借任何的春风。这是我今生最大的光荣。可是谁能知道，这自我放逐的七年是恐惧的阴影紧追不舍的七年。除了无端的冷漠和压制，这七年我经历了三亚的车祸、羊城的遭窃、朋友的背信、情人的反目和家庭的瓦解。1993年9月的一个夜间，我从上海飞海口，飞机在万米高空遇上了强气流而直落两百米，小桌板上的咖啡飞到了我脸上，氧气面罩在我眼前像秋千一样晃动。我经历了一场死亡的热身赛。我在极度的恐惧中度过了一百五十分钟。那也是我大脑出现的最长的空白时间。然而就是这样，我也还是无怨无悔。我在大学时代就幻想着有一天能走进这座不起眼但对我极具诱惑力的院

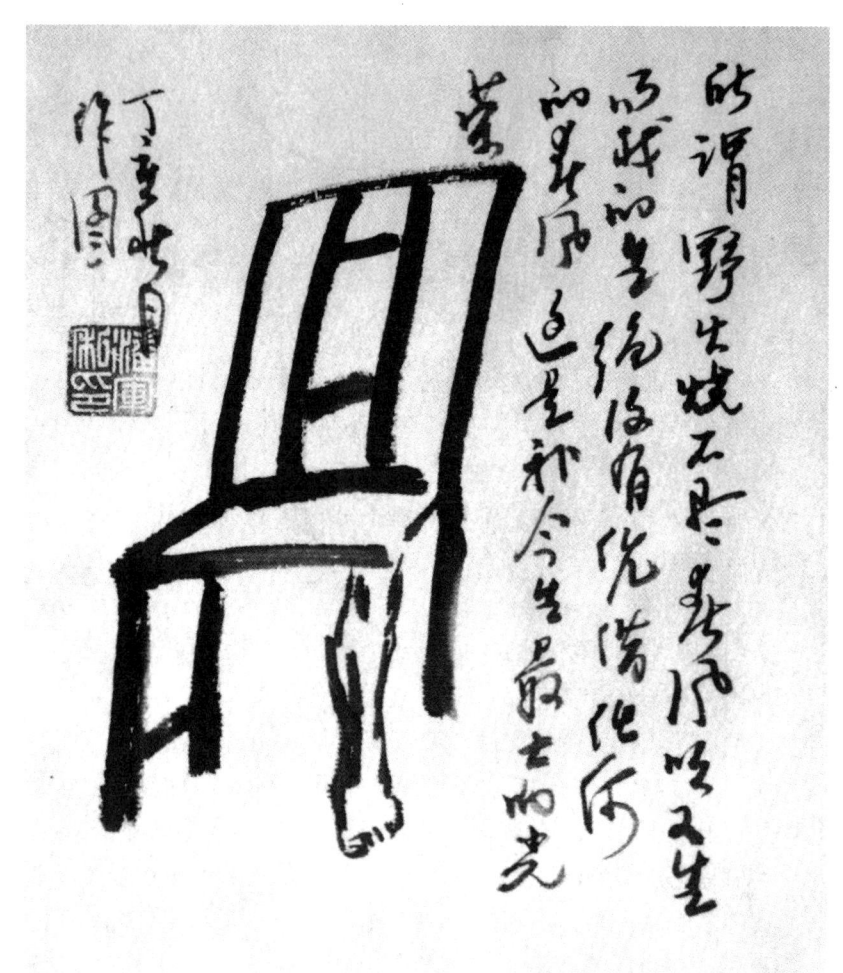

落。如今我却更愿意对它敬而远之。

我回来的消息不胫而走。今天上午我就接到了作协的通知,让我下午去参加主席团会议。我回答说:我已经辞去了一切职务,怎么会再去参加这个会呢?再说按章程这一届的作协早该换届了,还有什么会好开?对方就让主席来同我说话。我制止说:要是这样,我就挂电话了。说着,我放下了话筒。我厌倦作协这个组织,我更对那位主席反感。那个人原本和我不认识,人缘极差,但以前也因政治问题受到了一些排挤。这个人原本是做梦也当不了主席的,是我们这些年轻人为他鸣不平,才一致把选票投给了他，希望他上台后能为基层的会员做几件实事。但是这个人当选后唯一急于要做的，是一早起来重新印制了一张标有主席头衔的高级香水名片，然后就带着老婆不知去向，一走就是几个月，把作协工作撂到了一边。他的无能和无耻都超出了我的想象，再和这种人共事便是我的耻辱。我平生厌恶什么都想要的人，我也瞧不起名片上印上一大堆职务头衔的人。

那位书记的话虽然是脱口而出，但是在我的心里还是引起了波澜。他居然想到了让我退休。他本人为何不退呢？他至少比我大十五岁。我似乎明白了，他们是组织里的人，他们的进退升迁都由组织一手包办的。而他们又来充当我的组织领导，因此可以对我提出提前退休的建议。其实十年前我就成了他们的一件包袱，所以那位微笑的前任把我一挂就是两年也在情理之中。他们只需一张假证明就轻松地把我给打发了，对我唯一感兴趣的是我每月那几百元的工资，克扣下来多少有点作用。现在这笔钱垒得大了，他们便担心无法收场，万一东窗事发，摆上桌面怎么看也还是个事。我想这大概就是他们急于要我上班的动机了。

事情一点也不复杂。

我和北京通了电话，我告诉那家公司，事情怎么拖没关系，但必须先付我三分之一的订金，否则我就不会再去了。对方说这事得向老板汇报。到了晚上，老板的电话来了，他答应了我的要求，并强调说项目很快就启动。老板说这个月的十八号是冠华酒店正式开业的典礼，届时会有许多名流云集，希望我能赶回去参加。老板说：在你们文艺界，我是有很多的朋友的。

这话听起来一点也不使我亲切。我喜欢的是文艺，而不是文艺界。从来不是。

————1999 年 3 月 9 日

北京：1999年3月

在犁城的那几天里，除了每天给女儿做饭，男人余暇的时间就是看盗版的VCD光盘。犁城有几个音像市场，盗版的光盘比北京还要便宜。使他意外的是，在这里他居然找到了像伯格曼的《芬尼和亚历山大》、基耶斯洛夫斯基的《蓝》、《白》、《红》，波兰斯基的《钥匙孔里的爱》，贝托卢奇的《我独自跳舞》，安东尼奥尼的《云上的日子》这样的优秀经典作品。这是他心目中的电影。他们表现的是人类社会共同关心的问题，如处境、恐惧、爱和宗教感。这在中国的电影里是根本无法看见的。中国的一些大牌导演不是装腔作势就是迷恋那些小情绪，或许正是这个原因，他觉得自己应该来做导演。这种自信心在他与几位著名的电影人有过几次交往之后显得尤为强大，他似乎一眼就能看见那几个人水准的高低，而他事先预备的几分敬重顷刻消散。也正是这种理想的支配，他必须和一些影视投资人打交道，电影毕竟不是一个人能玩得起来的。这一点，远没有写小说舒服，如果你是个天才，就是坐在马桶上用香烟皮也照样能写出惊世之作。

那几天李佳不怎么回来。李佳现在担任了一点行政职务，外面的应酬自然就增多了。这当然是她的解释。在他看来，女人大约是在恋爱。有一天，他接到一个男人的电话，是找李佳的，对方问：请问李佳在吗？他说不在。对方又问：你是她……他说：我是她孩子的爹。对方说哦，谢谢。电话就此挂断。他不由得笑了，谢谢？谢谢我是孩子的爹吗？我是孩子的爹是天经地义的，不谢我也照样还是。他想电话的那一端应该是个温情而怯懦的男人，应该还有几分腼腆，这都是好的，都很对李佳的脾气。但是这种男人往往很虚伪，不知李佳可曾这么想过。女人不能和一个虚伪的男人搞到一起，他想，那可比被流氓强暴还倒霉的。这天晚上后来李佳回来了，说是参加一个什么开业典礼，得了几件礼品，其中有一只时下比较流行的西服提袋。李佳说：这东西送给你。你常年南来北往地跑，用得上的。说着李佳就把这提袋打开，拿件西服示范了他说：我知道怎么用了，谢谢。李佳说谢什么，你这回从杭州回来不是还给我带了化妆品吗？

他想李佳还是那个李佳，有时候直率得让人难受。为什么要把这两件事拴到一起呢？难道我们之间现在只剩下了最原始的易货贸易式的以礼还礼？女人心里或许就是这么想的，像这样的女人真不能和一个虚伪的男人一起生活。于是，他说起了白天的那个电话。他说：那个人我不认识，但我能感觉到他脾气很好。李佳对此显得毫无兴趣，不想就这个话题谈下去，而是和他郑重地谈起了女儿。这孩子最近的考试很不理想，李佳说，你知道吗？我对这个孩子的希望正在一点一滴地散失。你也不要以为你女儿天资过人，其实很一般，而且她还心比天高，总觉得自己了不起呢。其实她就是个普通的孩子，她的将来也必然很普通。他认真地听着，但他不同意李佳的看法，他说：我觉得孩子各方面都很正常，一次考试说明不了什么，更何况目下这种应试教育本身就是问题。李佳说你这是盲目乐观，其实是不敢负责。我要是有一天真把孩子交给你，你让我怎么放心？

那我就回来安心陪女儿，他沉着地说。

你带我也照样不放心。李佳说完，就收拾东西离开了。

他送李佳出门，李佳说：别送了，我让单位的车来接我。你什么时候去北京？

回头我和那边联系一下。他关上门，走到阳台上，看着李佳的背影消失在黑暗中。那个时刻，他有了一阵的心酸。他想李佳这些年走的路也委实不容易，某种意义上，她更是孤立无援。

几天后，北京的电话来了。他便预订了车票。本该是昨天晚上出发，但是昨天下午女儿的学校安排了家长会。李佳说：你最好能去开这个会。她的一个老师很喜欢你的小说，你最好送上几本书。他完全同意了，想李佳作为母亲也是用心良苦。家长会开得很愉快，女儿在校的情况并不像李佳说的那样糟糕，尽管这次考试的名次有所下降，但那是因为政治课分数影响的缘故。会后，他与几位老师交换了意见，送上书，没完没了地致谢，好像是他欠了他们许多似的。

今天临出发前他和女儿去了肯德基。他坐着台子，女儿负责张罗，每人要了一份套餐。他告诉女儿，购置电脑的钱他已经交给了她妈妈，可以任意配置。女儿说：我们上网吧，再各自设一个 E - mail 怎么样？他说：等我忙完了这阵子。女儿说：你哪有那么多忙的？我们没事在网上聊聊天多好？他说：你先跟网友聊吧，但别耽误了学习。

天不久便黑了，父女俩打上出租，女儿一路上都在唱一首酒井法子的日语歌。他先把女儿送进"红门"，再直奔火车站。

他对女儿说：妈妈要是不高兴的时候你就得乖点。

女儿说：我一直是很乖的呀！

他说：要是她生病了，你就及时给我打电话。

女儿说：这话你应该亲自对她说才对。

冠华酒店的开业典礼十分隆重。

正如老板所言，他的朋友确实很多，除了文艺界，别的什么界一些有名头的人物也不少。在这个仪式上，有时下当红的歌星、影星，有京城活跃的记者，有前乒乓球世界冠军，还有不少的司局长和某某人的亲戚。但这个刚下火车的男人极不适应这种过于热闹的气氛，于是在开宴的时候他溜号了，回到了那原先住过的 304 室。

这间屋子看上去并没有怎么收拾，靠窗的地方，地毯上还隐隐约约地能看出他的脚印——那个晚上他在这个位置站了很久。那一天是 2 月 26 日，当时外面正下着大雨，他在等候着一个叫王珏的女人。他原以为这将是一个故事的开始，可是这个故事还没有开始就意外地结束了。现在，他眼前只剩下一片红色，那是王珏的车。他努力想记起她的形象来，但怎么想都只是一个轮廓。而且在今夜的仪式上也没有见到这位公关部经理。倒是另一个女人的面目越来越清晰了，那个穿红风衣的女人。他想该给肖航打个电话了，如果女人方便，他很想邀请她来北京一趟。他似乎觉得这种心理很不健康，好像与自己交往过的女人，只有在有了一腿之后才能在他的记忆里扎下根来。这与从前的理想完全背道而驰。从前的时候他更多的是幻想一个女人的偶像，譬如林青霞，譬如外语系法语专业的那个女生。现在他对女人的关注好像除了肉体还是肉体。我真是堕落了，他想，可我又不知怎样才能管住自己。就像现在，我盼望的是尽快和杭州的那个女人取得联系，然后等待她飞过来共度良宵。

但是肖航的手机还是没开。这使他慢慢变得心烦意乱，以至于在后来的几小时里他就整个地泡在浴缸里。

望着自己这具日渐臃肿的身体他十分懊丧。这是个毫无生命气息的躯壳,是个连拥有者都感到厌倦的皮囊。这身躯还将失去水分,慢慢干枯,最终形同木乃伊,直至被烈火烧成灰烬,于是一个生命就完全地结束了。生命就这么简单。但这个过程又是如此漫长。其实计算一个男人的生命应该从他阳痿那一天算起,到了这一天,这个男人活在世上也就是混口饭吃了。男人应该知道,最能证明自己价值的是女人。所谓名誉、地位、金钱和权力,都无法来慰藉一个男人的生命,男人的一切光荣都建立在女人身上。欧内斯特·海明威是深知这一点的男人,所以,当他意识到自己对女人无所作为时就果断地拿起了双筒猎枪。这个举动超过了他的一切文学成就。

他突然又看见了肖航手腕上的那块月亮形状的疤痕。据说割腕最好的地方就是在浴缸里,血浸在温水里不会凝固,这样会流到最后的一滴。很多天过去了,这块疤痕还是成了他凝视死亡的一件标志,但他此刻还不知道真正的死亡信息已经到了他的门前。

有人敲门,他匆匆从浴缸爬起来,对外面说:就好。然后就急忙穿了衣服,打开门。是老板和公司的两位部门经理,个个都是红光满面的。

老板说:你怎么跑回屋里了?有几个朋友还想见见你呢!

他说:我不习惯这种杯来盏去的场面。

老板说:闹得慌是吗?在北京做事冷清了可不成。

说着,老板搓搓手,谈了他关于影视项目的设想。他说准备先搞一个百集电视剧系列,二十集为一个段落,拿这个去占领中央台的某个频道,这样一来是既做了产业又拉动了房地产。

他将信将疑地看着老板,说:一百集太长了吧?就是胡编也没那么容易。

老板说:是呀,要是容易的话,我能把你请来吗?

他说:我也是没什么把握的。我也许只能给你开个头,余下的你找别人吧。

老板说:这不行,我还就相中了你。你的订金我给你带来了,先付你二十万。等第一部的二十集做完了,我就再付你二十万。你就安心在这待着吧。这个酒店可是按三星的标准建的,生活上还有什么不如意的吗?

他说：生活上倒是没问题，主要是得先干起来。

老板说：别急，你忙的日子在后头，有你忙的。不过这几天你让我缓口气，安心在家看看资料，想出去玩就说话。

说完，老板就告辞了，让司机留下来与他办交款手续。司机拿出一张支票，请他写收条，他说：你还是直接帮我存进银行吧，免得我跑来跑去。

司机说自己明天一早要去天津。

他说：那就让王珏来办吧。我怎么今天没见到王珏呀？

司机看了他一眼：你不知道？

知道什么？

王珏死了，就在你去杭州之前出了车祸。

这应该就是2月26日事故的发生地。很多天过去了，我仍然无法承认这是个事实。我总觉得这是多年前我目击的那幕惨剧的延续。时间使它化为一个幽雅而恐惧的梦魇，走进了我的意识。在那个以红色为背景的梦魇中，青春的鲜血像梅花一样散落在街上，被雨水冲走。那个时候，我站在这个梦魇的边缘地带，麻木的表情如同一个十足的傻瓜。谁也不会知道我已是欲哭无泪，谁也不会知道我在记忆中把朋友的尸体一片片地缝合起来。这个梦魇压迫了我几十年，但永远不能使我忘却。即使有朝一日我突然死去，我也会把它带入地狱之门。眼前的事实无疑使这个难以磨灭的梦魇颜色更加鲜艳夺目，我这才知道，我到北京的第一天，我们曾经乘坐的那辆漂亮的红色汽车实际上是死神发出的一次暗示。从我见到王珏的第一眼起，我们就双双被死神盯住了。但死神首先选择了她。为什么？！是因为她比我年轻还是因为她是个女性——难道死神也是好色之徒？抑或是因为我会下棋——伯格曼的《第七封印》里的那个骑士就是通过这种方式来摆脱死神的纠缠的。

我已经有很多次与死神失之交臂了。1993年秋天的一日，我从犁城飞往广州，另一架飞机从广州飞至桂林，我们几乎同一时间在万米高空遥遥相望，结果，死神的手抚摸了他们。关于那次空难，官方至今没有令人信服的解释，而恐惧的阴影像风一样在南方游荡。或许因为这个，我决意离开了南方，离开了那座伤心的岛屿。我成了一个逃亡者，但没有人会相信，在他们看来，我活得十分滋润，以至让某些人寝食不安。

没有人知道，我是在逃避恐惧与死亡的追剿。突然的敲门、深夜的水滴以及大街上一个陌生的注视，都会让我心悸。在这几千个日日夜夜里，没有一天我不感觉到这种气息……

2月26日那天晚上，被称作王珏的姑娘大概刚刚结束一宗愉快的生意谈判，便接到一个作家的电话。她从对方低沉的语气中就能感觉到，这个男人很寂寞。因此她临时取消了晚上的活动安排，决定与这个男人共进晚餐。她或许想以此了结这个男人对自己的非分之想，这种人她见得多了。于是她掉过车头，向西边驶去。那时正是城市的雨下得异常猛烈的时候，雨在沿路的霓虹灯的映照下变幻成红色，这是她所喜欢的，她或许觉得自己正处在幽雅的梦幻之中。她打开车内的音乐，那是肖斯塔科维奇的《第七交响乐》，她从这位伟大的作曲家的口叙传记中得知，这首著名的乐曲并非是对希特勒入侵苏联的愤怒，而是另一种的控诉。或者说，这是对人性的最后的呻吟和呐喊。她喜欢这首曲子，为此她跑遍了整个京城的音像商店。

当乐曲进入一段行板时，她开始右拐，突然迎面遇上了一辆警车，她熟练地躲避过去，可是她没想到警车后面还拖着一辆违章停靠的面包车。刹车已完全来不及了，她的那辆红色小车便像响箭一样射进了警车与面包车之间，于是顷刻之间这辆车从里到外都红了……

此刻，我还站在这里。刚才的那个血腥的场面我不认为是幻想。如果我的推断没有错，对王珏的死，我是负有责任的。如果不是我那个不合时宜的电话，女人或许不会冒雨赶过来接我。她会走向东面而不是西方，那是另一条路，是生的路。上帝就这样无端地捉弄着我，竟让我无意之中扮演了一名刽子手！

人的生命竟是如此的脆弱。我又一次想起我的那位死于非命的姑娘。很多年前，在那个夏季行将结束的时候，她死在这条宽敞的路上。谁也不会相信在这样的路段上会发生一起惨剧，她被一辆大车迎面撞死，她死得是那样的不明不白。关于这起车祸的原因，后来的解释一直是闪烁其词。现在，这张难以褪色的图画又再次被加深。但是人的记性是越来越差越来越健忘了。在刚刚结束的那个盛大的仪式上，没有人对我谈起这个刚刚死去的姑娘，好像她的死不过是无意中碰碎的一只玻璃器皿！是中国人的记性本来就差，还是觉得在这样热闹的场合去谈论一个微不

足道的死者不合时宜大煞风景？

今夜，整个北京城都浸在雨中。我冒雨回到酒店，但是我丝毫没有被淋湿。我为什么不能走回来？抑或是这些年我被雨淋怕了，而从前我是不习惯打伞的。

雨越来越大。雨点洒在我窗口的凉棚上发出隆隆的声响，像笨重的机械履带，这声响在半夜发出竟是那样的栗然……

——1999年3月18日

男人在那个雨夜又一次进入到红色的梦魇中。与以往不同的是，这回他没有成为梦境的主角，而是一个袖手旁观者。他看见这片潮湿的红色像风中的一面大旗在飘舞着，在这个背景下，有很多肢体在舞蹈。那是一种具有原始意味且又接近疯狂的舞，散发出无与伦比的野性和灵性。男人看不见所有舞者的面目，他甚至都感觉不到这些舞者是否有头发，但他认定舞者都是些女性，因为身体划出的线条呈现出惊人的流畅与美丽。可她们的头发哪里去了？也许是这点遗憾，男人后来对这个恢弘的场面慢慢起了厌倦。他想离开，但他的腿似乎一点力量都没有，他无法支配自己的意志与行动。最后，他咬紧牙关——他都能听见自己的牙齿剧烈摩擦发出的森森声响，终于迈开了步子。男人记得自己穿过了一条很长的走廊，这是一条用报纸糊成的走廊，地上散落着大量的书籍和眼镜的碎片。男人小心翼翼地走着，但还是一不留神地摔了一跤，他踩到了一件滑腻腻的东西。男人拾起这件东西不禁大吃一惊——

这是一颗还在颤动的心脏。

男人便是在这样的恐惧中醒来。他意识到这是一个梦,但并没有因此而感到释然。他不想再睡下去了,现在时间大约是临近黄昏了,男人已睡了很久。从中午起他就躺在床上,他是有意这么做的。连日来的不祥之兆总让他惶惑不安,他害怕进入黑夜,更害怕被那个红色的梦魇所纠缠。他甚至设想从今以后过一种晨昏颠倒的日子,把夜晚的时间用来写作。但他不知道这一觉竟睡得如此之长,仿佛睡了半个世纪。梦中,他再次遭遇了那片红色。

他看着台历,今天是1999年的3月28日,他在北京又过了十多天。除了对一个叫做王珏的姑娘的悼念,男人的生活没有任何改变。王珏的死让他想到雨浓——这几十年来他一直把雨浓视作自己的初恋,她们都是意外地丧生,她们的死也都与一个男人有关。雨浓带走了遗憾而把思念留给了他,王珏却什么也没带走,也一样没给他留下。或者说,给他留下了巨大的空白。这是个无法填充的空间。他还想到了另一个陌生的女人的死,那是几年前他去南方时,在广州开往海口的轮船上,一个穿粉红色衣服姑娘的跳海殉情。这件事仿佛就发生在昨天,可奇怪的是,人们对死者都是那么的健忘。现在他回忆起来,王珏死的那几天,这个公司的人上上下下地都在忙碌着这个豪华酒店的开业筹备。如今酒店开业了,也仍没有人为那个曾经活跃的姑娘的缺席感到悲伤,连惋惜之词也没有。那个司机只是随口说了句王珏死了,就像说我感冒了那样轻松。他要急着去给汽车加油,好明天随老板出差去天津。这就是人生。他想,北京人的热情下面其实是一种近似冷酷的漠然。他记得在前年的冬天,他也在北京,当时住在南礼士路边上的一家招待所里,那一天正是他四十岁的生日,他没有告诉任何朋友,闲着无事,就关在屋里写了一篇叫做《对面》的小说。等他写完这个短篇已是翌日早晨的七点多,窗外正飞着这一年的初雪。他走出来,想在雪地里尽情地走上一段路。在这行走的一个多钟头里,他感觉他的对面全是冷漠的面孔。

现在,室内的暖气让他忘记了季节。男人疲惫不堪地坐到窗边的椅子上,随手拉开了窗帘——强烈的阳光刺得他睁不开眼睛。他觉得很奇怪,现在这时间的阳光本不该是如此强烈的。经过仔细辨认,才知道这是一种反射的效果,西边最后的阳光照在对面的玻璃幕上,正好反射到他的眼睛里。他感到自己是在一口深井里埋了很久，又突然叫人挖出了地面。也就是从这一天起，男人对阳光表现出了不可思议的畏惧。

在男人重新拉起窗帘，去卫生间小解时，他听见了楼下那个花园酒吧里传出了钢琴声。

最初，我认为钢琴声是从音响里传来的。那是《梦中的婚礼》中的主旋律。但很快我就明白这不过是一个生手的即兴乱弹，节奏和力度都露出明显的缺陷。然而我还是很愉快。我在这里前后累计已经住上一个多月了，除了看晚报和电视里那些乏味的节目，就没有更好的娱乐。这台琴当摆设也很久了，今天总算有人来弹它。可是，琴声很快就消逝了，好像刚才我听到的是幻觉。这倒使我有些好奇了，我想很快知道是谁弹了那琴。

等黄昏的余光暗淡之后，我走出来，走到酒吧里。华丽的灯光下，除了几个服务生在收拾顾客遗下的残酒剩茶，我没有发现别人。我似乎有了些失落感，就随便拖过一张椅子坐下。这些服务生早就与我熟识，也知道我是他们老板请来的客人，很快就给我上了一杯绿茶。这是刚买到的新茶，它的清香让我想起不久前在杭州的那几日。我的眼前便出现了肖航的身影，她的音容笑貌栩栩如生，好像刚才就坐在我的对面。但是她那件暗红色的风衣却令我不安，我知道这还是没有从另一个女人不幸阴影里走出的缘故。我喝了口茶，这茶的滋味远不及杭州喝过的乌龙。突然停电了，整个酒店笼罩在一片黑暗之中。这是一种朦胧的黑暗，但它比真正的黑暗还要叫人心悸。我的眼前奔动着轮廓模糊的人影，嘈杂声仿佛自天边而来。我陷在惶惑的感觉中，思绪一下子变得很紊乱。我好像置身在童年时代的一个雨夜里，总觉得有很多人在我家的窗户下跑动着。

就在这样的时刻，有人把一盏蜡烛送到了我的跟前。

我的视线顺着这只好看的手向上，停在面前一张同样好看的脸上。我发现，我并不认识这个服务生，她的装束应该是属于总台的，我每天都要从那儿经过几趟，怎么会没注意到这个姑娘呢？

你是新来的吧？我这样问道，我以前没见过你。

我上班刚刚半个月。我知道你是304房的客人。

你也是重庆的？

对。我是来实习的。

实习？

我们学校一共来了五个。

实习多长时间呢？

三个月。

想家吗？

头几天有点，现在好了。

你叫什么名字？

沈芷平。草字头加个停止的止。

这像是个旧社会的名字。你别介意，我开个玩笑。

是我外公取的，他说芷是一位中药，又能开很香的白色的花。

你外公是位中医？

他不是中医，但他希望我出门在外身体健康。

所以就让你随身带着中药？

她笑了起来，露出了两颗小虎牙。在刚才的交谈中，我已经在烛光下把这个叫芷平的女孩子看清楚了。她有着可人的面貌和很好的身材。这身藏青色的西装她穿着很精神，显得挺拔，盘在脑后的发髻使她看上去像个小少妇。但她的年龄实际上也就二十出头吧。这时有人在喊她，她便礼貌地向我告辞，去了她的岗位。我注意着她的背影，那是个青春而又端庄的身影，每一步都散发出朝气蓬勃。我突然想到了已故二十三年的雨浓——她们的背影与行姿竟是那样的相像！与此同时我心里渐渐出现了一种前所未有的酸楚，我为自己的年龄和日益衰老的身心而感到沮丧。如果我减去了十岁，我这样想着，我会毫不迟疑地去追求这样的姑娘的。

这是个心绪复杂的夜晚，已经很晚了，我依然无法入睡。有几次，我都想去大堂总台那边走走，去再和这个刚认识的姑娘聊聊天，可是又觉得这是个不可思议甚至大逆不道的念头。我差不多可以做她的父亲。似乎今夜我才知道，一个正在步入中年男人的地位竟然如此尴尬，滋味是如此不好受。

——1999 年 3 月 28 日

北京：1999年4月

在这个惆怅的春季，男人的意识一直很恍惚。在极短的时间里他先后认识了三个年轻的女性，但给他的感觉却仿佛是在打开一本老相册——照片上的一切都已发黄，他看得十分吃力。而且更加奇怪的是，他总是从她们三人的身上看出了过去的情人形象，譬如肖航的冷静让他想起韦青，王珏的开朗总带有小丹的色彩。王珏的死使他不能不和雨浓的遇难联系起来。而肖航的忧伤神情再次让他感受到和李佳相处的日子，可是当他们做爱时的状态，又简直就是在犁城和林之冰或者在海口与桑晓光在一起的翻版。即使是在这个刚说过几句话的重庆姑娘身上，他也看见了邢蓉的影子……

我这是借眼前的现实在缅怀过去,他多次这么想,可是怀旧正是迈向衰老的第一步。所以自这个春季开始时,沮丧与恐惧就一直追随着他。在过去的几天里,他还是无所事事地在屋里待着,不想写一个字。他也时常去大堂里转悠,在值班的女孩不忙的时候和她说上几句无关紧要的话。他知道自己的谈吐对这个姑娘很具吸引力,但同时他又为此举深感不安。你居然企图勾引一个完全可以做你女儿的姑娘?这种缺乏逻辑基础的谴责似乎很有力量,使他不敢往深处去想了。但是,青春的魅力是很难抗拒的,他对此显得信心不足。为什么就摆脱不了这种困境呢?是好色的天性驱使还是性饥渴的现实无望改变?他说服不了自己。他想自己不是想千方百计地寻找一个性伴侣,这不难,为什么在这个沈芷平出现之前,他对别的女孩子的好感会适可而止呢?而这个看上去和其他人并无多大差别的姑娘,第一次出现就那么强烈地抓住了自己?他还是回答不了。

这家酒店由于手续上的问题始终没有把房间的电话搞通。每次有电话来,他都要来大堂接。自从和沈芷平认识了,只要是她的班,凡他的电话来都由她来传唤。在这个小小的空隙里,他们可以说一会话。今天又有电话来了,是一个颇有名气的电影明星,他们曾经有过两次的合作。沈芷平就问,是演什么的那个人吗?他点点头,他说:你觉得这个人的戏怎么样?沈芷平说:他演得怎么样我不知道,但他演的片子我都不喜欢。他觉得这种回答很有趣,便接过话头说:你是说他没有遇上过一个好剧本?那么你看过《北纬20度》吗?沈芷平说:我听说过这部电视剧,没看过。他说:如果你想看,我可以把带子找来。

他希望沈芷平说愿意,可是她说:我得上班了。

他们就这样说着一起走往大堂。他走在后面,看着她的背影,他越发地觉得这背影具有无法抗拒的魅力。很多天以后他告诉她:我好像很难走出你的背影了。

这次的电话他似乎说了不短的时间。他尽量把话题展开,使自己作为编剧与导演的身份一览无遗。那时候沈芷平正在替一个客人结账,几乎就没再看他一眼。这又让他感到尴尬,所以一放下电话他就尽快回到了房间。他躺在床上,他在心里责骂自己:你他妈完了!你以为今天还有女孩吃这一套吗?你还有什么可卖的?

这一天他无比沮丧。他感到自己像一只松了箍的水桶,非但不可能再盛起水，而且本身就是个累赘。这样的时候，他便习惯走进过去，去检索自己这辈子和女性交往的历史。像一个溺水者抓住一根救命稻草一样，他努力回忆着那些早已逝去的却还是惊心动魄的细节。或者说，这仿佛一个癌病患者急需的一支减轻伤痛的吗啡。寂寞，在这个春天将去的季节像蜘蛛结网一样死死粘住了他。他动弹不得，也无力去挣破，但又不可思议地围于其中细细地品尝着它的滋味。就像一只受伤的狼，在荒原上自己舔自己的伤口。

于是，他再次拨打了肖航的手机。意外的是，这回一下就通了。他问：肖航吗？

肖航却反问道：你今天怎么有空来电话了？

他说：我给你挂了很多，你总是关机干吗？

肖航说：我很少关机的。

这就怪了，他说，我确实是经常拨这个号的。

肖航笑着说：这说明我们之间没缘分。

他说：怎么说这种话？

肖航说：你过得还好吗？

他说：不好，很不好，简直糟透了。

肖航说：你其实身边什么也不缺，顶多就缺个女人吧？出去走走吧，北京那么大。

他说：你真希望我出去走一个回来？

肖航说：这不是我希望不希望的事，而是迟早的事。你放心去走吧，我不会吃醋的。

说着，女人在电话那端又笑了。这笑声很清脆，好像就在隔壁笑出的。

就这样喜忧参半地结束了。肖航的声音还是那么好听，可是她的手似乎放得也太快了，就像抓住一样，以至他弄不清该怎样来对待他们刚刚发生的那一幕。是艳遇还是算爱情？抑或是一场由艳遇转化的爱情？怎么看都可疑。不过他又觉得，女人的方式或许就是正确的。不放手又能怎样？难道还需要重复一次在海口的履历吗？时至今日，他还认为当初离开海口是一次致命的错误。他没有任何道理把桑晓光一个人扔在一个岛上。更何况那岛叫海南岛。他记得自己曾在一篇小说里这样说过：爱情是最脆弱的，可以向任何东西投降，譬如权力、金钱、时间、空间——他确实不敢再面对那种天各一方的日子了,他现在需要的是和一个女人朝夕相处,相厮相守,耳鬓厮磨。

肖航的电话实际上也说明了对他的放弃。或者说,是一次毫无顾忌的提示。这个仅有一夜之欢的女人却对他有着深刻的理解,难以理喻吗?但这就是现实。他的现实。他不能不佩服肖航的洞察力。正是这个原因,使他在后来的日子里无法将这个肖航遗忘在记忆之外,女人以虚无的方式至少是部分地占有了他。

那个时候,我总是不由自主地向自己发问:这就是我的生活?这生活什么时候是个头呢?肖航说得不错,我顶多就是身边缺少一个女人。她的意思是说我的其他方面都很得意了。然而她不知道,对于我这种男人,失去女人的岁月无疑就是空心岁月,失去女人就等于失去了我的全部。我不是急需找个女人睡上一觉,这在当今的中国,到哪都不是个问题。我可以充当一次或几次嫖客,可以用钱来解决性的苦恼。我要的不是这个。事实上,我在南方的几年里,也未曾有过类似的经历。我不愿和一个连名字都不知道的女人去睡觉。我需要找一个爱我的同时也被我爱的女人,而且不能再和这样的女人分手。我必须把自己的肉体与灵魂一起交给这个女人保管起来,使它们不再流浪。我珍惜这种一对一的恋爱。它的清洁会使我得到安慰。我要的就是这个。

但眼下的问题是,我身处首都的一个偏僻的角落里,缺乏社交的环境,我不想走出去,也没有什么合适的人走进来,生命就这么日复一日地消耗着。所以当我遇见沈芷平后,我的激情似乎一下给点燃了。这就是我明知难为而为之的原因。年龄的障碍似乎很难使我放弃对这个姑娘的追求了,可我还是不敢轻举妄动。毕竟这种追求从一开始就带有勾引的色彩,我觉得要是顺这条路走下去,就是到手了我也会后悔的。我真是有些焦虑了。

就在我处在这样的关口,一件意想不到的事打消了我的犹豫,从而也改变了事情的性质。

那是两天前的下午,大约在四点钟的样子,我正在房间里看书,忽然又停电了。等我拉开窗帘,才看到外面的天色正在迅速地变得阴暗,紧接着,大风裹挟着暴雨来了,一时间天昏地暗,形势令人发憷,似乎世界末日来临也不过如此吧。正不知该怎么办,这时就听见沈芷平在门外叫我：304赶快出来吧！

我立即开门：这是怎么了？

要地震，她紧张地说，你快些出来！

谁说要地震了？

他们都在说，都跑出去了！

不会的，我说，就是真的地震了，躲到厕所里就没事了。

你还是出来吧！

我突然轻松下来。我说：你是信他们还是信我？

她说：你这人怎么这么犟呀！

我说：你出去吧，我死了不怪你的。

她很生气地离开了。

天越来越暗，雨也越来越大，这场诡异的暴风雨前后持续了近一个小时，它让我想起几年前在海口遭遇的那场台风。对于北京这样的城市，这种惊心动魄的景观确实是罕见的。加上半年前张家口的地震事实，人们有这种联想也属自然。张家口地震发生时我恰巧在北京。我记得那是接近中午的时刻，我当时还躺在床上，突然感到身体在动，起先我以为是某个神经部位的痉挛，便有意识地绷紧身体，但还是有轻微的动弹，我这才意识到肯定是某个离北京很近的地方发生了地震。一小时后，中央电视台《新闻30分》节目证实了这一事实。我感到有点意外的，是北京人没有一点儿慌张。到了下午，这已是胡同里的谈资了。这种优秀的心理素质至少可以追溯到1976年，当唐山地震发生后，北京人有的不是一种恐惧，而是空前的劫后余生的幸福。北京人似乎从来就不知什么叫做恐惧。或许是他们经历过的恐惧太多了。然而，刚才那个来自重庆的姑娘知道，她和我都一样害怕这种突如其来的恐惧，有所不同的，是我同样也痴迷于这种恐惧。我感觉中自己已被这种恐惧追逐了很多年。我甚至能体味到在子宫内部的那种血腥、那种黑暗、那种潮湿。尽管那是我母亲的子宫。我艰难地脱离了母体，接生婆那把生锈的大剪刀发出的狰狞的声音至今还在我的耳边萦绕。我的脐部至今还在隐隐作痛。当第一缕阳光向我的眼球刺来时，我的眼泪先于我的啼哭向世人证实了我的存在。我是不幸的种子，忧伤的化身，悲剧的梗概。

诡异的暴风雨过去了。它刺痛的是我那根原本就脆弱的恐惧神经。

　　我走出了黑暗，走进了空气，外面的天空竟然是那样的晴朗，似乎刚才我亲历的那一幕只是个幻觉。我的耳边又开始充斥北京人那种流畅的表达。他们谈论着今夜的保龄球馆和桑拿浴室是否正常营业，谈论着最近的一批坐台小姐相貌令人失望，谈论着怎样把某个环节打通摆平。他们唯独不想谈的就是刚才的恐惧。

　　他们闭口不谈。

　　由于暴风雨造成的停电，晚上餐厅没办法开伙。我想去亚运村吃顿麦当劳，顺便逛一下那儿的书店。我已经很久没有逛书店了。这些年的东奔西走，其中一个使我难受的事，是我看不见我自己的书房，这是我住标间不舒服的原因之一。

——1999 年 4 月 2 日

在这个综合书店里，给予文学的位置只有一个不足两平米的角落，但他并不感到悲哀。政府工作报告中关于文学艺术也就两句话吧？这个时代已经不属于文学，这是个制造权利、钞票、腐败、灾难与时尚的时代。多年前一个叫李佳的女人就曾经这样对他宣布：文学在这个时代已成为失败的行当，即使你有一天成功了，你也不过是一个失败中的英雄。她的话今天听起来真是高屋建瓴高瞻远瞩。他在这里看见了自己的两本书，一望便知都是侵权的盗版。这种事年年都有，也年年无奈。也就在此时，他看见了沈芷平。她在看一本关于流行音乐的小册子，手里还拿着台湾歌星张信哲的两盘歌带。他便走过去，轻声喊了她，但她还是吃了一惊，那目光似乎在怀疑他是在暗地里盯她的梢。

吃了吗，丫头？

没呢。我不饿。

那咱们去吃点？

我真的不饿。你是要我陪你吃吗？

没错。

那你再等我一会儿好吗？我想再看看。

好，我也看看。看到你有点饿的时候。

不过后来他们没有去麦当劳，而是去了附近的一家小馆子。当他们走进门时，时间正好过20：00，那时他们就坐在这个位置。

他把菜单递给她：你点吧。

她就问：你能吃辣的吗？

他说可以。说完他就去找卫生间了。店员告诉他这里没有卫生间，店员说：过马路往左拐有公厕。

男人出门便感到一阵冷风袭过来。他抄紧了衣服，还是觉得有点儿冷。不过他现在的心情很不错。事实上，自那阵妖风怪雨袭击开始，他的心情就奇怪地转好了。虽然这个叫沈芷平的姑娘没有留在他的房间里，但此刻她又一次出现在了他的面前。

当男人回到小馆子时，菜差不多已经上齐了。青椒土豆丝、麻婆豆腐、干烧小黄鱼，很简单。于是男人说：太少了吧？

还有一个煲，沈芷平说，狗肉粉丝煲。

狗肉？

老板说他们这儿的狗肉挺好的。

我不吃狗肉。你最好也别吃。

可是……

老板，狗肉退了！

老板说已经做好了。男人就说：钱照算，给我换一道菜……

沈芷平说：别换了，就这样吧。我本来就不饿。

他感到坐在对面的姑娘很委屈，眼泪在眼眶里直打转，可他此刻不想作任何解释。他想自己刚才可能太冲动了，嗓门太响，让人下不了台。他担心这个沈芷平会离开，他想如果这姑娘真的生气走了，自己一定会很伤心的。男人觉得这个时候最好尽快跳出这个令人烦躁的空间，于是他提出把菜打包，带回住地吃。

沈芷平说：那会凉的。你就在这吃吧，我等你。

一个很宽容的姑娘，他想，但他还是说：我现在好像也不饿了。

然后他们便上了出租车，直接开到了酒店的门厅前。电还是没有修好。酒店里的客人差不多都出去吃饭了，只有几位当值的服务生在微弱的烛光里走动着。没有人注意他们从一辆车上下来，他的担心显得多余。他把手中的饭菜移交给沈芷平，意思很明显，就是不希望她很快走开。他在大堂里点了一支蜡烛，慢悠悠地走回到自己房间的门口。他看见烛光下的沈芷平比平时要端庄一些，而且，这个姑娘的年龄似乎一下子长了五岁。

进门之后，他首先放稳蜡烛，再来脱去身上的夹克，他感到有点儿热了。

沈芷平从后面帮他脱了。

一个女人的影子便在这个瞬间自他心里重现了。这是韦青。这是1983年秋天的那个韦青。他记得在水市的那些日子里，每回去看韦青，进门之后她都要从后面帮他脱下那件米色的风衣。那是个风衣和伤感一并流行的年代。他记得那件风衣，记得那件风衣曾经铺在水市机关暗室的地上，记得那件风衣带给他们的折磨。

这个晚上该不会发生什么事吧？他居然这样地想了。

烛光下的姑娘此刻很沉静。过了会儿，姑娘才说：你性子怎么这么急呢?

不等他回答,她接着又说:你一急,我就觉得你没素质。

他心里挫了一下,还没有女人这么当面说过自己呢,这个小女人却一针见血,说得他一点脾气没有。他坐到靠窗的椅子上,正好被她投下的阴影所覆盖。沈芷平说:人家好心给你点狗肉,想让你暖和点,可你……

她说不下去了,背过身不想理他。过了会,他才低声说了句:你想知道我为什么不吃狗肉吗?

沈芷平转过身来,不知所措地看着他。

他点上烟,还是用比较低沉的声音说:我在农村插队时养过一只狗,叫副官,养了两年,结果让一个上海杂种半夜给煮了。

沈芷平惊讶地站了起来。

他说:后来我给它画过一张像……我至今还保存着。

她说:在这吗?

他摇摇头:在石镇,我故乡的家里。

她说:下次能带给我看看吗?

他说:过几天我可以画给你看。它在我的脑子里。

这时候,电来了。灯亮的那一瞬,他看见面前的沈芷平已是两眼晶莹。

北京：1999 年 4 月

昨天电来的时候我突然感到有些饿了。带回的饭菜已经变凉，沈芷平便拿到她的宿舍里，想用电炉帮我热一下。她让我趁这会儿工夫先洗个澡，她说：半小时以后我再过来。半小时够吗？我说我洗澡很快的，你不是说我是个急性子吗？

她笑了笑，似乎有些腼腆。我喜欢这种腼腆，这些年我从女人脸上看够了妩媚、温柔、风骚或者矜持，唯独没有见到的就是这种自然流露而出的腼腆。它像一根保险丝一样，接通了我沉积在心底层的那种古典情怀。事实上，来电的那一刻，我的内心已经被这个叫沈芷平的重庆姑娘点亮了。

浸在浴缸里，我感到浑身的细胞在发生着裂变，不断的流水从我的

身体上滚过，产生出惬意的快慰。然而一回想起这个春天的经历，又不免有些伤感了。王珏的死和肖航的来去无踪像两块沉重的石头压在我心上。人生的荒谬与生命的脆弱立体地呈现在我的眼前，我曾经几乎被击垮过去。我相信我是一个彻底的悲观主义者。我的流浪实际上是逃亡，这种生活开始于1992年的那个春天。我从长江的边上逃到了南中国海的岸边，后来又去了黄河的腹地。现在，我蛰居在中国首都的一个标准间里，那些曾经趟过的大河如今都集中到了这只精致的浴缸里，成为一潭死水。我已经不再是我，我可能就是我的一个标本，我身边的水可能就是那种叫做福尔马林的药液⋯⋯

这便是我还活着的现状。激情与冒险似乎已经远离了我。但是我一点也不感到遗憾。过去的那几年仿佛一场噩梦，虽然至今还在追逐着我，但毕竟是醒了。这种劫后余生使我体会到亡命的艰难。我想我怎么也不会再重蹈覆辙了，就像一个人不可能在一条河里淹死两次。我需要一只梯子，让我从这潭死水里爬起来。

抹去镜面上的雾气开始剃须。镜子里的那个男人此刻的表情很是古怪，镇静中渗露出一丝慌乱，这个晚上其实还没有开始，还没有到说再见的时候。但是我的等待在这一刻突然变得十分焦急。我甚至担心她不会再来了，她可以让别人把热好的饭菜送进这间屋子。果然就是如此。我刚走出洗澡间，就听见有人按响了门铃，是三楼的保安。先生，他说，饭菜给您热好了。我向他道了谢，但是我又说：我现在没有胃口，麻烦你帮我把这些处理一下，再给我买几袋方便面。

我承认我很失望。时间已临近九点，无所事事的我唯一的着落就是回到床上，去看那些和我一样无聊的电视节目。刚才我还是衣冠楚楚的样子，现在又弄乱了。电视里在播一部老电视剧，说的是知青插队那阵子的事儿。片子无疑是老了，可那种气息还是感染了我。时间已经过去了二十几年，那时的我才十七岁，而沈芷平还储存在她父亲的体内。我们是名副其实的两代人。正是这种障碍使我踌躇不定，裹足不前，可我却还在等待，等待一个腼腆的姑娘时常在我眼前出现。这会使我得到安慰，使我的身心重新活跃起来。然而即使这样，我也回不到十七岁了，那个生命刚刚勃起的阶段。

门铃又响了，我想是保安给我送方便面来，便去开门，但进来的是沈芷平。她也刚刚洗过澡，头发上的水珠还没有揩干，她换了一套粉红色的运动装，显得光彩照人。在她手里，拿着一只塑料袋，里面装着方便面和苹果。

你去给我买了？我这样问道。

现在吃吗？她回头看我：我还买了包鱼泉榨菜，是我们家乡产的，味道很好。

今天晚上我怎么老给你添麻烦？

你这人是不太好伺候，她说，一边替我泡方便面：你别生气，我随便说说的。

你穿粉红色很好看。

宝气吗？

什么叫宝气？

就是土气。我们那里叫宝气。

不宝气。

说着我就靠到了床上，注视着她的背影。她的动作十分灵巧。等她做好一切，我对她说：你坐过来吧，我得看着你说话。我指了指床沿。我惊讶的是自己说这些话时居然如此果断，一点也不犹豫，而且，带有命令的口气。

她转过身在原地看着我，直到我又一次拍了拍床，才腼腆地走过来。她知道这样走过来意味着什么，但她还是到达了指定的位置，慢慢坐下来，然后我就拿起了她的右手。

你的手很好看。

你以前对别的女人都这么说吗？

我生命中的女人，手都非常地美丽……

你想给我看手相？

不，我只想这么握着它……这样的手应该去弹琴。

我弹过，可是弹不好……要不我就不出来了。

你们实习多长时间？

半年，已经过去两个月了。

就是说，再过几个月就得回重庆了？

对。

想过不回去吗?

其实我不愿意回去的……回去没意思。可是留在北京又能干什么呢?从前,我只想着怎样去做一个好女人。现在连这种念头都没有了,觉得做什么都没意思……

是呀,人人都感到没意思……

然后,我们拥抱了。我已经下了决心,今晚必须把她留住。

——1999年4月4日

和以往任何一次不同的是,这个晚上后来发生的一切都显得平静而熟悉。他们似乎是在等待这个结果,或者说,这个结果完全是意料之中的。很多天后,他们谈起这个晚上时语气中除了一点好奇之外,就没有更多的感慨了。他有些困惑,于是便把这种感受坦率地告诉沈芷平,他说:我觉得心跳都没有加快。而且,我也没感觉到你的紧张。沈芷平便笑了,说:我总觉得我们已经认识很多年了。

这或许是真的,他想。仔细回忆起来,那个晚上他们肉体接触的每一个步骤都是那么地从容不迫。甚至可以说,来自肉体的默契早已到达。当他紧紧搂住她的腰部时,感觉就像搂住了一床柔软的锦被,自己身体的每一个部位都被置放得非常舒服。然而做爱的高潮却是在沉默中得以完成的——这使他暗暗吃惊,因为它和预期的指标有所距离。

还有一个细节不可思议。当他准备进入她的身体内部时,他竟问道:你是处女吗?如果是,我就不想要你了。女人没有回答,其实是回答了。在这个世纪行将结束之际,一个二十二岁的女人本身就是回答。

以后的几天里都是这样。他倒觉得,占有这个女人远不及欣赏她来得愉快。他尤其喜欢的就是她身上的那种仿佛与生俱来的腼腆。可是,占有一个女人从来都是以性为标志的,性的不完美也就意味着,即使你能够主宰这个女人的全部也不表明是一次胜利。或者就是失败。

外面的天又开始下雨了。这是1999年北京的春末,细雨绵绵似乎暗示着这一场风花雪月只是一次幻影,显得毫不真实。这样的时刻,男人就会想到生命中的另外两个女人:李佳和桑晓光。几年前和李佳的离异让他时常为他们之间性生活的障碍所懊恼。在他看来,男女之间倘若在这方面出现问题，前景便很暗淡了。男人的关系是不能靠观念来维系的。性是纽带。和谐的性生活便是性爱，便是一对男女无法离开的真正理由。也许是唯一的理由。所以尽管他和桑晓光最后已经是接近反目成仇了，但是，他还是无法忽视她。两年前他去海口拍摄电视剧《北纬20度》，当最后一个镜头结束之后，他的视野里便只剩下了一把红伞……

　　他记得自己当时是那样冲动地向红伞下的那个女人走去的。他们在伞下有过一段很长的对话。她说她新买了房子。她说她几乎把所有的旧东西都给扔了，只留下了一件。他说我知道，那是一张席梦思，他说那上面留着我们从前的汗味。

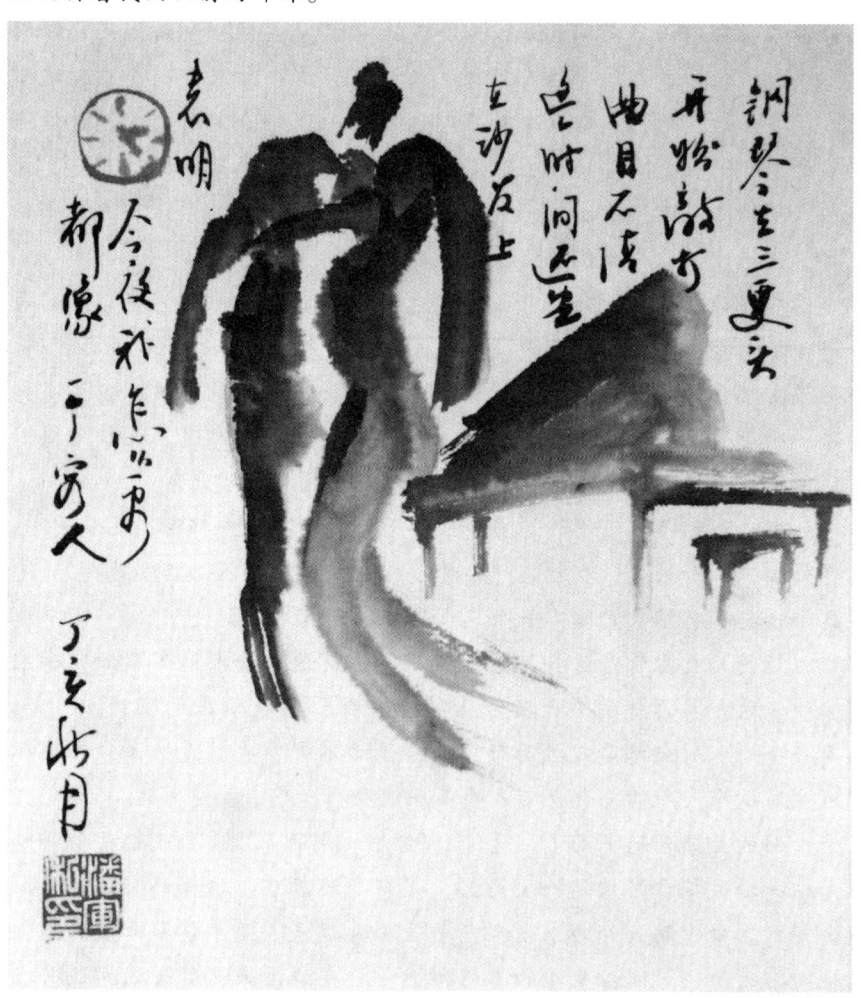

那个晚上后来男人就去看了桑晓光的新房子，一切在意料之中，这个女人总会把她的寓所收拾得既体面又豪华。屋子里盛满了怀旧的鲜花，但是那张曾经被他拥有的席梦思却被放置在一个灯光清冷的角落。男人走近它，用手抚摩着它冰凉的表面，然后回到宽敞的客厅里与从前的女人说话。谈话的内容却是关于海南前途，男人建议说：你最好换一个地方，别守着这个房子，虽然它很漂亮。女人更多的是在倾听。墙上的那面时钟在静悄悄地走动着，很快便走过了深夜三点。再后来，男人就离开了。在他迈出房门的那个瞬间，来自心尖上的一阵颤痛使他差点想转过身来，与此同时，他能感到脊背上正爬行着两行女人的眼泪。那个晚上，男人感觉仿佛是从一场大梦中走出来，其步态完全是跌跌撞撞。几个月后，在犁城一个停电的雨夜，男人就着一根蜡烛，写出了自己有生以来的第一首诗——

钢琴在三更头上开始敲打
曲目不清
这个时间还坐在沙发上
表明
今夜我怎么看都像
一个客人

现在，男人在床上把这些告诉沈芷平时，语气已经显得相当地平淡了。可是女人却听得很专注，好像还受到了一些感染。这些天来，男人对她说得最多的就是李佳和桑晓光，他说：一个男人爱过一个女人其实是难以磨灭的。某种意义上，遗忘她们就等于撕毁了自己这部历史中最为珍贵的几页。

她说：是因为"男人的一半是女人"？
他说：不是一半，是全部。
她微笑着看着他，又问道：那么，我应该是你的第几页呢？
他犹豫了一下，说：我希望是最后一页。
她便从他身边坐起来，说：你一下午的话都好坦率，就这一句虚伪。
他也坐起来，想辩解，但她打断了他：你别怕我伤心，也许过不了多久，我也会成你的客人了。

这一刻我的尴尬竟被惊讶抑制住了。我想不到这位不过二十二岁的女人如此坦白。她面带微笑地揭穿了我，却不使我躲避她的目光。我很快便轻松起来，同时我又有一点担心，她是否还有别的男人？我就问：你以前和几个男人好过？她却反问：你们男人是不是很在乎这个？这倒叫我脸红了，就掩饰说：

我随便问问。

接下来我又问她，对我们年龄上的差异怎么看？

她说：事情都这样了，还能怎么看呢？

我说：你可以就此撒手的。我不会缠着你，那样没意思对不对？

她说：你别觉得我是认为你很了不起才和你这样。我不是。

我说：你的意思是不是说，换一个人你也照样？

她犹豫了片刻，说：只要我觉得人好。那天若不是你说了你的狗，我也许……对不起，我不是故意藐视你，我真就是这么想的。

我说：你是对的。

她有些紧张了，坐到我腿上说：你生气了？你别生气，你笑起来很年轻的。

我便笑了笑：只要你认为我还年轻就好。我应该年轻才对。

我们就这样闲聊了一下午。再过一会，她该去接班了。这个班将从下午四点上到晚上十二点，然后，她会再回到这里。通常的情况下，我利用这段时间来进行写作。这部电视剧其实早已完成，但我不想过早地拿出去。投资方资金的周转看来是出现了问题，他们会这么拖下去。我想这也好，反正现在我不着急了。因此我决定来写一部小说，不过写什么我始终还没有想好。

沈芷平在卫生间梳头化妆。我喜欢她把头发挽成髻的样子，她穿上制服就显得端庄，很好看。每次她上班前，我都要整理一下她的花领结，再拥抱她，送她出门，一直看着她走下楼梯。她的背影总是非常动人。而在那个瞬间，我又开始渴望与她回到床上了，尽管我们离开那张床只有半小时。这是一种奇异的感觉，是一种富有戏剧性的结构倒置，一种情感状态的逆行或悖反——床的魅力从一开始就出现了，然而紧接着便是丧失，等离开床了却又迅速培养出了新的冲动，再次构成对床的向往。在这个过程中，床的位置重要又似乎不重要，它是起点，也是终点，却难以成为情感的支点。

我关上门。外面逐渐响亮的雨声使我无法振作起来，我便又回到床上。被窝里还留有她的体温和气味，我便很自然地沉浸到刚才做爱的回忆中。她是乖巧的，在这个方面从来不提出任何要求。无论我怎么做，她都是顺从。但是我却不感到满足，因为我体会不到她作为女人的愉快与欢乐。我向往的是一种男人与女人的战争，是棋逢对手的那种较量，而现在，我差不多是在和一名战俘交手。我为我们不在一个段位上感到沮丧。从前那种你死我活的状态已经失踪了多年……

大约在晚饭前，我接到了一个陌生男人的电话。这个人自称是杭州张毅的朋友，来北京办事。他说：要是方便的话，我们一起谈谈。我们便约好在亚运村附近的一家茶楼见面。去的路上我有了一种不祥的预感，联想到我离开杭州的那个黄昏，张毅没有去送我，之后也没有解释的电话追到犁城，我就觉得事情有些不妙。可这么多天过去了，这件事便也淡忘，如果我现在去见的是张毅本人那该有多好。

很快我就到了。远远看见一个男子从南窗的台子边站起来，觉得面熟，马上便记起我和这个人是在"金萨克"见过的。他是张毅的一个小兄弟，姓童，大家叫他童经理。

张毅怎么样了？我见面就这样问道：这家伙好久不跟我联系了。

他无法和你联系，童经理说，他进去了。

进去了？什么时候？

就在你上回离开杭州的前一天。

怎么回事？

童经理说，还是和过去海口的那些事有关。张毅是做金融的，负责给公司引资，那几年他从杭州弄过去不少钱，结果其中一笔回不来了。

这与他有什么关系呢？他不过是个中介者，不是当事人。我说：除非他从中拿了好处，他会这么傻吗？

童经理说：查了一个多月了，什么也没查出来，人却不放。

这是违法的，我气愤地说，刑事拘留最长的时间只能是十五天。

童经理说对方办得很巧妙，他们没有让张毅进监狱，而是把他软禁在一个乡间废弃的水泥厂内。那是一幢破旧的五层楼，上面只住着张毅，下面有人把守。

这和私设公堂有什么两样？

所以我这次来北京就是想找找人，童经理说，看来不找人是不行的。

得申诉！我说。

不能申诉，童经理说，你知道在中国办事，很多是不好搬上台面的，那会把事情搞复杂。

我沉默了。我突然想到几年前我和冯维明的纠纷，最终选择的也是法律之外的一条路。很多次，我都在作这样的设想：倘若当初执意要和冯维明对簿公堂，后果会怎样？他或许也会"进去"，但真正失去自由的却不是他，而是我。一只无形的手会伸到铁窗之外来控制我，我的身后便会永远拖着一条看不见的、却是十分恐怖的阴影。

张毅至今还被关押在那幢寥无人迹的破楼上。对方振振有词地解释：这不是监狱。他们的话固然不错，却给了我另外的启示——监狱并不意味着高墙铁窗，也并不意味着镣铐哨兵，监狱就是一张网，甚至会是一张无形的网，只要剥夺你的尊严和自由，就不算有辱其使命了。

——1999 年 4 月 11 日

第二天，他又去见了那位童经理。他给张毅写了一封长信，并捎去了新近出版的一套小说集。这些作品是他自三年前恢复写作以来的收获，其中的一些篇章是关于海南的。张毅很爱读他的小说，他希望自己的这些书能陪伴这位好朋友度过最困难的时光。但他却无力为他"找人"。他对童经理说：事情有了转机，务必及时给我一个电话。童经理说：会有转机的，会有的。这话听起来倒像是在安慰他似的。

张毅的境遇再次唤醒了那个驱之不散的梦魇。中午，这个恶魔便迅速地上了身。情形和以前大致一样，还是呼吸感到艰难，还是四肢不能动弹，意识还是清醒的，所不同的是，他不再慌乱了，他开始了搏斗。他把残余的力气凝聚到脚踝，仿佛在等候一个时机蹬踏而出——如同跃出泥沼。他能感到双脚在紧张地战栗着，然后，他成功了。等他坐直身体时，沈芷平正好进门，见状便立刻走近，扶着他的肩膀：怎么了？

他呼出一口长气：鬼压胸。

什么？

他喝了口水说：我们家乡把这种梦魇叫做鬼压胸。

沈芷平说：是不是手压住胸口了？

他摇摇头：我的手放得好好的，像被捆着似的。

沈芷平说：你应该去看看医生才是。

他还是摇摇头，叹道：医生是治不好噩梦的。它跟随我很多年了，会一直跟我到棺材里。它不会放过我的。

沈芷平很难过地看着他,把茶杯递到他手上。他握着她的手,反过来安慰她,他说:没事的,它整不死我。

女人还是流泪了。女人轻声问道:你是不是太紧张了?我觉得你好像很累,要不要我陪你出去走走?我是说我们可以离开北京一段日子。

他笑笑:班不上了?

她说:这没事,反正实习也快结束了。我可以请假。

可是去哪呢?

去哪都行。

去你家怎么样?他看着她,然后解释说:我送你回重庆,站在对面的街上看你进门,或者在你家的附近租一套房住下来?

你别吓我,她说,我父亲要是知道会打死我的。他只比你大八岁。

他搂着她说:你看,我们都成了无家可归的人了。

她说:我们可以自己建一个家的。

你是说嫁给我?

这没关系,我只要和你在一起就好。

这个时候他们都想到了做爱。于是男人就准备脱衣服,但女人制止了他,女人说她不喜欢这么一本正经的,况且自己还在班上。她说:别太像结婚了。

人人都向往偷情,连这个小女人也不例外。是因为偷情来得刺激吗?他心里这么想着,觉得很开心。他们接吻。与此同时他的手从女人制服里伸进去,去探那对不太丰满却很结实的小乳房。他使劲握住它们。女人在他的身下,仿佛昏昏欲睡,她的手好像是第一次主动来抚摩男人的下体,显得小心翼翼,然后开始抬高自己的腿。男人把这条修长的腿扛在肩上,审视着女人那个越发晶莹的部位,动作略带粗野地进入了。很快他就听见了女人的呻吟,这呻吟十分微弱,像蚊子的呼喊,却给男人带来了极大的欢乐。他们从床上滚到地毯上的那一刻,男人临近了高潮,他迫不及待地想从女人身体里退出来,但是,他的腰部已被女人的双手牢牢箍死。男人叫道:放开,不能在里面的!

女人没有放开。女人似乎早有准备,决定来一次背叛。

风暴过去了,他们还在地毯上躺着。

男人责备道:你怎么这么任性呢?要是怀孕了怎么办?

女人说：打掉就是。

男人说：废话，这很伤人的。

女人说：我总觉得我这辈子都不会怀上的。其实，我真想跟你要一个小孩。

这句话让男人颇感意外。密实的窗帘遮蔽了窗外所有的阳光，这个空间就永远是晚上。夜晚应该属于普天下相爱的男女，他们也不例外。但是，这毕竟是个虚伪的夜晚——在后来的日子里，男人常常这么想着，却不知道为什么。

石镇：1999年4月

那个晚上——当真正的夜晚来临后，我和沈芷平有过一次长谈。还是延续着几小时前她关于想要一个孩子的话题。我很诧异，像她这样的年纪怎么就渴望去做一个母亲？她本人还是一个孩子，最早的独生子女。她的父母都是生意人，家中的经济状况殷实，有一栋带庭院的三层小楼。显然，父母是不希望这个女儿日后落在外面的。他们肯定要等一个女婿上门。我问过沈芷平，她说她之所以出来，就是想逃避父亲看中的一个男人，那个人也是做生意的，是一个建材公司的老板，为人倒还忠厚。可是我不喜欢他，沈芷平说，我也不想早早把自己打发掉。

可是，我这么问她，你又说想要一个孩子？

我是觉得……我自己很失败，她有些沉重地说，我没有一件梦想成真的事，哪怕是一个很小的梦想。

比如？

她靠到我身上，把一只手伸到眼前，说：那天你说我的手好看是吗？我自己也觉得好看。你说这样的手应该去弹琴，是的，这就是我的愿望，很小的时候我就想将来去学音乐，学键盘，弹拨也行。我向我父亲要一架钢琴，他不同意，他说太贵了——那时我们家还不富裕，而且，我父母经常吵架，闹离婚，他没有心思顾及我的要求。后来还是我舅舅给我买了一把电子琴，是国产的，但可以弹。我就跟我的一位老师学，不到半年，我就能弹得很好了。有一天，老师去了我家，对我父亲说我学琴有天赋，他希望父亲能给我买架钢琴，因为电子琴弹久了会耽误事的，指法改不过来。可我父亲说小孩子不就是个玩吗？弹琴毕竟是不能当饭吃的。老师只好说，那太可惜了。后来父亲对我说，我可以给你买钢琴，但是你能保证将来考上音乐学院吗？我心里发虚，却还是点头了。父亲说那好，明天我就给你买，你得给我先写一份保证书。

怎么会这样呢？我插言道，即使算是父母给儿女的投资，那也是不计回报的呀！

可我的父亲就是这样。沈芷平接着说：从钢琴买回来的那一天起，我就感到我不是在弹这架琴，而是在拼命地扛着它。那一年我才十五岁，比现在还瘦，我能扛得住吗？可是一想到父亲把多年积蓄的一万多块掏出来，一想到他和工人们一起把琴弄进家，流了那么多的汗，我的压力就更大了。父亲是爱我的，但是不理解我，我记不得我们一家三口可有过在一起开开心心的日子，好像没有。结果，我让父亲失望了，没有考上音乐学院，连音乐学校也没有考取。第三次考过，父亲没有收到录取通知书，却收到了我的一位中学同学写来的情书——像往常一样，只要是我的信件，他可以不经我同意就拆——一下就发火了，说我欺骗他，把同学的信和那张保证书都撕碎了，再扔到了我脸上——我记得那是1996年的8月14日，三天后，就是我十八岁的生日……那一天，我想到了死……

十八岁的沈芷平最初想去投嘉陵江，那是一个微雨天气的后半夜，山城重庆正处在沉睡之中，这个身材单薄的姑娘给父母留下了绝笔，信中再三向她的父亲道歉，她只提出了一个要求，就是希望父母不要离婚。她似乎是很镇静地写完了这封信，然后就悄然出门了。她从一条小巷穿过，便直奔朝天门码头。街上看不见行人，只有少量的出租车从她身边驶过，每一辆车与她接近时都会自动减速。最后，有人对她说话了，问她要不要乘车。她说不要。但是那辆车还是停下了。司机说：上来吧，我捎你一阵，不要钱。她谢了司机，却还是走自己的路，也许她觉得这是生命最后的一段路了，需要亲自把它走完。她的镇静与肃穆引起了那位好心司机的关注，这之后便一直减速与她同行。司机说：姑娘，我不是坏人，你要是有什么心事，上车来和我谈谈吧，我女儿差不多和你一般大。

那真是一位好大叔，沈芷平现在这么感叹道，看着他那副担心的样子，我就觉得很抱歉，但我没有对他说出自己的心事，我只说我没考上学，心里头很闷，想到江边坐坐。谁知道他竟责备我，说，孩子，这可是你不懂事了。这么晚了，一个姑娘家出门，你父母能放心吗？来，我送你回家！

我一下就哭了，沈芷平说，我伤心地想，我怎么就没遇见这样一位好父亲呢？这就是我要和你好的原因，这就是我想要个孩子的原因，我会把我全部的爱和梦想都给这个孩子。我自己可能不是个好孩子，但是我有信心去做一个好母亲，称职的母亲，你信吗？

我说我信。我相信沈芷平对我说的一切都是真实的，并为此感到难过。某种意义上，她可能就是把我当成一位父亲来爱的，这种复杂的爱从一开始就形成了，所以我们相处这些天里，她的温顺远远超过了任性。这不是她的天性，不是的，她只是企图从我这儿找回自己一生中丢失的那份情感。从我领会到这层意思起，我便预感到我会进入到一个无法克服的矛盾之中，而且极有可能最终要令她失望，因为这辈子我是决计不想再要第二个孩子了。我的孩子在犁城。

晚上，我接到父亲的电话，说外祖母最近一些日子身体状况不太好，问我能否抽空回石镇一趟。父亲说北京现在有了直达水市的火车，但那是趟慢车。

——1999 年 4 月 20 日

由北京开出的那趟火车在经过十八小时的行驶后，于这天的下午抵达了水市。男人刚走出站，就听见了小丹的呼喊。感觉中小丹好像没怎么变化，只是头发焗成了微红，使她看上去并不像一个四十出头的女人。出发前，他给小丹去了电话。小丹说：转到这边来你就想到我了？平时一点声音也没有。他说我给你挂过几次电话，都没有人接，我说的是实话。小丹问：还是一个人吗？他说还是。小丹说：算了，我看你还是回犁城和李佳复婚吧，两碗剩菜倒在锅里一起热热。他说：我还不至于饿成那样。小丹说：我知道，你这家伙身边少不了女人的，但是你总不能一辈子这么漂着吧？

自从 1984 年秋天离开水市，这十五年里男人和这座江北小城的交往屈指可数。城市的变化到处可见，但是无论怎么变，其小气的格局是早已定型了的。要是当年不离开水市会是怎样的情形呢？他想不出，或者说他根本就没有去想，这座城市之于他更多的是一种回忆的需要，是一次次伤感的缅怀……

小丹毕竟是小丹，一个能揣摩他心思的女人。她指挥出租车从一条老街通过，雨浓的家就在这条街上，但是如今这里已经没有人住了。雨浓的父亲一年前随儿子移民去了加拿大的温哥华，雨浓则陪伴着母亲安睡在公墓里。雨浓要是活着，今年四十四岁。他想不出这样年纪的雨浓是什么样子，于是他就对小丹说：雨浓走了二十四年，却为我们永远留下了一个二十岁的倩影。小丹说：回头我们去雨浓坟上看看吧。

夕阳下的墓园有一种特殊的静谧，周围的林子正是苍翠欲滴的时节。清明过了，但是那种湿润的气息还弥漫在这片天空下。有几只黑色的小鸟无声地从他们头顶上飞过，他们坐在雨浓面前，从前的事仿佛发生在昨天，时间流逝得真是太快了。

小丹说：雨浓要是能留下一个孩子就好了，我会帮她带大。

他说：我也这么想过……

小丹说：你是想做那个孩子的爸爸吧？

他说：为什么不呢？

小丹说：你想过我们之间有孩子吗？

他说：没有，我总把你看成是一家人。还记得吗，那一次我来水市住在你家，忘了带牙刷，你就让我用了你的。

小丹说：哪一次？我怎么不记得？

他说：很久了。那时候雨浓还活着……但是我没想过，我们会有孩子。

小丹说：我是想过的。其实插队那阵子，知青偷偷生孩子的多的是。

他说：真要是那样，一切都会是另一个样子了。

小丹说：那我们会离婚吗？

他说：这得看我们怎么过了，反正两个人厮守一辈子都不容易。

小丹就叹道：要是男人都是女人的牙刷多好！牙刷是不给别人用的。

他说：可我还是用了你的。男人有男人的毛病，没办法。

小丹说：什么没办法？把你撵回山里，看你能折腾几天！

他说：不撵回山里，也折腾不了几天了，你不觉得我很老了吗？

小丹说：别在我面前装老。

他说：我看你倒过得挺滋润的。

什么话？小丹把手伸给他说：你看，我这手那还叫女人的手呀，都皱成这样了。

他握着小丹的手，然后告诉她，自己想连夜赶回石镇去，等外婆的病情稳定了，再回水市安心住上几日。

其实我离开石镇才三个月。春节的时候我在家中住了一周，然后就接到了北京的通知。今年的春节家中特别冷清，小妹因在上海加紧补习外语，准备参加今年的"托福"考试，没有回来。家中只剩下我陪三位老人过年。年初一，二妹从洛杉矶打来电话，说现在她的状况有所改观，想让父母今年过去住些日子。母亲说暂时还不行。她担心年迈的外婆在这期间万一有个三长两短的会赶不回来。我就说：你们还是抓紧时间出去看看吧，等手续办好了，我就回来照顾外婆。母亲说你正在做事的阶段，哪能成天守着一个老人呢？我们的交谈让外婆听见了，于是老人便发出了感叹：都是我连累你们了，我死了，这个家就太平了。养人有什么用？大了，翅膀硬了，个个都像鸟一样地飞走了，连个窝也不要了！

这个春节就这么过去了。

外婆上个月跌了一跤，行动开始变得迟缓。父亲在电话里没有说清楚，现在我知道了，就很有些生气。我责备父亲：她这个年岁是经不起这么跌的！父亲沉默着，他的表情显示出一种忍受。他本人也是古稀之年，这几年外婆的性格越发古怪，以至于平时他们三人之间很少有交流。他们每天的生活除了一日三餐就是守着一台电视机。遇到败胃口的节目，三个人便陷在三张沙发里打着呼噜。父亲曾经计划写回忆录，后来这念头又被打消了，取而代之的是和几位老友玩麻将，如今县里抓赌正盛，也只好偃旗息鼓了。想想，他们的时间还真是不好打发。实际上父亲的电话是个借口，他们很希望我能在石镇每年多住些日子。这样看来，我还是需要在犁城买一套房子，早点把父母搬过去，以便照顾他们。以前我总有回来的考虑，现在想想似乎不现实，县城一旦搬迁，石镇就更加冷清了。我想这次就与他们谈谈。钱不是问题，况且目下房地产业不景气，到处都可以办银行按揭。

晚上，等外婆睡下后，我把自己的想法对父母说了。

母亲有些犹豫，说这件事还是等等，毕竟外婆年事已高，说走也就走了。母亲的意思是要等到把外婆送上山那天，在老家罐子窑还有祖坟。

父亲插言道：外婆现在说不在乎火葬了。

我说：这不行。必须土葬，把她和外祖父葬在一起，再合立一块碑。这项费用全部由我来出，我要把老人热热闹闹地送上山。

我又说这件事与举家搬迁不矛盾，外婆真到了那一天，雇一辆车就是。

母亲说：就怕老人故土难离呀。

我说：你们也是老人了，趁着现在外婆还能动弹，还是搬吧。

母亲说：其实，我在这地方真是住得厌倦了，一辈子都扔在这里。我是又想你常回来，又不想你在家门口露脸——那有什么出息呢？水才往低处流呢。

父亲说：那还不如移民去 America 算了。美国的政策是，直系亲属有多少移多少。

母亲说：移过去不行。美国再好，那也是别人的国家，住久了不自在。再说，儿子总不会永远不结婚吧？

我说：我的事你们就别操心了。我先得把你们安顿好，再把女儿送出去，就是说，近五年里我不会考虑这个问题，反正一个人也习惯了。这几年还是抓紧做点事吧。

时间已临近子夜，我借口买烟，骑着父亲那辆旧自行车出门了。今晚的月亮很好，我便踏着这皎洁的月华去了琴河的堤上。

　　这条河总能勾起我很多的回忆。但此刻，回忆已经随风而去，我看到的是离我并不遥远的未来。今天晚上与父母的交谈，与其说是在安排他们，倒不如说是在清理我自己。人这一生想起来其实很简单。如果把它分成四份，那么前四分之一的日子，是由大人对你负责；这之后的两份，是你对与你相关的一切负责；最后的一份是你余下不多的时光，需要你对自己来负责了，这便是你的残生。那时，你的父母已经离开了人世，你的儿女也将独立前行，你的伴侣或许已经与你分手，从那时起你的阳光便失踪了，唯有黄昏与你相伴。孤寂像一张大网笼罩着你，而你已无力突围。没有人会注意那个每天出门买一份晚报的老头，没有人会在下雨时递给你一把伞，没有人会想起这个老人也曾经有过辉煌。谁能记得？谁可相依？

　　也许，我会在一个雨夜接到一个问候的电话。也许，我会在一个码头上看见来接我的人。也许，在我七十岁或者八十岁那天，有人会给我点上一屋子的蜡烛。也许，在我弥留之际会有人坐到我的床沿……

这都是我的女人！我还滞留在她们的记忆里，如同她们永远活在我的心中。

——1999年4月23日

石镇的早晨是明丽的。四月的风吹绿了树木，吹蓝了天空，也吹皱了他的心情。在这几天里，他每天都要骑车去那几条老街上转悠。当他打定主意要搬迁后，他突然对这个自清代康熙年间就已成规模的老镇产生了眷恋。他拍下了很多照片。

　　这种街头茶座让他感到亲切。这条街叫丁字街，从他开始记事的时候起，这儿就是个茶水炉子。他在这儿不知冲过多少次开水。那时的热水瓶外壳是竹篾做的。每天上小学他都要经过这里。有一天，他发现茶水炉的老板娘生了一个漂亮的小妹妹。那时他还没有妹妹，他觉得躺在摇篮里的这个一头黑发的小女婴挺好玩，就爱坐在边上摇她，以至于忘了上学。老板娘说：你不上学吗？他居然撒谎了，说：我们老师生病了。就这样他逃了三天学。到了第四天，老板娘把他母亲叫来了，于是他拔腿就跑。很奇怪，他一走，摇篮里的女婴便哭个不停……

　　有人在身后叫他。

　　他并不认识这个比自己明显要年轻的男子。那人喊他老师，接着递上名片，是县图书馆的馆长，姓刘。

　　听说您回来了，刘馆长说，正想登门拜访呢。

　　都是一个地方人，别这么客气了，他说，有什么事就在这儿谈吧。

　　于是他们就坐下了，要上了一壶茶。送茶上来的还是那位老板娘，却已是满头灰发之人。她当然不知道，现在喝她茶的是从前帮她摇孩子的那个小学生。

　　刘馆长说：我们想搞一个本籍文化名人的陈列室，主要就是您了，所以想得到一份您的手稿，不知道您是否愿意。

　　他说：我可以送一份。

　　刘馆长说：那太谢谢了。可是我们的经费您知道……

　　他说：我是赠送。

　　刘馆长说：我们可以给一个证书。

　　他说：证书也别给了。我要证书干吗呢？等我回到犁城，就给你们寄吧。

　　与这位年轻的图书馆馆长分手后，男人的心情陡然沉重起来。是呀，都有人来张罗自己的手稿了。他的手稿是比较齐全的，至少有三百万字吧，何必只送一份呢？这些东西女儿未必能看得上，女儿要继承的充其量也就是他的著作权。按现行的法律，这份权益会延续到他死后的五十年。那么他的手稿、藏书、日记这些东西都会束之高阁，或者付之一炬。如果还有人愿意要，那就通通地捐出去，捐给家乡，捐给母校，捐给朋友……

真需要一份遗嘱了。

这时候男人便想到了沈芷平。昨天夜里他们通了电话，女人问：你外婆的情况怎么样？他说：神志还很清楚，就是行动不太利索。女人说：那就请个保姆吧，免得把你父母也拖累了，他们也都是老人了。他说：谢谢你，你想得比我还周到。

后来他又说，自己还准备回犁城看看女儿，这样估计再折回北京，应该是五月的中旬了。

话说到这里，沈芷平犹豫了一下。她说：你忙吧，我这里都好。马上就做实习鉴定了。

其实女人是想说，等你再回来，我也该走了。

他一下感到很失落，说：你一定要等我回来，知道吗？

女人说：我会等的。

犁城：1999年5月

几天前的晚上，大约十点钟的光景，看电视的外婆突然变得不能动弹。我把她抱到床上，父亲立刻骑车去医院喊医生。在这前后十多分钟里，老人的神智已不清楚。等我把她靠到床上，才慢慢缓过劲来。她对我说：要是现在死就好了，趁你在我身边。我说：你不会死的。老人说：人都要死，我现在什么都不怕了。

俗话说：七十三，八十四，阎王不请自己去。外婆今年八十四，即使离开人世，也是寿终正寝。这个我心理上早有准备。我惊讶的是，老人的"什么都不怕"。老人对活着似乎已没有多大的兴趣。她的女儿已不再是从前舞台上那个亮丽的当家花旦了，坐在她的对面，差不多就是她过去一起在太阳底下纳鞋底聊天的街坊。她的外孙和外孙女都已离她远行，即使仓促地见上一面，她也无法找回往昔孩子们对她的依赖。她甚至能感觉到，孩子们给她的礼物只是一种敷衍。她总是抱怨：你们也不肯和我说说话。也许，人到了这个年岁，活着真是一种负担？医生诊断，外婆是因为受凉而引起肠道不适，而且，胆囊也有些问题。我却认为老人的病在于心。那天夜里医生走后，我和父母又在一起商量。1976年老人在水市的白内障切除手术看来不能算成功。我的意思是，能否去犁城再做一次？母亲说：算了，她这个年纪，身体的承受力有限。父亲也说没有把握。我说：老人要是眼睛看得清楚，心里也就亮堂了。母亲说：等秋天再说吧。

这样我在石镇又住了几日，等外婆的体质有所恢复，于今天的傍晚回到了犁城。

时间已经进入五月，这座城市却还处在冬眠。暮色中，城市的面目呈现出一种怪异的陌生感，很难相信这就是我曾经生活过十五年的地方。如同卡夫卡笔下的那个K走不进城堡，我也走不进这座城市，这种感受现在越来越强烈了。在这个城市，我是一个多余的人。十年前，我调到文联的时候，没有一个具体的单位愿意接受我。我的档案被塞在一只陈

旧的铁皮柜里。就这样,我被"挂"了两年。我是在这种情况下决定去南方的。那是1992年的4月5日,清明节,犁城的洛川机场上空一片阴霾,似乎带有某种祭奠的意味。但飞机还是照常起飞了。当飞机穿过厚厚的云层时,我清楚地意识到:这真是一块耻辱的天空!

现在,我又回到了它的底下。城市在冬眠,而我的心却已休克。春天过去了。春天在这座城市没有留下一点痕迹就过去了。长途汽车在进入主要街道的那个十字路口停了下来,司机说:只能到这了,前面走不通。旅客们便嚷嚷:再往前开点儿不行吗?司机不解释,自己先下了车。我有些意外,等下了车才知道,前面的路已经被一些下岗工人用自行车给堵住了。以前在电话里曾经听李佳说过类似情形,今天倒是亲眼所见了。我在路边站了一会,想拦一辆出租,结果等了很久,根本就看不见一辆出租车的影子。后来听一位老工人说,今天出租车司机集体罢工了,以抗议市政的收费规定。这位老师傅看上去很和蔼,我就问:这到底是为什么？整个交通瘫痪了还叫城市吗？老师傅看了我一眼，说：人总得吃饭吧？人要口饭吃，这要求不过分吧？五十年下来，厂子倒了，工人的饭碗砸了，每月一百来块钱还一时兑现不了，怎么活？上上下下的都说为人民谋幸福，其实下面的人民不要幸福，只要活着。

　　我有些激动地递给他一支烟，可他没接。这时候，街上的灯火已经陆续地亮了，最初的时刻，这些灯光给我的感觉很潮湿。没有出租车，城市一下子变得空洞而萧疏，脚下的路也越发地沉重起来。我茫然走在街上，口渴得很，就在路边的小摊子上买了瓶冰镇的矿泉水。一口下去，感觉像吞进了一把刀子，直抵我的胃。临近"红门"，天色已经彻底地黑下。门前那对写着"欢庆五一"的大红灯笼，经过风吹雨淋，显得十分憔悴，在它下面，是站哨的卫兵。与以往不同的是，今天的卫兵是持枪上岗的。我讨厌枪。我讨厌全世界的枪。

　　李佳和女儿不在家，可能是上她父母那边去了。家里收拾得很干净。我近期的一些期刊信件整齐地放在写字台上，边上还有李佳留给我的一张条子，其中有这样的话——

　　我们去玩了，如果没有吃，冰箱里有方便面。信是你女儿拆的。

　　我不饿，倒是觉得有些累了。于是先洗了澡，再躺到床上。我想该给小丹一个电话才是。电话是小丹的儿子接的，问我：你是谁？我说我是你妈妈的朋友。那孩子便喊：妈，又是找你的。过了会儿，才听见小丹懒洋洋的声音：谁呀？

　　我说是我，我到了犁城。

　　小丹的口气就变了：我还以为是我们单位的那个家伙呢。

　　我说：你又招谁了？

　　小丹说：我能招谁？别以为我是你。

　　我说：我怎么了？

　　小丹说：不是说好回水市过几天吗？怎么又走了？

　　我说：犁城这边还有点事情要处理。

　　小丹说：你别骗我。你小子是怕……算了，不和你说了。安心当别人的牙刷吧，我不嫉妒。

说着，我们都笑了起来。这种气氛让我高兴，让我感到轻松。我想再过二十年，等我们都是名副其实的老人了，聚到一起谈天说地，搓上几圈麻将，那日子也是很诱人的。人这一生说简单也真简单，最后也就剩下几个莫逆之交。

月亮很迟才于天空显现出来，给我亲切，一种十分遥远的亲切。似乎到今天才明白，这月亮和人的思念确实有着关系。

——1999年5月6日

李佳和女儿回来时他已经睡下了。朦胧中他听见开门的声响，脚步在他床前显得迟疑。可是他实在睁不开眼睛，疲惫此时已变成寒夜里的一件裘皮大衣，紧紧地包裹住他的身体，化为温暖。这张简陋的床铺却总能给他安适的睡眠，不过也常常是无梦的睡眠。

这一觉男人睡得很踏实，直到今天早上，还是李佳的一个电话把他唤醒的。李佳说：睡得好吗？他说很好。李佳说：那今天开始就由你做饭了。他说当然。他说：昨天夜里我已经制订好一周的菜谱了。李佳说：你这次就住一周吗？他说：北京的事情还悬在那儿，我得盯着。李佳说：是得盯着，别都让人掏走了，你总得给你女儿留点吧？

她只担心我把钱财给了别的女人，他这么想着，即使我已经沦为乞丐，她也免不去这种担心。

起床，然后去菜市买菜。阳光很好，但菜市上散发出的臭海鲜气味特别难闻。在南边前后待了三年，对生猛海鲜男人一直就是敬而远之。那个桑晓光是喜欢吃这些东西的。李佳似乎也是。而且奇怪的是，两个女人的吃相都十分相像。可他不行。不仅不行，反倒为此闹出不少笑话。一只螃蟹会整得他非常尴尬，第一次吃鱼翅差点以为是粉丝，倒是石斑鱼很对他的胃口。在吃的问题上，女儿的喜好与他是惊人的一致，譬如粉蒸肉、鸡蛋羹、清蒸鱼，譬如红烧排骨、爆炒腰花、火腿冬瓜。从前李佳总是埋怨说，这些东西营养价值有问题，胆固醇还高。她主张多吃鱼虾和鸡。他说，这就是我们的不同了，我吃的是胃口，你吃的是营养。他想人真是很怪，没有缘分两个人不仅睡不到一块，而且也吃不到一块，这日子过起来就难了。有人说夫妻的过程就是不断的适应过程。很多人就这么彼此适应了一辈子。他们却适应不了，所以中道而别就在所难免。时间过得很快，男人想，转眼间和李佳分手已经四年了。这四年里他们除了不在一张床上睡觉，不在一只钱包里花钱，其他方面似乎看不出什么变化。或者说，变化没有表现在客观上。他们也没有那种相敬如宾的客套，看上去一切都十分自然。该埋怨的李佳依然埋怨，该指责的李佳照样指责。这倒也好。

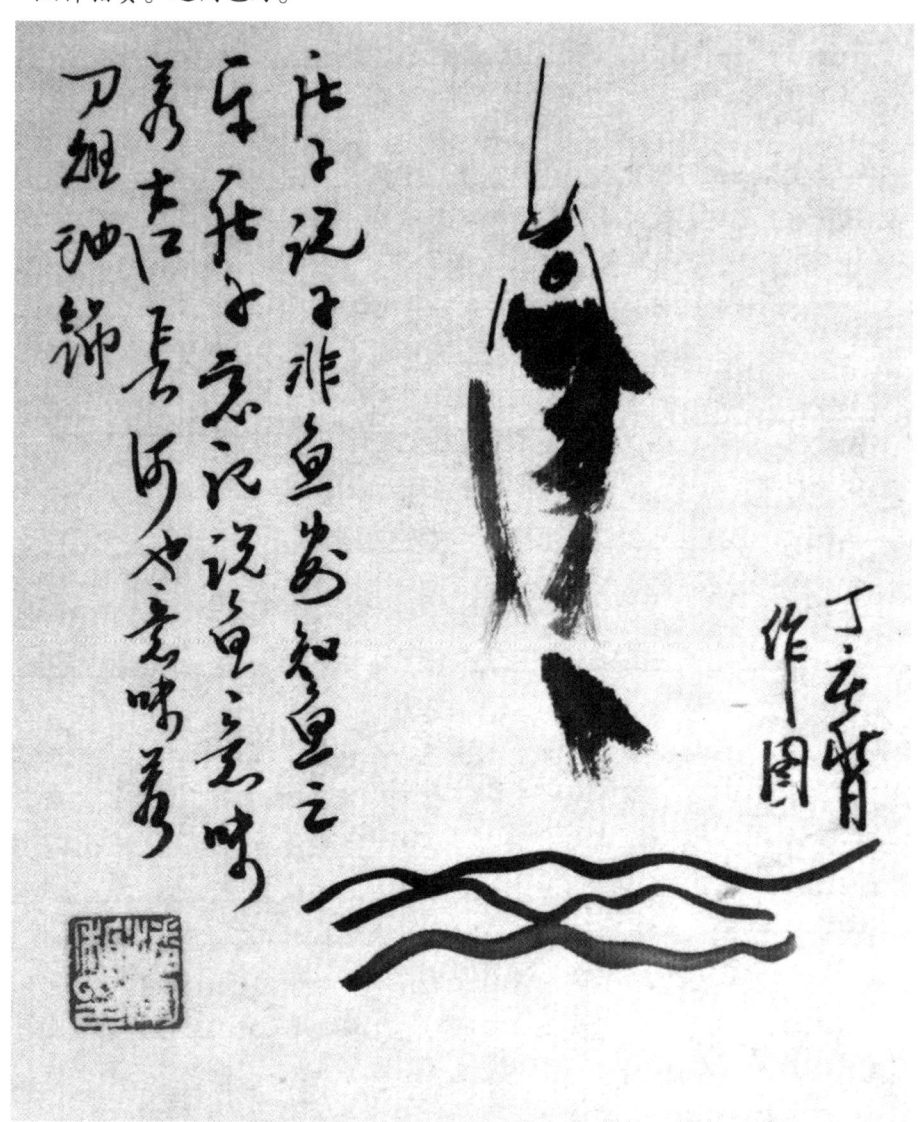

和以往一样,对久违的厨房男人还是抱有极大的兴趣的。他喜欢烹饪,这些年云游四方,每到一处,只要发现特色的菜肴,他都会记下来,带回犁城学着做给李佳和女儿尝尝。于是从广州带回来了咸鱼茄子煲,从海口带回了清蒸石斑鱼,从长沙带回了剁椒鱼头,从郑州带回了鲤鱼过黄河,从济南带回了鱼子炒蛋——这些菜肴居然都和鱼相关。这种感觉非常奇妙,仿佛证明了他的才能,树立了形象。有时候他不禁暗自发笑:自己写了三百万字的小说没有得到李佳和女儿的一点重视,剽学几道菜肴却赢来了无限夸奖。他想我的前世一定是个壮志未酬的厨子,我实在不该投一个作家胎。

我也是一尾鱼,他想。

所以我离不开水,他又想。

庄子说:子非鱼,安知鱼之乐?

庄子忘记说:鱼意味着大江长河,也意味着刀俎油锅。

客厅里的电话响了。男人关掉灶火,去接电话。对方是一个陌生的女声,问李佳在吗。他说李佳上班去了,你呼她吧。对方稍有停顿,小心地问道:你是不是……

他说我是她女儿的父亲。

对方就说她是李佳的同学,说:我们同一个寝室,你还记得吗?那时候你经常来我们学校呢。

是呀,他说,都二十年过去了。

对方说:你们是不是复婚了?

没有,他说,不过我们一直相处得很好。

对方说:李佳在我们面前可从来没有说过你的坏话。

她不会的,他说,这个我很清楚。

对方说:你们还是应该好好一起谈谈。

他说:我们一直在谈着,谢谢。

电话结束,他坐到沙发上抽烟,怎么也记不起对方是谁。李佳的寝室倒是历历在目,她是下铺,帐子里还挂着一张山口百惠的年历画,这或许是她本人与山口长得有点像。李佳喜欢用格子的床单,枕头边上总是堆着许多文学书:陀思妥耶夫斯基和海明威的小说,惠特曼和叶赛宁的诗歌,还有他最初的习作手稿。他还记得李佳的一面小镜子,椭圆形的，粉红色的塑料边框，背面镶嵌着她十八岁时的照片……

那时候李佳真是漂亮。从那张照片上你根本不会想到她是近视。那是一种冷静的美，冷静得近乎凄凉。

电话又响了。他感觉应该是李佳，果然就是。

李佳说：中午我有一个应酬，不回来吃了。

这一天里电话很多，最后一个电话是北京的一家出版社来的。是约稿。他们计划要出一套关于作家人生经历的书，一本散文随笔集。按照要求，还需要选出几十幅照片穿插其中，所谓图文并茂吧。文章是现成的，只需要做一次挑选即可。照片却要费些工夫才能翻检出来。我幼时的那些照片差不多都在"文革"抄家中散失了。唯一的一张，还是由我父亲保存下来。那是我平生第一次照相，摄于1958年的春天，我半岁。直到上大学之后，准确地说是在和李佳恋爱之后，照片才慢慢开始多起来。记得我们第一次照相是在1980年的秋天，刚开学不久吧。一个并不晴朗的星期日，我借了一台"海鸥120"，和李佳来到犁城的郊外。

我们当时就置身在这样的环境里，以天空和自然作为恋爱的背景。那是我们第一次的合影，也是我们恋爱生活中难得的一个亮点。现在，当我重新面对这些"老照片"时，心情还是相当的复杂。那份青春的年月对于我们，说不清是留恋还是淡忘，说不清是刻骨铭心还是不堪回首。但总之，它逝去了，是伤逝而去。

女儿和我的交流日渐少了，她的时间挤得满满的，课余便把自己锁在小屋子里看卡通漫画，要不就是趴在新添的电脑上。对她而言，父母只需提供她的后勤保障和经济援助就足够。我想起遗嘱的事，突然觉得自己很荒唐，因为这个女儿似乎并不需要什么继承的著作权。我的财产充其量也就是写下的那几十本书而已，她留着只是个念想，她甚至都没有时间把它们看上一遍。

中午吃饭时，我对孩子说，你把最近的作文拿给我看看吧。她说没什么好看的，都是命题的东西。

那就把你自己写的挑几篇给我看看吧，我说，如果你愿意的话。

她似乎有些勉强，但还是去拿了两篇周记送到我面前，她说：别改。

爸爸只是看看而已，我说，看过了我们可以交流一下。

然后她就走了。下午没课，她要和她的几个小姐妹一道去逛电脑市场。

女儿的周记一篇叫做《雨中的感觉》，另一篇叫《拒绝长大》。在这一篇里，她这样写道——

我每天洗脸的时候，就怀疑镜子里的这张脸是否属于我。是的，我感觉到我在渐渐长大，但是这种感觉却不能使我愉快，相反，它比自然的灾害还令我恐慌。想起我们小时候，是多么的无忧无虑，可以做自己喜欢做的任何事情。再看看周围的大人，又是多么的叫人失望——常常因为一点私欲利益而勾心斗角，活得一点也不真实。所以，我就在心里默默向上帝祷告：既然您赐我生命，就让我按照自己的意愿活一回吧。

女儿大了，人生的烦恼伴随着她的身心一并在生长。女儿所说的"周围的大人"，首先包括的应该是她的父母。

晚上，我意外地接到了中奇公司老板的电话，他告诉我电视剧的项目现在可以正式启动了，希望我早点回去。我说一周后就走。我想我得给女儿多做几顿饭才是。然后我立即通知了沈芷平。我告诉她，一周后最好把班调一下，别做夜班了。

她在电话里腼腆地笑着，她说：304 我一直替你留着。

我说：干吗这样呢？住哪间不都一样？

她说：不一样。304 是属于我们的。

她停顿了一下，接着说：我每天都要进去看看，你的烟味还在，那时候我就觉得，你离我不远，就站在我的身后。

——1999 年 5 月 7 日

北京：1999年5月

位于北京城东南的角楼初建于明英宗正统四年亦即公元1439年。连年的战乱烽火，使这座美丽的城楼遍体鳞伤，遂进行了多次修缮。其中，以清乾隆年间的那一次最为出色。1900年，八国联军侵入北京时，这座楼是前沿阵地，所以直到今天，你还可以从它伟岸的身躯上看得见累累弹痕。这是历史的见证。

这座城楼现在就在男人的视野之中。他离开了吃住三月之久最终一事无成的那个冠华酒店，在这座城楼的边上租了一套房子。

几天前，男人在犁城接到沈芷平的电话，说她无意中听见老板谈电视剧的事，好像他们不想干了。因为老板说，既然赚不到钱，那何必要投资呢？等他赶回北京见到这个自称是热爱艺术的老板时，他才知道事情的真相。原来计划收购片子的那家电视台的节目部负责人，在他回石镇的时候，和自己当会计的情妇携巨款外逃巴西，国际刑警中国总部已经发出了红色通缉令了。买主没了，制作方自然也就随机应变。

没有办法，老板说，我们只好调整方案。

他就问，经过调整的方案又是什么呢？

老板便像第一次见面时那样重新抖落开，说他们打算搞一部百集的大型电视室内剧，北京的影视圈行话叫"情景喜剧"。老板说：还是请你做编剧，我们可以一步步地来。

那么这一次呢？他打断说：我写的五个剧本的稿费是否应该先结清？

老板的表情便一下僵滞了。过了片刻，老板才留下一句话：我们研究研究。

他感到很愤怒。这种事已经是遇见多次了。下海经商那阵子，欠他钱的主，不是永远躲着不照面，就是照面耍无赖，其结果是，他不仅追不回一分款，还要倒贴盘缠。而他欠别人的钱，包括他的朋友、情人、前妻，却一分不少地给足了。他倒没觉得自己有多么高尚，只是他无法使自己无赖。做《北纬20度》时似乎也是这样的，一切都谈好了，一旦封镜，投资人的脸就变了，要把后期的价格大大降低。投资人大概以为，这是他执导的第一部电视剧吧，以为"自己的孩子自己疼"。但是他予以拒绝了。当时他说：电视剧是个破东西，除了能帮我挣几个钱还有什么？我怎么可能在这上面建功立业呢？太小瞧我了吧？于是就断然放弃了后期工作。这一回却在前期便卡了壳。他想"研究"的结果无非是赖掉几个钱吧，这也就是老板急着召回他的原因。什么启动？看来也只能是再次自认倒霉了。在钱的问题上，他总是显得那么笨拙，一点天赋也没有。可是像他这种人居然还在商场上滚过好几年，真是不可思议。

他想又该到走人的时候了。不过这回走，他不会走出北京城的。当天下午，他给所有在北京的朋友都打了电话，希望他们帮他找一间可以安身的房子。事情很顺利，有位朋友正准备去美国当为期两年的访问学者，房子空了出来而且设备齐全，租金也说得过去。联系好这些，他的心情有所好转，然后便着手收拾东西。这时，沈芷平来了。

他把自己的安排对女人说了，他说：这地方不能再待下去了，结完账就走。

女人问：他们会给你结吗？

他说：结是肯定会结的，只是我要吃些亏了。要是他们不结，那就由他们养着我打官司吧。

女人说：算了，宁可吃亏也别打官司。

男人说：不过我还是要感谢这家公司的。没有这档事，我们怎么能见面呢？

女人说：别的没什么，我就是有点舍不得这间304……

男人把女人抱到腿上，他看见女人的眼睛湿润了。男人突然心尖发出了一阵颤动，他意识到，腿上的这个女人很快就要离他而去了。而这一去，便意味着他们之间远隔千山万水，甚至也许就是此生难以回还！

此刻，我站在窗前眺望着那座角楼。这个古老的建筑物提醒我身在北京。我对这座城市没有什么特别的好感，她太大了，大得让你总有失去方位的感觉。但是，离开城市宾馆酒店的标准房间，仍不失为一件值得庆贺的事情。即使是住在租借的房子里，也会慢慢找到一种归宿的感觉。更何况，我身边还有沈芷平。

昨天，我和那家公司把账结了。起先，老板希望我能接手搞那个"大型情景喜剧"，他没有想到我会一口拒绝。

我说：这东西我搞不了。

老板说：怎么会呢？这种幽默的东西不是更好弄吗？

我说：这不是幽默，是搞笑。

老板说：对，搞笑，现在老百姓不就是喜欢搞笑吗？你们写什么不是一样地赚钱？

我说：有些钱我是不愿意去赚的。

老板说：你们这些文人还是忒清高了。

我说：文人其实一点也不清高，但他们有权进行最普通的选择，就是什么该要，什么不该要。

等到了结账的时候，忽然一个电话把老板唤走了。老板说钱已经由出纳从银行提出来了，具体的手续由会计来办。这么绕了几道弯子，最后的结果是我损失了一半钱，二十万。不过，原先写出的剧本，老板也不打算再要了。我不想再就此说什么，还是早点离开的好。会计说：老板吩咐晚上一起吃饭。

我笑了笑，未置可否。事情弄到这步田地，还吃什么饭呢？

当天晚上我就住进了朋友的这间屋。朋友在美国的西雅图要住上两年，我给他的房钱是每月一千五百，其他费用自理。我更换了所有的床上用品，便感到像是自己的床了。因为我觉得，在别人的床上，是做不出自己的梦的。但是朋友是个单身，屋子里只有一张窄床。朋友解释说，因为一直筹划着出国，就尽量省了开支。其实这个人一般都是睡到别的女人大床上去的。我想我得抽空去买一张大床才是。

原来计划，明天去接沈芷平过来看看。但是外面的天一黑，我就感到特别寂寞，就有了一种没有着落的感觉，其中夹杂着很幼稚的凄惶，好像一个走失街头的小孩子。于是就给她去了电话，我说这边一切都安排好了，晚上能过来吗？她正当值，要到十二点才能交班。她犹豫了片刻，说：等会儿我给你去电话吧。

我踏实了，我知道今夜她会过我这边。但是时间越过了十二点，电话还是没有响。怎么回事呢？难道她改变主意了？我又给那边去了电话，对方一个女声说，沈芷平已经下班了。那么我想，她或许出门了吧？她应该来个电话通知我才是。她答应过的。我已经很久不这么焦虑了，我害怕这种发生于深夜时分的焦虑，它总让我产生不祥之感。尽管每年的夏季来临北京的治安都会抓得很紧，但晚报上这几天还是在报道各式各样的命案。我后悔不该打那个电话，我不知道是继续守着电话还是尽快去那边看看。我该把手机留在她身边，以便随时与她联络。怎么就没想起来呢？

好在这时电话响了，她的气息似乎能传递过来。没等她开口，我就说：你在哪儿？

她有些喘息，说：在你对面的街上，那个电话亭边。你下来接我吧。

我立即跑下楼去，越过街道，看见她站在路边的一棵梧桐树下，身旁放着一只皮箱和一只旅行袋。显然她是搬过来了。这情形让我想起了另一个女人，那也是来自西南的女人，就是邢蓉。在蓟州的那个晚上铭刻在我心里，而今夜无疑就是往昔的重现……

你搬过来了，真好……

我想还是搬过来。

那边的工作呢？

不干了,反正实习鉴定我拿到手了……我从304偷了一件东西。你猜猜?

我哪能猜得出呢?

是烟缸。我喜欢这个烟缸,你的专用。

——1999年5月15日

从这个位置看过去,你会大致清楚当时他们一起生活的场景。男人每天的工作还是写作,就坐在那张台子面前。他已经答应一个书商,把电脑里这部一直没有写完的长篇小说写出来。那时候女人会一声不响地操持着家务,或者戴着耳机听张信哲的情歌。等他一段写完,他会主动去找女人说话。他们交谈着今天的活动和明天的安排。有时,他们会突然想起做爱,然后一起洗澡。这种突发其来的性生活会使女人获得很好的感觉,她总是问:为什么人们习惯晚上做爱呢?

笔记本电脑里储存着这部没有写完的长篇小说,内容还是关于南方的。这部日记体的小说开始于去年的冬季,第一人称的叙事方式一直为他所喜爱,然而因为电视剧的事耽搁至今。现在重新拾起来,还是能唤起一种类似空谷回音的亲切感。那是一段难以忘怀的生活。他记得博尔赫斯说过这样的话:回忆和遗忘都是艺术。他甚至觉得把自己对南方的感受写出来是不可推卸的责任。至于男人和桑晓光的故事,却没有引进。但这个故事的若干片断他曾不止一次地对现在身边的女人说起过,后者听得总是那么认真,丝毫没有醋意,反倒有一回这么说过:你们分手很可惜。女人说:你们当时就想不出更好的办法吗?

男人说:没有办法。其实我们之间最大的敌人还不是情感上的,是空间。你知道吗,相爱的人是不能分开的。

话说到这里,女人便沉默了。

男人意识到自己的话触击到了女人最敏感的那根神经。时间在慢慢地过去,已经是五月下旬了,再过十几天女人的实习生活行将结束,她会重新回到她熟悉的山城去。她会在一家四星级的酒店服务。最初,他们也会经常通通电话,但是这种电话必定会越来越少,以至有一天彻底中断。这就是前景?相比之下,还是那个叫肖航的女人头脑清楚,春风一度便无影无踪。那是个一心要去美国的女人。美国就那么好？这不，美国人的导弹刚刚扔到了我们驻南联盟使馆的头上了，那是孙子才干得出的缺德事。然而不管怎么说，一想起这个叫肖航的女人，男人心里还是有些不是滋味。在他看来，男女的事不该这么简单，简单到了无可附加的地步。在后来的日子里，那件暗红色的风衣时常出现在男人的梦境边缘，若隐若现。

　　现在，身边的这个女人也很快要走了。也许会有那么一天，男人出差飞到重庆，住进那家酒店，接待他的会是这个沈芷平吗？她会提前留出304房间吗？即使这样，这个女人还会像现在这样依偎在他怀抱里吗？那时她早嫁人了，有孩子了，每天下班的时候会有一个比他年轻很多的英俊男子，骑着摩托来接她回家……

　　他想，自己手头的活得先停下来。女人很快要走，应该利用这段时间多陪她出去玩玩。毕竟这是北京呀。这个位置离天坛很近，明天就去天坛吧。带着相机，给她拍些照片。于是，他把这安排对沈芷平说了，女人却显得犹豫。女人说：还是待在屋里吧，这段时间外面查得很厉害。

　　他说：查什么呢？我们又不是黑户，更不是通缉的罪犯。

　　她说：要是查你的暂住证怎么办？

　　他说：没有，我不是暂住，是常住。

　　他想没准我今年内就会在北京买下一套房子扎下来。户口？现在钱就是户口。但是这个城市的空气太差了，有碍于人的健康。

　　第二天，一件本来无关紧要的事，却在他们之间引起了不小的烦恼。男人从街上买胶卷回来，看见沈芷平在写信，便随口问了句：给谁写信呀？

　　沈芷平有点不自在，说：过去的一个同学。

　　他说：如今写信的可不多了，是男同学吧？

　　沈芷平说是。沈芷平说就是以前给她写信的那个男同学。

　　他躺到床上说：你们一直在通信是吗？

　　沈芷平说：断了小半年了。昨天我去冠华拿东西，刚收到……你要看吗？

　　他说：我怎么可以看呢？这对人家也太不尊重了。我只是觉得……

　　觉得什么？我没有别的意思。

那你最好过几天再回信。这么快就回，人家会怎么想？

那让人家久等就好吗？

男人一下坐起来说：那你回吧！用特快专递发！

他看见对面的女人表情想哭，意识到自己做得不好。他想我这是怎么了？我有必要这么醋意冲天吗？这个女人不是你的一件东西，况且她以前就有过男人，并不是你想的那么单纯——这个时代找不到单纯。

他走近女人，说：等你写好信，我们去天坛好了。

女人把写了一半的信撕了。然后她跑进了卫生间，关上门。男人有些沮丧，想女人这会儿又该认为他没素质了。过了一会，他对里面说了句：你没事吧？

女人回答说：我在化妆。

天坛公园并不是北京城最抢眼的旅游景点。除了外省的游客，当地土著很少光顾，只有一些玩鸟、唱京剧、耍拳脚的老人，一簇一簇的，使这个从前皇帝祈年的地方看上去像个疗养院。他倒是很喜欢这个幽雅的环境。眼前这些参天古柏和历史建筑树立在蓝天白云的背景下，有一种豁然开朗的感觉。北京的天空出现这样的蔚蓝色，在今天怎么看都是个奇迹。男人的心情现在得到了好转，刚才的那点不愉快过去了，似乎连日来的劳顿与焦灼也一扫而空。他想如果在这个环境里支起画架作一天的风景写生，应该是件十分惬意的事。男人把这个想法告诉女人，男人说：最好用水彩。水彩是一种半透明的颜料。女人说：那你就用水彩吧。

可是，男人说，你干吗呢？那不是把你晾住了吗？

女人说：没关系，我可以在边上陪你。

男人说：要是你在边上弹琴，该多好！

昨天从天坛回来，一路上我想了很多。自古以来，所谓文化人的前途无非是入仕与归隐，所谓达则兼济天下，穷则独善其身。仕途我是历来拒绝的，但我也从未想到过归隐。我曾多次想过叶落归根，这与归隐有着本质上的不同。前者不过是一种自然的法则，后者则是对现实的无奈作出的选择。历史上的归隐无非两种，其一是暂时屈服后的退让与妥协，是一种失败之后的韬光养晦，以期有朝一日东山再起，重现江湖。其二是人生的一种彻悟，以求隐匿山林精舍，采菊东篱。但之于我而言，

似乎这两者都不是。我是逃避。我要逃避的不是城市的喧嚣，也不是自己应尽的责任，而是那种无形的恐惧阴影的追逐……

这样的地方我已向往久矣！还是在大学的时候，我第一次读到梭罗的《瓦尔登湖》，那种与大自然相依为命的生活便吸引住了我，于是我心目中的"瓦尔登湖"就形成了。这是我记忆中似曾相识的图景，它已经在我的心里塑造了三十年。每天，我可以在山间小道上散步，可以在水边写生，可以在林中阅读，可以去老街找街坊交谈，可以和我的女人一道去观光赏景，泛舟垂钓……

这困难吗？对我来说并不。只是时机未到，我需要等待。我要等到把女儿送出国去，还要等到把父母送上山去，就是说，这一天实际上已不可能到来了，因为那个时候我也是日薄西山，到了耄耋之年。

幻想有时候是一种借口。在今天，这种古典情怀的向往却很难抵御时尚的冲击。这是一个被超量的资讯、迅捷的传媒所包围的时代。这是一个金钱、美女、股票、炒作、明星欲、政治掮客、公众人物、电视嘉宾、贪污受贿、腐败堕落、暴力犯罪相映成趣的时代。谁能逃得过这张大网?甚至很多人不是还处心积虑地往这张网里钻吗?我能例外?譬如说此刻的我为什么要来北京呢?这地方好吗?威廉·福克纳一辈子待在他的家乡约克纳帕法,那个密西西比州的乡间小镇,那个他自认为只有"邮票那么大的故乡本土",但他在有限的空间里达到了时间的无限。而我们这些人则相反。我突然感到自己这些年的路完全走错了……

我深知在北京这个地方是写不好字的。眼下我不过是为了一个女人留在这座城市,同样,那个女人也为了我而没有回家。我们在干什么?是企图建立一个自己的伊甸园还是在幻想中欣赏乌托邦?我们是两只离群的鸟意外地落在了一棵树上。但是我感觉在这棵树上难以建筑我们的巢穴。这是一种悖谬的现象。我为了一个女人留在北京，却总觉得是临时搭伴。这显而易见的事实还是令我困惑。

昨天夜里，我有了梦。我梦见了两尾红色的金鱼，它们在水中游动着，与现实不同的是，由于它们的活动，周围的清水开始转为一片混沌的红色。而且越来越红，好像这红色的液体是从它们身体内流泻而出的，它们仿佛颜料做成的鱼。

——1999 年 5 月 22 日

北京：1999年6月

像室内的花一样，日子很快就出现了难堪局面。首先是男人无法写出东西。他总是感到身后站着一个人，不知道古人那种"红袖添香夜读书"的滋味是怎么品尝出来的。他的习惯是，只要写作，最好就能享受

到五平方公里内实行戒严的特权。女人也能感觉到男人的烦躁，尽管这烦躁总是小心地掩饰得很好。实际上这样的时候女人也是不安的，所以通常她总是利用这段时间去逛街或者去看老乡。甚至有时候就买张地铁票和几份通俗小报，从崇文门坐到五棵松再倒回来，于是半天就给打发过去了。到了晚上，男人有意识地将时间腾出来，这原本就是属于两个

人的时间，男人觉得不能独占。一般的情况是，在吃过晚饭之后他们会沿着二环线散一会儿步，到报摊上买一份当天的晚报。回到住地，余下的时间就是看电视了。然而两个人的口味又大不相同。男人喜欢看新闻时事节目或者外国电影，女人则喜欢看港台歌星的MTV。但是女人是贤惠的，她只在男人不看的时候来看，而且把音量开得很小。这样的时候，男人就感到很抱歉，同时又似乎有些无奈了。

临近子夜，他们自然要开始做爱。做爱作为一天生活的总结在最初的一个星期里怎么看都必要。他们每晚都做。为了达到最佳的状态，他们尝试着各种姿势。但是，男人很清醒地意识到，他并非是乐此不疲，事实上他已经感到了辛苦。这是件力气活，男人想，再累也得自己干。男人隐隐觉得自己在女人身体上的劳动带有一种补偿的意味，好像奉献的是自己。但他从来没有把这个念头说给女人，他觉得太卑鄙，至少会引起不必要的误解。可是男人就是这么想的。男人又想，自己可能真是变得老了，连做爱都难以胜任，硬撑着，时间一长便会露出马脚的。一天晚上，男人干了很久却进入不了高潮，他有点害怕地想：我的精液难道都射完了？另一个使男人奇怪的是，这么久了，女人居然就不避孕也不怀孕。于是男人便怀疑起自己：也许我的精子全他妈的死绝了。这还不是衰老吗？

这种事情是不是每天都要做？有一天女人这样问道：别人这样吗？

那也未必，男人说，想做就做呗。

你想做吗？

当然。男人嘛。

你真的想吗？我觉得你好累。

你呢？

我无所谓的，你可别生气。

我想我该是有些老了吧。

我没觉得你老。

可我自己觉得。

男人停了下来，不由得轻叹了口气。他能体会此一刻什么叫做真正的沮丧。女人用身体紧贴着他，女人很想通过这种方式使男人平静下来。可是这个时候，男人希望的却是把自己的身体完全舒展开来。朋友这张床是个单人床,现在两个人睡起来便感到有些挤了。于是男人说:今晚我们分开睡吧,我睡沙发。

女人说:我睡沙发。在家的时候我就经常睡沙发的。

男人说:那不合适。

女人说:你累了,好好睡一觉吧。

男人说:其实累倒未必,就是有点儿倦。

女人笑了笑,抱起枕头和毛巾被去了沙发上。窗外的月光透进屋,使这个狭小的空间显得比白天的时候要宽敞一些,也宁静了一些。

这是一个十分舒朗的夜晚。男人像是一匹在大漠中长途跋涉的骆驼,终于走进了绿洲。很快,屋子里便响起了男人的鼾声。那时候男人不知道,也就是从这个晚上起,女人开始了失眠……

我醒来的时候已经是翌日接近正午了。屋子里没有人,桌子上留有我的早餐,没有留言,我想沈芷平大约出去买菜了。进卫生间洗脸,看见牙膏已挤在牙刷上,便很自然地想到了水市的小丹。在我这几十年里,被一个女人这么照顾,似乎还是第一次。这样的女人真是应该娶回来当老婆的。但是,她好像并不这么想。她这个年纪谈婚论嫁还为时过早。我呢?我已经对她表明过态度:女儿不送出国,我是决计不打算再婚的。也许全然放弃这个念头。婚姻这种形式越看越没有多少道理可喻,至少对我是这样。不过眼下我想,应该换一张双人床才是。我不能总让她睡到沙发上。

我突然觉得自己有些奇怪。从李佳那会儿起,我就不习惯与一个女人共枕一宿。李佳对我的烟味汗味以及脚气都很反感。她睡眠非常讲究,你只要稍一翻身她就醒了,之后便是没完没了的责备。所以孩子一出生,我便自动去书房里另支一铺。算起来,我和李佳做了十年的夫妻,但在一张床上睡,也就一年光景吧。倒是和桑晓光同居的那两年里称得上如胶似漆,以至每次离别分开总有几天的不适应。现在,这种独处又成了习惯,我真怕一时间难以纠正过来。我不能这样下去,真的不能。要是一个男人只是在做爱的时候去亲近女人,那么这个女人就成了一本工具书,用时随手翻一下,然后便束之高阁,这实在是极端的恶劣。我想我得赶快去买一张双人床来。

《新闻三十分》节目过了，沈芷平还没有回来。似乎受到刚才那思绪的鼓舞，我迅速吃了早餐，就出门买床了。靠近瓷器口有一家家具店，并不费事。但是我没想到会遇上一件麻烦——临付款时，我才知道钱包被贼人偷了。钱倒不是很多，也就两千的样子，只是身份证和一张女儿的照片在里面，让我觉得气愤。床没买成，我顶着烈日回来，衬衫全湿透了。门还锁着，沈芷平也不知去了哪里。我洗了澡，重新回到床上，思谋着该去银行取钱了，要不连买烟都成了问题。可是经过刚才这一折腾，我感到很是疲倦，四肢无力，头晕目眩，头一落枕困意便袭了上来……

我们又一次遭遇了！

那不过是一杯水，分明是一杯纯净的白水，微弱的涟漪却使我感到惶恐。我感到自己的身体已骤然浓缩，接着慢慢开始了悬浮。我知道我的躯体已经成了一条小鱼，装进了这个有水的杯子。难以置信的是，就是这一杯水，竟也能给我很大的压力。我知道氧气在迅速地挥发，我的生命在倒计时，可我还在挣扎着，想跃出这只杯子。我在杯子里呐喊：让我出去！我宁可死在没有水的地方，我不要这杯水的施舍。就在这时，无端地滴进了一点血，血的重量使杯水震荡，于是立即有很多的血丝像章鱼的脚不断对我伸出来。然后，它们形成了一张网，一张用血丝织成的网，将我紧紧地网住。遥远的地方，一只杜鹃鸟在发出笑

声……

我便在这鸟的笑声中惊醒了。周围漆黑，窗外是雨，时间在我的噩梦里穿行了两百分钟。在那两百分钟里我是一条一寸长的鱼。我的后脑在剧烈地疼痛。沈芷平还是没有回来，我这才变得焦急。在我给她所有的熟人打过电话后，这种焦急便如同浸泡在汽油里，在我心头彻夜地燃烧。然而我不信我的女人会不辞而别，我不信她已离我而去。

这漫长的一夜对我确是煎熬！

——1999年6月3日

第二天上午，男人在睡梦中听见了敲门声。事实上，男人是处于朦胧状态，所以当门声响过第二下时，他便一跃而起，直奔门而去——

门外是两个警察。

男人第一个直觉是怀疑自己哪个地方出了问题。哪个地方呢？在这个瞬间，他看见了冯维明的脸。他想会不会还是因为那笔钱……

你认识一个叫沈芷平的女人吗？警察平淡地问道。

她是我女朋友。

什么样的女朋友？警察说。

我们是恋人，男人说，她怎么了？

警察没有回答，继续发问：你住这儿吗？

是借住，男人说，这是我一个朋友的房子，他去美国了。

你好像不是北京人吧？

我在北京做事。

做什么事？

这也需要回答吗？

只要不是涉及国家机密，你都得回答。

这是我的私事。

警察看了男人一眼，说：私事？我问你就是公事。你的身份证——

男人说：昨天被偷了。

昨天？警察讪笑着：这么巧？那就请你随我们去所里谈吧。

男人说：到哪儿谈都行。你能不能告诉我沈芷平怎么了？

警察说：这也是我们的私事。走吧，带上点钱。男人说：钱也被偷了。不过我可以到银行去取。

等男人到了派出所，他才知道，沈芷平在买菜时遇上了突击检查，她没有办暂住证，就临时关押在这里。如果交不出罚款，就会被遣送回家。男人走进派出所时，看见一间空屋里挤满了人，这些人都属于"社会闲散人员"。至于男人自己的问题，则要简单得多。他向负责人说明了自己的单位、职业和犁城方面的电话。男人忽然想起最近某一天的晚报上还有一个版关于自己的专访，还有照片。为了让他们相信自己不是个坏人，他建议警方把这期报纸查出来。他说：我的确是一个"社会闲散人员"，但从不违法。

他们还真的把那张报纸给查了出来。那位负责人上上下下地打量着他，很迟疑地说：照片上的这个人是你吗？怎么看起来比你精神多了？

他说：我历来上像。

负责人就把身体往后一靠说：作家也不能例外对不对？该交的还得交对不对？这是法制社会人人平等对不对？

他说对。他说太他妈对了。

事情这才有个了结。他站在院子里等候沈芷平。一会儿，女人出来了，头发盖着大半个脸。等女人把头发撩开时，男人吃了一惊。一夜之间，女人仿佛变成了另一个人似的，眼神十分暗淡，嘴唇毫无血色。女人远远地走过来，像风中的一杆芦苇那般，男人不禁迎上去拉住了女人的手。

他们就这么拉着走了回来。男人放满一缸洗澡水，想让女人好好洗个澡。男人说：你别动，我来替你洗。女人就照做了。女人让男人把她脱光，让男人把她抱进浴缸里。男人吃惊地发现，女人白皙的身体上出现了很多的暗红色的斑点，都是蚊子咬的。男人一下感到胸口给堵住了，鼻子发酸，男人问：为什么不及时给我打电话呢？

女人有气无力地说：他们不让。他们要审过了才许打。

女人说：再给我加点热水，我冷。

女人说：我好想家……

很多天后，男人一想起这天早上警察的不期而至，心里便涌起一种极其复杂的感觉。我压根儿就没有去想他们是否找错了门，或者他们只是来询问一件无关紧要的事情，我首先想到的却是我做错了什么，我在

什么地方露了马脚,我有什么把柄落在他们手里,尽管我心里清楚我从来与杀人越货纵火强奸贪污受贿没有关系,但我还是这么想了。

男人想:我为什么要这么想?!

男人对自己说:你好贱。

从那以后沈芷平就更害怕出门了。她的活动半径大约只在一平方公里以内,她甚至都不敢出去买菜。我们在附近一家小饭馆订餐。有一天,说好了一道去北京音乐厅听交响乐,临出发时她又变卦了,她说她身体有些不舒服。那天晚上她很早就上了床，不久便睡着了。我回到电脑面前，想把未完成的小说往前走几百字，精力却很难集中。等我刚刚找到了一点儿感觉，我忽然听到了背后的鼾声。一开始我还以为是隔壁邻居发出的，仔细一听才确定打呼的是沈芷平。我很诧异，因为她以前没有这个毛病。我无法相信一个年仅二十二的女人会发出如此响亮的鼾声。即使是我母亲，也不至于这样。这个感觉太糟糕了，它让我对青春产生了怀疑。我走近她，替她把压在胸口的手臂放下，又把被子拉松，鼾声停止了，但过了一会，又响了。

那个晚上我什么也没做成。我关了灯，把窗帘拉开，月光洒进屋内有一种梦幻的感觉。但是这个梦一点也不浪漫，毫无诗意，也挑不起我的性欲。我的情绪不是沮丧，而是悲哀与怜悯，我想一个外省人在北京谋生太不容易了，一个人活着实在是太艰难了，以至于让衰老的鼾声提前四十年就响起……

我没有把打呼的事实说出来。但我们的日子过得乏味应该是彼此都能感受到的。我希望沈芷平能去上一个电脑班，学点平面设计方面的知识。我甚至告诉她，要想在北京扎下去，得有一个相对稳定的依托，譬如说搞一个平面设计工作室，以我目前的经济能力和在北京的朋友关系，投资不算大，活也不愁接，我们不妨试试。但

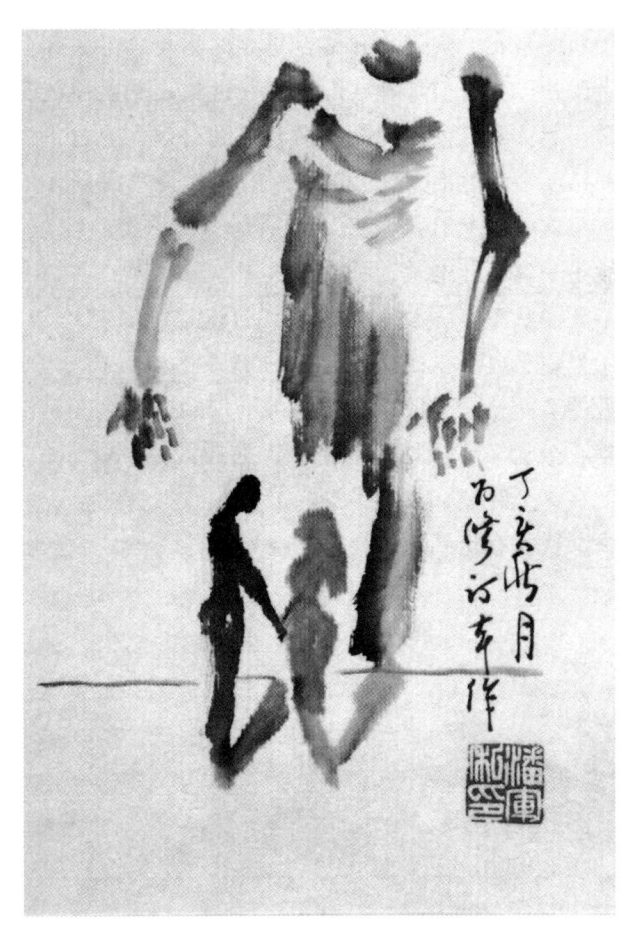

是她对此似乎没有什么兴趣，她说：如果不是因为你在这里，我是不想待在这个城市的。

昨天，她又告诉我，下个月是她父亲五十岁的生日，她准备回家一趟。

我问她：你还准备再回来吗？

她说：我没有想好。

我不想就这个问题深入问下去。她要离开，只是迟早的事情。我想的是，以这种方式来结束我们的这段缘分不是最佳的方式，而我又想不出哪种方式最佳。我们相处了几个月，不能说是过得多么好，但可以肯定地说，过得很轻松，我似乎没有感到有什么压力。这是一段平淡而又幸福的生活。它不能使我燃烧，却能让我舒适。这仿佛是一次情感历程的滑行，虽然缺少激情的冲动，但是有着良好的惯性，几乎全部的能源都出自一个年轻女人的善良。而我却没有好好待她，这还不能完全怪罪于我的自私，我们之间的差异显而易见。除去年龄方面，我从沈芷平身上既找不到肖航那种共同语言，也找不到桑晓光那种如胶似漆，我的精神与肉体两方面的能量都没有得到有效而充分的发挥，这应该是问题的症结所在。然而，失去这么好的女人又使我心情沉重……

这个晚上对我而言又无疑是一次煎熬。沈芷平还是早早地睡下了，她是一丝不挂地躺进了毛巾被里，分明是在等待我。她喜欢在那种半梦半醒的状态下做爱，她曾经说过，这种感觉比较好。而现在的情况是，做爱似乎成了抵抗恐惧的一种有效手段。我好像在哪一本书上读到过，爱的对面就是恐惧。我无心再干别的，想躺在浴缸里泡一会儿，可我又担心今晚又会听见她的鼾声，那样的话，我恐怕尽不了自己的责任了。就在这个时候，我的手机响了。

我没有想到，竟会是桑晓光的电话。而且，此刻她就在北京。

——1999 年 6 月 13 日

北京：1999 年 6 月

　　桑晓光是从一位文艺圈的朋友那里得到男人的手机号码的。电话里他才知道，这个桑晓光已经在北京工作半年了，现在一家网络公司当网页主持人，网上的名字叫"烛影"。

　　你知道我为什么要取这个名字吗？女人这样问道。

　　不清楚。男人说。

　　你是有意这么说还是贵人健忘呀？

　　别打哑谜了，有话见面再说吧。你还愿意见我吗？

　　有什么不愿意呢？我们毕竟……明天我请你吃饭吧。

　　电话就这么结束了。然后，男人关掉了手机。

　　意外的电话使男人在这个晚上有了意外的激动，于是关于南方那些逝去的岁月在男人的脑海里再度重现。那是些难以磨平的岁月，就像"烛影"一样难以磨灭。男人当然记得，1994 年 6 月，当他决定离开海口去中原蓟州时，他曾为桑晓光填写了一阕词，用的就是"烛影摇红"的词牌。后来他把它书写在宣纸上，送给了女人。再后来，那已是第二年的秋天了，他去海口看望女人，却没有在女人屋子里看见这件东西。他知道，事情已经发生了变化。在他再三的追逼下，女人承认，男人的作品被另一个男人撕毁了。于是这个晚上，男人住进了酒店。第二天，女人来酒店时，男人已在飞往中原的飞机上了。现在，这个"烛影"又出现在北京了，可能距离男人只有一箭之遥……

　　男人回到了床上，然后就开始抚摸身边的女人。女人光润的肌肤让他想到的却是南方的那些不眠之夜。男人亲吻着女人的身体，与此同时，男人感到自己的呼吸、心跳以及下体都逐渐紧张起来，他压在了女人身上。此时的女人犹如在一场春梦中逍遥，她并没有真正醒来，她的口腔里还散发着那种熟睡已久的酸味。但是女人的身体语言又分明在告诉男人，她很清醒，她的每个动作都是挑逗与暗示，都是积极的配合。当男人的抽动越发激烈时，女人发出了呻吟。呻吟一直持续到男人那期待迸发的几秒钟,那一刻降临之际,男人感到仿佛将女人彻底穿透了,以至于女人发出一声惊叫,月光便在这个瞬间变得刺眼起来……

第二天,男人醒来的时候,身着粉红色睡衣的女人已经在收拾房间了。女人的头发刚刚洗过,裹着一条干毛巾,显得很迷人。男人让女人坐到边上,握着女人的手,另一只手又在抚摩女人的大腿,他发现,女人里面还是没有穿衣服。

女人说:我刚洗过澡呢。

男人说:昨晚好吗?

女人点点头:我说过,我只能在睡熟了以后……

男人说:那么今天晚上还是让你先睡好了。

女人说:你行吗?还是隔一两天吧。

男人笑了笑,突然出其不意地将女人拉进了怀里。他们又开始了做爱。不过这一回的效果并不理想,男人虽然很有力量,但是觉得很麻木,似乎一切都还没有苏醒。后来男人对女人说:早晨是不适宜做爱的。

他们在床上躺着说话。在说过一些琐碎的事情之后,男人告诉女人,昨天夜里桑晓光来了电话。男人说:她在北京。

女人说:那你得见见她吧?

男人说:我们请她吃顿饭怎么样?

女人说:还是你请吧,我就别去了。

男人说:你不会乱想吧?

女人说:我不会的。要是我以前的朋友来了,我也会这么做。聚散都是缘对不对?

这个早上的谈话虽然平淡,却给了我不小的震动。我真切地感受到自己现在像个男人样地活出来了——坦荡、干净地活出来了。这应该是我这四十年里一项重大的人生收获。我生活在一个充满谎言的世界里,我的漫长而令人厌倦的情感生活也一样为谎言所包裹,我本人其实早就成了一名谎言制造者,只是我没有勇气承认这一点。我从来就不敢设想有朝一日会断然与欺瞒决裂,在我看来这很不容易。但是今天一个年轻的女人却帮我做到了。

与桑晓光见面的地点选择在方庄,一家不起眼的湘菜馆。我到的时候，桑晓光已经在了。她戴着墨镜在看北京流行的一份叫做《精品购物指南》的通俗小报。女人的样子很有些优雅，让我不由想起几年前我们在南中国海上的邂逅，也让我想到那个颇有点神秘色彩的肖航。从形象上看，她们很相似。但是肖航身上有一种骨子里流出来的纯粹，这应该是我总容易想起她的原因所在，尽管我们只有一夜之欢。

桑晓光似乎是在悠闲地看报，实际上我敢保证，这个女人的视线早就投射到了我的身上。她只是要恪守着她那份与生俱来的矜持罢了。她是女人，我曾经的女人。

如果我问"来很久了吗？"她必定会说"我也是刚到"。如果我说"过得还好吗？"她就会答"马马虎虎吧"。如果我说"还是一个人吗？"她会立即做出这样的反应："我已经厌倦了两个人的日子。"

这就是桑晓光。这就是我要走近的女人。

我径直走到了她的对面。她站了起来，问道：还好找吗，这地方？

我说：这地方我来过。

然后她就摘下了墨镜。除了感觉上她有些胖了，女人的变化并不是很大。她说：菜我已经点好了，我想，你的口味不至于怎么变吧？

你知道，我的胃口很宽。我说，海口的工作呢？

辞了，她说，海口的戏唱完了。

房子呢？

想卖掉。不过现在卖不出价了。

那其实是一套很不错的房子。

是不错。要不我就留着好了，先暂时租给别人，等我老了，每年的冬季回去住一阵。海口的冬天还是很舒服的。

海口没有冬天，连秋天都没有。

那你的意思是不留它？

我只觉得这个计划太遥远了。

说到这里，桑晓光便笑了。她的笑容还是很迷人。她给我添了茶，说：女人和男人不一样。女人过了四十就没戏了。你算算看，我还能蹦跶几年？

我说你现在不是挺好吗？都上网站折腾了。

我倒是在网上看到几回关于你的消息。对了，我们公司想买你的全部小说版权呢，你肯吗？

不肯。网络和文学没关系。

你上网了吗？

没有。

你应该上网，对你的写作会有很大帮助的。

这我不信。我只相信我的能力。

你还是那么自信。

自信吗？其实我一直是一个很自卑的男人。

这倒很新鲜，我以前怎么一点也看不出来呀？

菜上来了，有腊味合蒸、剁椒鱼头、肉末咸豆角、腊肉萝卜丝、醋熘白菜，都是我爱吃的。我说：菜点得挺好。

她说：可能吃不了，我原来以为会是三个人。

我说：是吗？

她说：你怎么不把你那位带来？

我说：你还知道什么？

她笑了笑，说：我只知道你身边有女人。要不，昨天晚上你是不会那么急着把手机关掉的。这很正常呀。这才像你嘛。来，为你的日子过得这么滋润，我敬你一杯。

接着她又谈起了他们公司要买我的小说。

——1999 年 6 月 14 日

这顿饭吃得很不舒服，像商务活动，说来说去还是绕到了购买小说网络版权上。男人想，这件事本身很简单，他的小说在市场上并不抢手，桑晓光之所以出面谈事，本质上是想树立她自己在公司的形象，好像她一出面就能把事摆平。男人想起那一年的买汽车。那一次，女人的真实目的并非是为了帮助她的前夫，而是为了证明自己的能耐。这是个不示弱的女人，但是智商不高。

事情没有结果，男人要做的是掏钱买单。桑晓光说我可以拿回去报销。男人说我知道。不过我还知道，我应该来买这个单。

于是就分手了。他们各打一辆车奔向不同的方向而去。坐在车上男人便有些后悔，心想今天这件事处理得不好。即使桑晓光真的是为了证明自己的能耐，那就让她证明一次好了。有什么不可以呢？这会令她伤心的。男人想，过几天应该再联系一次。

下车的时候，男人远远看见沈芷平在楼下公共电话亭里打电话。他觉得很奇怪，屋子里不是有现成的电话吗？他没有走过去，后来也没有把这个说出来。等沈芷平先离开，他才慢吞吞地跟在了后面。他进屋的时候，女人已经在整理背包了。女人问：谈得还好吗？

没什么好谈的，男人说，毕竟都过去了。

她还是一个人吗？

不知道，我没问这个。给我放水吧，我想泡个澡，一身臭汗。

女人便放下手里的事进了卫生间，一边刷洗浴缸一边说：跟你商量个事，晚上我想去看一个老乡。要是迟了，我就不回来了。

去吧。把我手机带上。

我不需要手机。

我需要。我好找你，免得又像上回那样……

说完，男人就躺到了床上。卫生间里响着水声，但听起来似乎很遥远。男人感到精神疲惫，四肢无力，口干舌燥。中午他并没有喝多少酒，一瓶王朝干白差不多都让桑晓光喝了。在他的印象里，这女人也是不胜酒力的，今天是个例外。然而这个女人并没有流露出一丝对往昔的伤感，她很镇定，甚至称得上是春风得意。男人想，时间真是把杰出的刻刀，不经意中把什么都改变了。现在，男人似乎感到这次的见面有些多余了。以前他曾想过，如果想了却他和桑晓光之间的恩怨，如果试图把这个女人从心里彻底抹掉，唯一的办法就是永不再见。他一直担心再见会导致死灰复燃，他害怕的就是这个。可是，时间扭曲了一切，像这样公事公办不是挺好吗？这样不是让彼此都感到轻松吗？这个时代还有什么比轻松更珍贵的？既然一切都过去了……

男人的心情在这一刻转为复杂了。他感到这是自欺欺人。事实上从桑晓光的电话响起的那一刻起，男人的眼前就出现了一片蔚蓝，他的魂魄便融进了这片蓝色。他仿佛又一次看见了那个巨大岛屿的边缘上，自己风中抖瑟的身影，但他的生殖器却变得无比坚挺，以至于他后来在月光下分不清被自己压在身下的是哪个女人……

尽管男人没有欺瞒，但是现在看来这种感觉有些糟糕，就像白衬衫上染上了一滴墨水,一经染上,想彻底地洗掉是不可能的了。他想他和桑晓光就是这种关系,他们不能再见。在这几十分钟里,男人明显感到自己不自然,而且,这种迹象连沈芷平也能觉察得到,否则她不会选择这个时候去看什么老乡。全世界的女人都一样地敏感,只是这个女人不愿表露出来罢了。这个女人很快就要走了,这一走或许就不会再见。世界有时候会让你觉得很大,一张纸也能成为一堵墙啊!

这前后十几个小时都被那个桑晓光拿去了,他感到不可思议。沈芷平一走,桑晓光会就此重新介入到他的生活吗?男人突然想到了这一点。他有些害怕了。难道真有一只看不见的手在编排着左右着这一切?为什么桑晓光竟在此时从天而降?为什么?

此刻,他浸在浴缸里,在不断地放着热水,但他还是感到冷。沈芷平什么时候离开的他不清楚。他匆匆洗好澡,带着未擦干的水滴回到床上。外面的阳光很好。他觉得有些眩晕,身体好像被空气托举着,男人想,也许该生一场病了。

大约在黄昏时分,我感到上腹部的右侧开始了疼痛。我以为是胃的毛病,譬如急性胃炎什么的。我在农村插队时落下此症,后来进大学,四年比较规律的生活又使它慢慢见好。这些年的走南闯北,胃部常有不适,特别是在中原的那两年。中原的水质糟透了,它来源于黄河,无论怎样的净化都让人生疑。那水喝到肚子里发胀,制成的酒也容易醉人。没想到北京的水也这么差劲。水让我思念起海南岛,那里的水真可算得世界上最好的水了,还有那里的阳光、空气——生命的三要素,海南都是最好的。所以在南方一个人的生命力总是那么旺盛。我在南方几乎每个晚上都睡得很迟,而翌日也起得很早的,算起来,每天我只能睡上四个小时吧,却从来不感到疲倦。

对我这样的男人,生命中的有些女人的位置是无人可以替代的。譬如说韦青,她是我此生的第一个女人;譬如说李佳,她是我结发的妻子,我们有一个女儿;譬如说桑晓光,她曾经带给我一个男人最大的满足,尽管我们的结局很不尽人意。但是我总隐约地感到,这并非真正的结局。我们之间的关系如同一出大戏,第一幕落下意味着第二幕即将进行,只有短暂的幕间休息,灯光一经转暗,新的演出便悄然开始……

腹部的疼痛在加剧,难道会是胃穿孔吗?我的汗已经出来了……

天完全黑下来。我在床上翻动着,然后,我看见了李佳——从前在犁城的家里,每次生病都是李佳给我帮助,虽谈不上怎么照顾,但是她可以替我拿药,替我去单位办理有关手续。我已经几十年没有住院了,今晚看来是在劫难逃,我何必要到这北京来住院呢?拖是拖不过的,我得赶快去医院……

一小时后,我被一辆红色夏利驮进了靠近灯市口的一家医院的急诊部。给我诊断的是个戴眼镜的中年大夫,她那散乱的、略带干枯的头发使我很难对她产生一种信任感。她让我躺下检查,问我症状。我说肚子疼得厉害。她说:肚子范围很大,你说清楚,这儿还是这儿?她粗短的手指按得我很不舒服。

我说:大夫,先给我打一针止止疼吧。

那就打一针吧。大夫说,一个小时以内不许喝水。先去交钱。

从病榻上下来,我怎么也站不住了。交钱在一楼,注射在二楼,我像个侏儒那样捂着肚子一步一步地挨过每一级台阶。

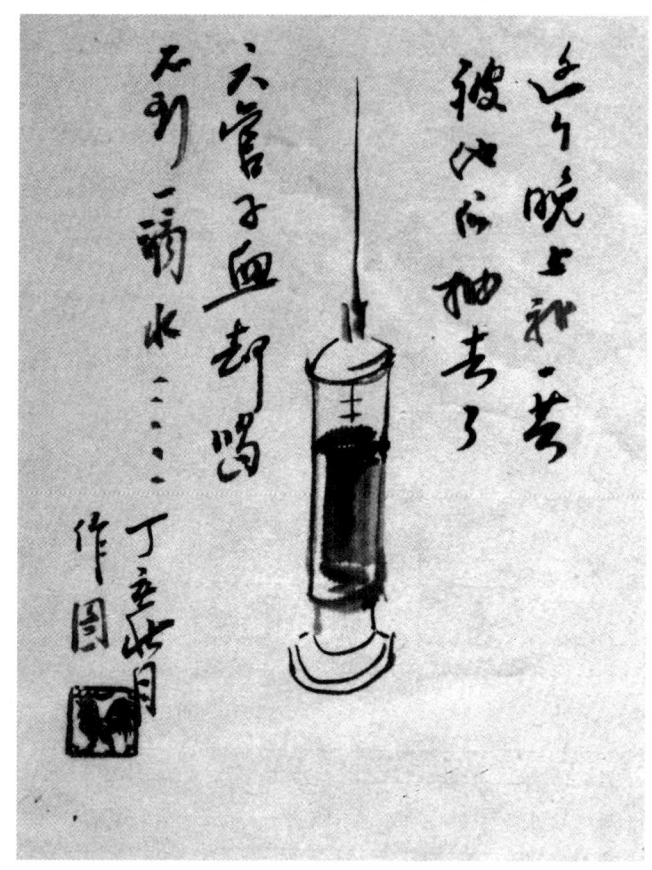

一针杜冷丁过后,很快就有了反应,但不是止疼,而是口干。我觉得口腔和喉咙里在急剧干燥,连唾沫都没有了,气管好像在紧缩。我想以前从书上看见的"见血封喉"也不过如此吧。我找到那位大夫,对她说：让我喝口水吧，哪怕是漱一下口也行呀！大夫说不行。大夫说：喝了水你的血样就不准确了。于是就抽血。抽过了，化验过了，血里似乎看不出什么问题。那大夫就问我：你是不是偷喝水了？我说没有。大夫说：那怎么血里看不出东西呢？你肯定偷喝水了。我说没有呀大夫，我怎么会拿自己的身体行骗呢？那大夫就出去了。过了会儿，刚才给我抽血的护士又托着盘子来了，再抽。我问护士：不是抽过了吗？护士说：医生让再化验一次。护士又问：还那么疼吗？我点点头，我说：你对大夫说：我疼得想叫喊了！护士看看我，说：你不是北京人吧？你身边得有个人才是。

这样，我请这位护士给我拨通了手机，让她转告沈芷平我现在何处。接下来还是检查，急性胃炎推翻了，怀疑是胰腺炎；再推翻，又怀疑是肠梗阻。最后连那个大夫都心虚了，便去找来一位年岁大一点的男大夫。这个男人还是一样的在我的腹部按来按去，他说：再验一次血吧！

这个晚上我一共被他们抽去了六管子血，却喝不到一滴水。

——1999年6月16日

沈芷平是在男人做完X光放射后赶到医院的。那时候，男人已经疼得麻木了，脸色苍白，衬衫几乎被汗浸透。急诊室的病榻上那条肮脏的白床单被男人的身体揉成了一团。露出的垫褥更是不堪入目，散乱的线纱，发黄的棉絮，酱油色的血迹，男人觉得自己仿佛被扔到了垃圾堆里，自己也就成了一堆垃圾。所以，当年轻女人伸出手来握住他的手时，他说：你真是个拾垃圾的。说完，他笑了笑。女人却眼泪禁不住地流下。女人不说一句话，一直握着他的手，在后来的时间里都没有松开。不久，男人便昏睡过去。

1981年3月30日，时任美国总统的罗纳德·里根在华盛顿的希尔顿饭店前遇到枪击。在总统送往手术室进行抢救时，他感到自己的手被一个年轻护士的手"紧紧地握住"了。几年后，里根先生在回忆录里这样写道：这是一只女性的温柔的手，使我产生了一种非常美好的感觉。甚至到现在我都觉得很难用语言来形容这只手给我带来多大的安慰。

昏睡中的男人想到的还有另外一件事，那就是几年前在中原蓟州，当时他也是病倒在床，当时也是一个来自巴蜀的年轻女人坐在他的身边，紧握着他的手。这一切就像是重现。这一切现在看来是那样的相似。邢蓉走了，沈芷平马上也要走了。男人突然感到泪水涌出了眼眶。这不是梦中的泪水。这种情况对男人而言实在是久违了。两只手紧握着。男人感到自己的身体在往下沉，沉到一片深水里……

等男人醒来，已是翌日的早晨了。他的手已移到了胸前。输液针头还扎在手背上，这一夜男人总共输了大小八瓶，手背都变得青肿了。腹部的疼痛感业已消失，但是身体却很是虚弱。女人熬了一个通宵，眼圈都发青了。见他醒来，女人说：你饿吗？

男人摇摇头：你辛苦了。去吃点东西吧。

女人说：我不感到饿。

男人说：等这瓶点滴完了，我们就走。

女人说：医生讲要住院观察几天。

男人说：不，我不住院。

女人说：这件事上就别任性了，住下吧，我陪着你。

男人说：我不能住下。一个健康的人进了这种地方都会给弄出毛病的。你看治到现在，他们还弄不清我是什么病。他们就知道抽我的血。

正说着，那个戴眼镜的女大夫来了，让他去做 B 超。

男人便问：昨天晚上你们怎么不让我做？

大夫说：昨天晚上没有人值班。

回答就这么简单。然后，那大夫扭头去了。男人坐起来，自己将手背上的针头拔掉。后来的事还是简单，B 超的结果一目了然，是胆结石。男人的胆囊里有两颗结石，大小分别是 1.8 厘米和 1.2 厘米。医生建议动手术。于是女人吓了一跳，女人害怕地问道：要把你的胆割掉吗？

男人说：我不会让他们割的。

男人接着解释，说这种病就是平时注意少吃油腻的东西，发作起来一阵风，过去了便无踪无影。男人说：现在，我们可以回家了。

回家的感觉在那一刻真是特别地温馨。我们一起痛快地洗了澡，然后在浴缸里做爱。我没有感到自己身体上有什么不适，只是觉得做爱的过程缺乏应有的酣畅。这都是我的女人显得紧张的缘故，在她看来，一个刚离开医院的人是不应该急着做爱的。等我们完事后,她轻声问道:怎么样,疼吗?我说不疼,我很舒服。我说:晚上我还要。她的眼睛突然变得很明亮,这下似乎是完全相信我是真的没事了。

这天晚上我们把地板擦干净,打上地铺,十分舒展地躺下,但是做爱的计划随着漫无边际的聊天不知不觉地取消了。我知道,这是即将分离的前奏。其实我们之间或许应该进行一次长谈。该从何谈起呢?面对这样一个心地善良的年轻女人,我感到丝毫没有理由进行挑别,可是我又无法克服沟通的困难……

时间快进入七月,几乎每日都是高温。没有雨。已经好久没有雨了。

今天是六月二十六日。沈芷平将乘黄昏那趟直达重庆的列车回去,为她的父亲祝寿。尽管她反复向我解释,过些日子她还会回来的,可我心里还是不敢相信。我有一次无意中从她的电话里听到,那座豪华的酒店业已竣工,可能马上就要开业了。她不告诉我,是怕我伤心。而我也不必去点破。我给了她一万元,她有些意外地问我:给我这么多钱干吗?我说:我不在你身边,能够帮你的就是钱了。

我又说:有空就给我来电话吧。我手机会每天开着。

她说:你要是决定做手术,一定要等我来了再做。

我点点头,突然觉得有些心酸,就提起她的行李先出门了。透过梧桐树的缝隙,我看见太阳已走到了天坛祈年殿的后面,天空开始呈现出橘红的颜色。有几只鸟在那片天空上飞行,这很难得,在这座城市里,我好像很久没有见到鸟这种东西了。

我还是第一次来北京西客站。这个耗资巨大不伦不类的建筑物从来就没有引起过我的好感,在它的面前我感到十分压抑。我买了站台票,沿着一条迷宫似的通道到达站台。开往重庆的车横在眼前,真是很破,而我却要将我心爱的人送上这趟破车。但是我不后悔为什么不让她乘飞机回家。这些年下来,我对航空是越发地不信任了,况且几年前在重庆的天空里是出现过空难的。科学进步得很快,不知会不会有那么一天,科学能让人自己飞起来,让人平安而惬意地飞到自己向往的天空去……

车轮滑动了……

我们的手松开了……

我的身体紧靠着站台上的柱子,目送沈芷平远去。当列车驶出我的视野之后，一种极其复杂的情绪便慢慢在我的心中升起了。怅然若失很明显，但在这之下，我似乎也有了如释重负的轻松，这让我感到羞愧与无奈。我不知道这是痛苦的离别还是意外的解脱，界限模糊，甚至我们之间的经历也好像显得久远，那些在身体上瞬间留下的烙印好像正被隆起的脂肪所掩盖，只能看到浅显的痕迹了。这多么可怕！仔细回忆起来，自从和这个沈芷平认识后，我就没有认真地去考虑怎样才能把她留在身边。我几乎没有做这方面的任何努力。如果我做了呢？如果我决计今生要和这个女人白头偕老，她还会走吗？难道这个世界真的到了一点东西都留不下的时候了？

天彻底地黑下来。城市经过连日的高温蒸发，空气中弥漫着劣质煤油的味道。西客站周围到处都是卖杂货的小贩，出租车八成放空，热而萧条是城市这个季节的特征。这个位置距离我的临时住所至少有二十华里，我真想走回去。时间现在对我已经没有什么意义了，我可以恣意地挥霍它，无论散步还是做爱，在这一点上都是相同的。

我深知这就是堕落。

——1999 年 6 月 26 日

北京：1999 年 7 月

　　第三天沈芷平的电话来了。手机响的时候他正在马桶上读一张无聊小报，上面说着中国足球的破事儿。男人一看来电显示，知道是重庆方面的电话。声音听起来很小，而且并不感到亲切。不是讯号弱的原因。女人说：我到了，我现在是在家里。男人说：坐火车很辛苦吧？那么远的路。女人说：我爸爸在厨房做菜，回头没人的时候我再给你打过去吧。说着就把电话给挂了。男人感到一口气还堵在喉咙里，就这样被噎回去了。男人想，这算哪门子事呢？来个电话还这样偷偷摸摸的，简直荒唐。

　　从卫生间出来，男人把椅子端到窗前坐下，点上烟，看着远处的旧城廓，心里很不是个滋味。他想，和这个沈芷平的故事到此仿佛就结束了。他不大相信女人还会回来，以后的一切将如同他多次做过的设想。这不，女人只要进了她那个家，连声音都改变了。这是个逆来顺受惯了的女人，所以她最终接受的还是习惯。此刻令男人感到不安的，是不好对发生在他们之间的这段感情作出确切的定性。它既不同于露水之缘，也不同于炽热的情爱。若是前者，当事双方的背景应该很模糊，甚至连姓什名谁都不一定清楚，需要的只是一时的冲动；而后者无疑是以可信的情感为基础的，需要爱得死去活来。这些他们似乎都没有。然而这段生活倘若放在婚姻里，则又能显出光彩。放在任何婚姻里都称得上美满。这个女人天生一块做老婆的材料，谁娶了她都不会后悔的。

　　可是，为什么不留住她呢？

　　还是以前的那些理由？

　　是，又不完全是。男人想，我也许最需要的还是独身，我已经像一匹脱了缰的野马，过惯了无拘无束的生活，再回到常规的日子恐怕不可能了……

　　男人又想起了那本《生命密码》，那上面说，生于 11 月 28 日的射手座男人，意味着一生独行。难道果真是命定？

一连几个晚上，男人像个幽灵似的在附近的街上漫无边际地闲逛。没有人注意到这个外省人的表情，却每次都有人来做他的生意——推销黄碟。

先生想要就说个价吧。

不要。

咱的货都是特别清晰版的，一点马赛克没有。

我见过这种东西，没什么劲。

那你说什么有劲？

小贩似乎误会了，接着说：想不想真练？全中国漂亮的女人都跑到咱北京来了，给您介绍一个？

男人一笑付之，走自己的路了。

他忽然感到刚才那小贩的话很耳熟。前几年人们都说漂亮的女人全去了南边，如今南边没戏了，便来首都扎堆了。很自然，男人想到了桑晓光。已经过去半个多月了，桑晓光再也没有来过电话，这有些反常。男人仔细回忆了那次在方庄和女人的见面，尽管后者开门见山地问起过他的近况，但是男人却没有正面回答，好像连默认的意思都没有显示出来。就是说，桑晓光无非是一次推测而已。难道她们真的通过一次电话——就在他生病的那天夜里？他之所以把手机交给沈芷平，其实是想显示自己的坦诚，同时给桑晓光一个明确的指示，倘若她真的来过电话的话。

人真是很奇怪的动物，男人想，那个时候他不希望桑晓光重新卷进来，现在却又猜疑她为什么和自己断了联系，不是近在咫尺吗？难道是因为没有把公司委托的事情办妥，感到跌了面子，生气了？男人轻轻叹了口气，觉得自己这么想很不应该，有些对不起那个刚离开的重庆姑娘了。一个男人年纪越大，就越实在，越庸俗，越失去耐性，所谓精神的东西就越发脆弱，任何信念都出现了崩溃，他会总想着那些看得见摸得着的东西，爱情也不例外——这是后来他得出的结论。

重庆方面的电话在一周过去后渐渐地少了。在我看来这是意料之中的事情。我不想去推测她为什么要这样，惊讶的是我自己对此所持的平静态度。我不感到焦躁，相反的，我觉得现在可以每天在电脑面前认真坐上几小时了，而且写起来居然还顺手。那样的时刻，我体会到了不被打扰的写作快乐。我心里很清楚这是自私的表现，但是这种快乐由于久违而显得十分真实，以至于每当我在键盘上敲出一个好句子时，都会有初学者的那种情不自禁的兴奋。即使是晚上，在某个下雨的深夜，我也只是有些浅显的寂寞感而已。那时我就会想到给远在西南山城的沈芷平去个电话，但是我终于没有这么做，因为行前她对我反复交代过，她会与我主动联系的。我知道，她还是害怕那个家。她也不可能摆脱那个家对她的控制。

三天前北京开始下雨。连绵不断的阴雨天气使城市的气温陡然下降了很多。到了晚上似乎还有了一些凉意，其实秋天还远着呢。我有些困倦了，想期待一个社交活动的出现来调剂一下。可我又不想给在京的朋友打电话。我从晚饭后起就躺到了床上，没有开灯，这样可以看清窗外的雨丝——它们在路灯的映照下姿态很好看。我就这样看到了接近九点的光景，想想还是决定给重庆去一个电话。她家的号码我在黑暗中都能拨准确的。

电话很快通了，是个男人的声音，那应该是她的父亲吧？

喂？你找哪个？

老曹在吗？

哪个老曹？你打错了。

对不起……

我放下电话，在黑暗中自嘲一笑，我当然知道错了，我也不知道有这个"老曹"。

人真是很奇怪的，这才分别半个来月，就这么淡忘了，偶尔的一次联络还得说瞎话。我开始有了一点伤感，觉得这与沈芷平的为人极不吻合。如果她想给我打电话，即使家里不便，也会去街上打，这并不困难。我没想到我也同样会受到轻视，而且来得这么快。这时，我突然记起那一次她在楼下公共电话亭里的情形，觉得事情可能比我想的要复杂。与她通话的那个人是谁？是她的老乡吗？（后来她确实去了老乡那儿）可是以往找她的老乡都是直接把电话打到我们住处的。那个人是谁，只有沈芷平自己心里清楚。

外面还下着雨，人在屋子里待不住了。这附近不远的地方有一个酒吧，那里将是我今夜最佳的处所。酒吧的布置很特别，几乎完全按照三十年代的格调。

后来我就坐在靠近楼口的这张台子，要了一杯黑啤，听着老式留声机放出的《夜来香》。陈旧的乐曲使我有了一种置身于一部老电影的感觉，但是我周围的这些人穿着都很新潮。他们低声交谈着关于这个国家前途和自己命运的话题。然后我发现，今夜在这个怀旧的酒吧里，只有我是一个人闷坐着。服务的小姐已经多次向我递以困惑的眼神了。可我还必须坐下去……

再后来，我的电话响了。

——1999 年 7 月 6 日

犁城：1999 年 7 月

男人没有想到，这个电话竟是肖航来的。他们已经好长时间不联系了。准确地说，是联系不上。男人曾经拨打过女人的手机，每次听到的则是另一个女声：用户没有开机。男人想，那个时候女人一定正埋头做她的移民准备，所以现在一听到女人的声音，男人就以为她的事情办好了。男人说：你是和我辞行的吧？

我倒希望是这样，肖航说，我到北京来了。

你在北京？

见面方便吗？

这话说的……我现在一个人在外面，告诉你怎么走……

大约四十分钟以后，他们在这个酒吧见面了。第一眼看上去，他们都觉得对方很疲倦。春天里的肖航穿着一件暗红色风衣的飘逸形象随风而逝，业已成为记忆中的一道风景了。他能感到她的不顺利，这种感受在这个雨夜越发显得强烈。男人不会忘记，在杭州的那个晚上天上也下着雨……怎么一个人泡吧？肖航问道，你在等什么人吧？

就算是吧，男人说，这个人现在来了。

真是一个人？

一个人不是很好吗？我早习惯了。

这和我的感觉可不大一样。

事情办得怎么样？

今晚不谈这个。我们有多久没见了？

四个月。

这四个月你都在北京？

不，我回了犁城一趟，还回了老家。怎么突然到北京来了？

想来。来看看你不成吗？

那我可受宠若惊了。肖航，是不是签证办不下来，到北京这边想想办法？

我说过今晚不谈这个。来，喝酒，为我们的重逢。

他们干了一杯。这两个都不善喝酒的人在喝下一杯后，表情都出现了改变，彼此看起来都有些陌生。而共同的一点是，都仿佛刻下了悲伤的痕迹。然后，两人之间出现了短暂的沉默。时间在一分一秒地流逝，男人在考虑，这个晚上女人会住到哪里？女人肯定是安排好了，问题是，他们之间的关系非同寻常，这是一对曾经的情侣在异地他乡的重逢，需要的是尽快找到一张大床。这是人之常情。但是，这种暗示从一开始就取消了。我的枕头上还留有沈芷平的气味，男人想，这么做岂不太荒唐了？这个晚上还会出现什么？将怎样结束？这些对男人来说心中都没有底。所以在以后的谈话中，男人一直采用听的方式，顶多就是作些插话。女人这个晚上的话题很凌乱，她说了些小时候的事，说了些在大学时代的事，说了自己最近读的几本关于国学大师陈寅恪的书。说了自己秋天里想去一趟辽东半岛，说她辞掉了电视台的合约，最近没有做事的欲望。女人闭口不谈的是此次北上的目的，而这一点却是男人最为关心的。

住下了吗？男人忍不住地问道。他后面似乎还有话，但没有往下说。

我住在和平里一个亲戚家，女人说，你是不是担心……

我是想知道你是不是方便……

要是不方便呢？

那就住到我那儿去。

女人就笑了，说：你说这话好像在赌气似的。

赌气？男人也笑了：我跟谁赌气？

跟你自己呀，女人说。她把面前的酒一口喝下。

男人苦笑道：我现在连跟自己赌气的兴致都没有了。

女人说：不至于这么惨吧，我看报纸上老在说你的事。

男人说：你还这么关心我？平时怎么不来个电话？

女人说：我怕骚扰你呀。

男人说：是你怕被骚扰吧？

女人说：别斗嘴了，外面的雨好像停了，我们出去走走？

这是典型的一条北京胡同。对这两个外省人来说，雨后的结伴而行宛如一首淋湿的诗歌，伤感而阴郁。他们的身影富有诗意，但他们都不知道这条胡同的尽头在哪里。男人越发感到这一夜的情形和几个月前在

杭州的那一夜太相似了，区别是这一夜没有了期待。他们沉默着走了很长一截子，快到胡同口的时候，女人说：我有一个建议，不知道你以为然否？

什么建议？

你应该回犁城去，和你前妻复婚。

怎么突然想到这个了？

女人停下来，轻叹道：一个人很不容易的。这次见到你，我感到你其实在外面这样漂着很辛苦。

所以你一定得出国找家的感觉？

对。我以前只以为，女人需要家。其实男人更需要，尤其是你这样的男人。

男人想了想，说：我想过，但我没有勇气去试。我已经习惯了一个人。

女人说：这是自欺欺人。婚姻缔造了家庭，所以婚姻才显得这么重，法律上的关系解除，力量很薄弱的。我不和你联系，是因为我们都是一样的人。感情都是火花，一瞬间的事，或者说永恒的只是记忆……即使你身边没有人，今晚我也不打算住到你那里去的。即使住到你那里，天一亮，我还会不辞而别——我来北京已经一个星期了。

男人有些意外，他以为女人今天才到。女人有意把他们见面的时间压到了她临出发的前一个晚上。男人说：又何必呢？把票退了吧。

没这个必要了。女人说：从刚才我见到你的第一眼，我就这么提醒了自己。

肖航走了。等她走了我才意识到分手的匆忙。我应该坚持让她留下，我们至少可以多在一起谈谈——现在谈得来的人比睡得来的人要少。我们有许多话要说，而且还有一些悬念需要解开，譬如她为什么要这个"航"而不要那个"杭"，譬如她手腕上那个小月亮是怎样的来历，譬如她那个早晨为什么要不辞而别……可我还是让她走了。

从那一天起一种不安的情绪就盘桓在我的心头。同时，胆结石的阴影也时常笼罩着我。每天我住在这所陌生而狭小的屋子里，看着窗外的骄阳，看着杂乱的街景和烟尘中的古城楼，感到十分茫然。我简直就弄不清自己为什么还要待在这个北京。是因为那个书商的事情未了还是期待另一次电视剧的合作？那些人总是请我出去吃饭，却始终扯不上正题。可是就这样的破事是无法钓住我的，我想我还是在等待着那个叫沈芷平的女人吧。但是从迹象上看，她或许就不会再来了。

我每天最大的愉快，是晚上给犁城的女儿打一个电话。孩子很快就放暑假了，是把她接到北京还是我回到犁城，一时没有想好。

昨天，还不到吃午饭的时候，我忽然接到了女儿的电话。一听是她的声音我就预感到家里发生了事情。女儿说：爸，妈妈病了。

什么病？我着急地问。

我也不知道，她在医院打点滴。女儿说：你快回来吧。

女儿说完就把电话给挂断了。我能感觉到这孩子很有意见。于是我来不及细想，便给民航公司的售票处去了电话。可是没有今天到犁城的航班。这样我就简单收拾了一下径直赶到了北京站。我很快就从票贩子手里拿到了车票。晚上七点四十分，列车正点驶出了北京站。这个晚上我几乎没有睡。像每次那样，我基本上就待在车厢的连接处抽烟。

"你吃橘子吗？"——二十年前少女李佳在这样的地方对我说的第一句话仿佛还在我的耳边回响。整整二十年啊！

我看着我的手，已经变得如此地苍老。手背上每一条经络依稀可辨。这纯粹就是一只垂死的手，可我今年不过四十二岁！我的手好似一面镜子，它照不见我的脸，但能照彻我的心……

经过提速的列车呼啸着在黑色的田野里疾驰，可在我的感觉中它还是走得缓慢。

——1999年7月10日

你回来干什么？躺在病床上的李佳见面就这样问道。李佳说：我可没让女儿给你打电话。我没事，你没见到我还在看书吗？

说着把书扔到床头柜上，侧了一下身，然后躺平了。

李佳还是李佳。男人想。话只要从她嘴里出来便成了刀子，割得你哭笑不得。可是这个时候用得着同她争辩吗？李佳，你不就是想说我是在自作多情么，这话也不错。

是不是病毒性感冒？男人小心地问道。

李佳说：我只是不想吃饭，想躺着。我没事，回去陪你女儿吧。

男人想了想，又说：你想吃什么，回头我给你做吧。

李佳说：别，我可担当不起。

男人走到李佳面前，说：要不我给你带点水果？

李佳笑了笑：哪个女人把你调教得这么温柔呀？我心领了，快走吧，一会儿我们单位要来人。

来人怎么了？男人这才有些生气，说：我给你丢脸了吗？

李佳说：你别嚷嚷好不好？这是病房。

男人不想再说，替女人倒了杯水放下，就离开了。他感到身上一股子药味，和一个多月前在北京那个医院的味道完全一样。男人想，所有的医院都是这个味道，他不喜欢。外面的阳光很扎眼，这个夏天实在不让人高兴。男人刚刚走出医院大门，就碰见了李佳单位的人，其中两个人他还认得，只是叫不上名字。他们倒是首先喊了他，似乎很惊讶，一个女人挂着不自然的笑容说：你回来了？李佳肯定很高兴吧？

男人说：她怪我呢。怪我不该赶回来。

那女人说：那是对你撒娇呢！我看哪，你们干脆……

男人打断说：我们相处得还可以。

那女人说：是呀，你看你这么急着就赶回来了！

男人说：我得回去给女儿做饭了，有空上家坐坐吧。

男人走出医院，在一棵垂杨的树荫下点上香烟。他忽然觉得有点兴奋，还有了一点不可思议的自豪感。他想，只要这个女人还是一个人，那就还该划归我管吧？这种美好的感觉以前从未有过，即使是李佳坐月子的时候。月子里的李佳除了对女儿诞生的喜悦，就是对他的怨恨了，好像她这一步走错了，好像她不该同他来生这个孩子似的。

家里很乱，女儿的书本杂志扔得到处都是。厨房的水龙头在滴水，地板上也显得脏。但是这毕竟是自己的家呀，这种家的亲切是无法代替的。事实上，这些年来，男人的意识里这儿从来就是家，所以每次当他一踏上犁城的土地，回家的感觉便油然而生。在他心里，这个空间才是他真正的避风港。在北京突发胆结石的那个晚上，他最先想到的就是回家。现在，他回来了。

男人开始做清洁工作。在之后的两个小时里，他干得满头是汗。尽管火车上的一宿他几乎没有睡眠，但他并不感到怎么累。看着收拾好了的屋子，看着擦得明亮的书橱，男人心里有种说不出的快慰。接着就是洗澡，男人看见莲蓬头上套了一只袜子，这肯定又是李佳干的，她认为只有这样才不会浪费水，也才洗得舒服。李佳唯一不愿想的是由于这只袜子的存在，使这个漂亮的卫生间变得狼狈。男人便将袜子去掉，扔进了垃圾桶。

洗过澡，用新烧开的水沏上一杯龙井，然后从书橱里随便拿起一本书，男人坐到沙发上，享受着家的舒适与惬意。这个上午他过得很不错。他看看表，想着中午的菜谱，他想今天得让女儿吃得开心点。于是一支烟抽完，男人又开始忙了。这时，客厅的电话响了。男人很愿意接这个电话，可是当他喂了几声后，对方把电话挂了。这个电话无疑是找李佳的，男人想，对方无疑是个男人，或许是李佳的父母——他们不愿听见他的声音，这很正常。可这里毕竟是我的家我的寓所我的电话呀，这算什么鸟事呢？

到了中午，电话又响了，这回是女儿来的。孩子说：老爸，我在外公家吃饭，晚饭再回去吃。

行，放学以后顺道去看一下你妈妈。

你没去看她吗？

我刚从医院回来。

那就这样吧。

女儿每次在那边都不愿意多说。她很懂事，可这样的年纪就让她面对人与人之间那种微妙的关系，怎么看都是一件残忍的事。一想到这一层，做父亲的他就感到羞愧。所以基于这一点上，他又特别希望这个孩子早点出国，去大洋彼岸的洛杉矶她姑姑那里。这样才可以解脱，他想，无论是对孩子还是对自己。

男人把做好的菜蒙上保鲜膜放进冰箱，自己泡了一份方便面。他想一个人吃饭实在是咽不下去。

李佳在医院住了整整十天。据我所知，她患的就是病毒性感冒。以往这种病她并不愿意住院，顶多就是按时去打点滴，因此我有点困惑，我不知道李佳为什么要小病大养。那几天里，我每天都要去一趟医院，给她送点需要的东西。我一般都不多坐，很担心在这样的场合与我从前的岳父岳母相遇，那样会使双方感到难堪的。老人不会给我好脸色，在他们眼里我完全就是个不义之人，我抛弃了他们的女儿，尽管离婚一直是他家女儿首先提出的。

有一天，我给李佳送去几个芒果。当时病房里只有我俩，李佳突然问我：见到芒果你会不会想到海口那个女人呀？

我笑了笑，我说：你这样一说反倒让我想起了。

李佳说：我一直想知道，从你们男人那里感觉，女人和女人是不是有很大的不同？

我便反问：你指什么不同？是性吗？

李佳说：当然指这个了。

我说：我想是的。

李佳说：那我就奇怪了，怎么会不同呢？

我说：可能是指状态吧。

李佳很不屑地说：说到底还是心理上的差异。是男人的见异思迁。

谈话到此即由无聊变得乏味了，再往下说肯定就是不欢而散。我自然不想招惹这种麻烦。所以以后的几天里我都是匆匆来去，我甚至觉得李佳不该住这么久，这里是医院，不是疗养院。直到昨天女儿正式放暑假了，李佳才提出来回家。今天下午我和女儿去医院接她，她让我把一些用具带回去，自己便和女儿直接去逛街了。看着她们手挽着手的背影，我就想，这个家本是很不错的，可我们硬是经营不好。

她们回来的时候我已经把晚饭安排妥当。我有意做了一些清淡的口味，譬如咸水虾、蒜蓉豆苗之类。我和李佳还喝了一杯王朝干白。女儿则用可乐，她说：欢迎二位回家。

李佳说：我只是临时陪你住住，还是欢迎你爸爸给你找个新妈吧。

女儿问我：你会吗，老爸？

我说：爸爸老了，没人要了。

女儿说：不见得吧？我老爸还是不错的哟！

李佳说：你老爸最近可火着呢，没见到那么多人给他写信吗？

我说：别听你妈瞎说，那都是读者来的信。

我们三个人已经好久没在一块吃饭了。这样的气氛使我感到愉快。饭后，女儿去找同学玩了。李佳想洗头洗澡，我就回到书房看书。这几天在犁城没事的时候我喜欢逛书店。我买了一些世界名著，是人民文学出版社以前出的那一套装帧豪华的版本。其实这些书我不缺，我买它是考虑到收藏——由于是几年前的存书，所以价格比较便宜。这些书里就有陀思妥耶夫斯基的《卡拉马佐夫兄弟》。现在我拿起它，自然就会想到大学时代的李佳，想到那片杉树林，想到我们苦涩的初恋。

但是不管怎样的苦涩,保存在我记忆里的都还是一幅感人的风景。我是一个喜欢风景画的男人。记得少年的时候,我从一本旧期刊上看见列维坦和提香的风景作品,旋即产生了一种难以名状的忧伤。我不知道我当时是否流泪了。画中的秋天让我感到萧瑟,画中的黎明让我感到清冷……

忽然李佳湿着头发跑了出来,问我:那只袜子呢?

我说我扔掉了。

李佳说你是不是嫌难看?

我说本来就难看。

李佳说这就是我们的不同。你要好看,而我要的是实用。

说着,她又去找来一只旧袜子,蒙到了莲蓬头上。

我感到很好笑。她说得对,我们是不同。我走到凉台上,看着外面的天空,似乎在期待着一只鸟飞过。但是我没看见。

李佳又在喊我,说她的洗脸毛巾烂了,让我从橱子里拿条新的。我便很快拿了。我正考虑如何送进去,就见卫生间的门向外推开了一点,李佳从里面伸出一只手来。我就把毛巾认真地放到了这只散发着肥皂香味的手上。而在这个瞬间,我心里苦到了极点……

——1999 年 7 月 22 日

犁城：1999 年 8 月

那是一个沉重而伤感的晚上。李佳洗好澡，对他说：今晚我住这里，孩子可能这两天要不舒服。

这段时间你就住这儿吧，他说，刚出院，我给你调养一下。

那不用，李佳说，又不是做流产。

李佳躺到他的床铺上，接着说：我给你生了一个，流过两胎，对得起你吧？

他说：怎么说起这个了？

李佳说：我要让你知道做女人不容易。

他没接话。

李佳叹了口气，说：你知道我为什么要住院吗？

他说：为什么？这话问得奇怪。

李佳说：我这次职称没有通过。有两个比我后分来的却通过了，我不服。

他说：这有什么想不开的？等下批呗。

李佳一下就坐了起来：你真是站着说话不腰疼。凭什么让我等下批？很多大的审计报告都是我做的，我哪点不比那两个人强？我他妈的不就是不爱往头头家钻吗？

他说：其实也就是多那么一点儿人民币，别为这个伤神，不值。

李佳说：不是钱的问题，是一个人的尊严，你懂吗？

他说：顶多就是个面子吧。要尊严就痛快地把职辞了。既然你的专业不错，还怕弄不到一口饭吃？

李佳说：我没这个气魄，也没这个能耐。别人可以靠家庭靠老公，我能靠谁？

谈话到此出现了沉默。他们坐得很近，但是都没有去看对方。女人的眼睛湿润了，男人的呼吸也显得短促，有一个字眼同时镶嵌在他们的喉咙里，却很难吐出来。这个字眼就是复婚。他们都没有提，没有，他们就这么沉默着。

这时电话响了,女人说:我来接。就从床上起来去接电话。男人便有意避开,去了朝北的房间。但他还是能够听见女人的说话声音。女人说:有什么事吗?女人说我现在有客人回头再联系吧。女人说明天我给你挂过去。男人听了觉得很不舒服。这是我的家啊,我他妈的居然成了客人?他想这个电话应该还是前些天接到的那个空电话才对。不多会儿,楼梯上响起了女儿的脚步声,于是女人便去了自己的床上。女人将灯闭了。这间屋子里现在只剩下他这儿有灯光。女儿一头大汗地进来,匆忙打开电脑,开始玩从同学那里借来的新游戏软件。女儿一边玩一边问:我妈呢?

你妈睡了。

怎么这么早就睡了?她以前不这样。

她病刚好。

我看她没有什么病。

那你干吗急着给我挂电话呢?

是她让我做的。

……

男人点上一支烟,自己出门了。今夜的月光有些朦胧,街上的行人熙熙攘攘。城市的这条支行道上摆着许多小贩的摊点。男人经过这条街时突然有了一种饥饿感,这很奇怪,他想,我不是刚刚吃过吗?

几天后,李佳提前了休假,带着女儿出门旅游了。她们将由犁城去苏州无锡,再去杭州。就是说,孩子的这个暑假又不能和他在一起了。他就提出和她们一块去,可李佳说随行的还有她单位的同事,不方便。到处都是不方便,男人感到气愤,但一想前妻近来的情绪很糟糕,也就不再争辩,觉得她出去散散心也好。临行前他交给李佳五千元钱,但是女人没有要。女人说:你还是把钱攒着再娶一个老婆吧。我这辈子就带着女儿过了。

我剩在了家中。这些年来像这样的情况似乎还是第一次。若是在以前,这样的日子是我梦寐以求。每个星期日,我都希望李佳带着女儿回娘家。这样我就可以拥有完整的一天用于写作了。我可以一口气写到黄昏，然后去我岳父家吃晚饭，把老婆孩子接回来。可现在呢？时间突然多了出来，像水一样溢出，我却没有了写作的欲望。我不知道这是为什么。涣散自然地发生在我身上，没有激情，没有冲动，连吃饭都成了负担。我很想回石镇一趟，可是一想自己今年已经回去过了，这念头便也打消了。

　　说来凑巧，也就是这样的时候，肖航来到了犁城。

　　肖航是到南京参加一个校友聚会，取道来犁城的。她拨通了我的手机，说她人在南京，问我在哪里。我说我回了犁城。她说与她估计的一样。我接着就说了李佳和孩子出门旅游的事。我的意思很明显，就是希望她能来犁城一趟。我说：南京与犁城靠得很近，你来吧。什么时候来，我到车站去接你。

　　肖航沉默了片刻，说：要是你前妻还在犁城，你还会这样邀请我吗？

　　我说：怎么不呢？我已经离婚四年了不是？

　　我得承认，肖航是很敏锐的。连我也纳闷，我为什么会这样？李佳并没有限制我，她也没有理由来限制我，但是我还是紧张，以至我在犁城的时候，只要是当李佳的面接到一个异性的电话，都是那么的不自然。这太奇怪了。可我不希望这样，真的不希望。

　　肖航说：这件事暂时还是别说死吧，我再想想。

　　我说：你来吧，这没有什么。

　　见她没有表态，我又说：也许你很快就去太平洋那边儿……

　　我突然有了感伤，好像肖航的这个电话真是从大洋彼岸打来的。南京距离犁城不足三百公里，可在我的感觉上竟是相当地遥远。这种感觉仿佛通过电讯传递过去，肖航后来的语气也转变了，她说：等我办完了事情，我很快就过去看你。你一定得去车站接我。

　　我说：我会的。

　　那时我想，我不能再让这个女人轻易从我身边走掉。

　　于是在第三天的下午，我们在犁城见面了。当她的身影从这条道上走来时，我的眼睛竟然被泪水所模糊。我毫不犹豫地冲上前去拥抱了她。我说：谢谢你。谢谢你来看我。

　　我们终于又见面了。我接过她的行李，再去路边拦过往的出租车。在上出租车的那个刹那，她贴近我的耳边说：我住哪儿？

这是个暗示。我想我的回答肯定是慢了半拍，我说：这个我来安排。

但是她说：我可不想住到你家里去。犁城最好的饭店是哪儿？

就是犁城饭店，我说，是四星级的。

那我就住那儿，她边上车边说。然后告诉司机：去犁城饭店。

出租车绕过一个转盘，上了犁城唯一的高架桥。从桥上望下去，犁城仿佛长高了许多，这是我以前没有感觉到的。这沿路都是新建的一些高大建筑，两旁的路灯和树木也更换了，显得精神。于是肖航说：犁城还是很漂亮的。

我说：这儿的人却并不富裕。下岗工人每月只有一百二十八元。

她感到惊奇：怎么会这么少呢？

我说：企业上不去，你看到的这些楼房，有的其实里面连电梯都还没安装。

那人怎么上去呢？

等有了钱再上去吧。

真是奇怪……

不久我们到了。我拿过肖航的身份证去总服务台替她办入住手续。她说：押金由我来交。我会找到地方报销的。

我说：可你到犁城是来看我的。

——1999年8月7日

他们走进了这个标准间。其格局与几个月前他在北京住的那个304竟是那样地相似！连台灯和电话机都是一个牌子。男人在这个瞬间看到的是另一个女人的脸，那是个更为年轻的女人，现在却像断了线的风筝一样。兴许是这点迟疑，男人在替肖航沏茶时不小心烫了手。那时候女人正在卫生间里洗脸，但她在走出之后，也感到面前的男人神色有些恍惚，就问：你不舒服？

男人说：不，我只是昨晚失眠了。

是因为我要来？女人说，那我太高兴了。

说着，女人拥抱了他。身体的接触使男人对刚才的片刻疑虑及时打消了。他们没有接吻，他们就这样拥抱着，在想，是先做爱还是先吃饭？

这时男人听见女人低声在说：我好像有点不对了，你倒没事似的。是不是我来得不是时候？

男人说：你这不是在骂我吗？我的身体迟钝是因为我老了。

女人说：我会让你变得年轻。

他们准备上床了。这是他们第二次上床。男人说：我先洗个澡吧。

女人点点头，自己躺到了床上。男人背过身去脱光衣服，进了卫生间。他用淋浴，想简单地冲洗一下。他的身体似乎还是不怎么兴奋。他好像难以摆脱在北京亚运村以北的那个叫做冠华酒店的生活，他眼前总是晃动着那个沈芷平。正是这个原因使得男人的身体发生了变化。男人想，选择这个酒店实在是个错误。过了会儿，男人裹着浴巾出来，中央空调使他带水的身体顿时起了鸡皮疙瘩。而女人已经钻进被窝里了，露出半截戴着胸罩的背脊。男人似乎有些犹豫地上了床，当他过于凉爽的身体和女人温暖的身体紧贴一起时，他感到了一种无限的满足。而且，他的下体也像久旱逢甘雨的禾苗，立刻显出了精神。本能的力量掩盖了男人的尴尬，也把男人从自责的边缘拉了回来。他解开女人的文胸，把女人拥在了怀里。

它一点也不迟钝，女人说，它可能有点世故。

不是世故，男人说。

那是什么？

它顶多有点疲倦吧。

疲倦？就是说回到犁城你也没让它闲着？

你误会了，我的意思是……怎么说呢，是支配它的部门很疲倦。

我可没有怪你。怎么样，对我的身体陌生吗？

怎么会呢？

……

后面的话被吻堵回去了。他们开始进入了状态，男人感到女人身体上散发出来的气息还是那样的迷人，但她的皮肤似乎已没有在杭州时的光洁与细腻，甚至有些松软。男人没有经过足够的铺垫就冲进了女人的身体，而且很快便感到自己直奔高潮而去，他一边做一边告诉身体下的女人：等会儿我们再好好地做成吗？

女人说：随你吧。我既然来了，就把自己交给你了。

于是男人心安理得地完成了第一次。然后，他们一起去了卫生间，一起冲洗，镜子里的两具裸体不经意地看上去很像一幅油画。男人突然有些感伤地说：我们分开得太久了。

他们仿佛被这句话感动了。女人说：我现在真是有点怕"分开"这个词了。

他看见女人的眼泪突然涌出，觉得什么事一定是发生了。等重新回到床上之后，男人小心地问道：是不是签证没戏了。

女人叹了一口气，说：他欺骗了我。

他？男人立刻明白这个"他"并不是指的自己，接着问：他有别的女人了？

女人摇摇头，说：这个我心里早有准备，要真是这个我也不会怪他，男人嘛……

那是什么？男人欠起身，他不明白还有比夺走自己老公更使女人伤心的事情。

女人也坐起来，拿过男人手里的香烟吸着，女人说：他根本就没有拿到绿卡。可他上个月才对我说清楚……他让我苦等了三年！

是这样……那就算了吧！

算了？是呀，不算又能怎样呢？你知道吗，对于我这个年纪的女人，爱情并不重要了，重要的是生存。

难道不出去就不能生存了？

可我的计划不是这样的……现在，全乱了。要是我早知不能出去，我就不会这么傻等，我就会注意和原单位搞好关系，我就准备来过一个正常人的日子，随便和什么人都行！

你冷静一些……

可是女人还是泣不成声起来。他把女人搂在怀里，再慢慢地躺下，他希望能尽快用第二次做爱来冲淡女人的悲伤。男人用力握住自己的下体，想让它片刻紧张起来，挺立起来。以往的经验告诉他，这第二次总是能使女人满意的。后来的事情和男人的想象完全一致。第二次，没有任何的前戏，当男人感到自己的火候到了，便立刻冲进了女人的身体。他剧烈而快速的抽动使女人发出了欲死不得的呻吟，女人高声叫道：你想杀死我吗？

这时，男人的手机响了。

男人自然不会在这样的时候去接这个电话。电话一直响到第十二声，令人心烦意乱。男人一点也不在意这个电话，继续干自己的事。事情持续了近半个小时，第二次高潮终于降临了——这仿佛是他们双方渴望已久的高潮，它的冲击波竟是那样的巨大，在高潮掠过之后的几分钟里，那种快乐仍还在各自的体内荡漾着。他们浸在汗里，汗把洁白的被单染得斑斑驳驳。他躺在她的身上，听见她说：我们多像两具尸体。

男人又一次看见了那个幻象：那两条仿佛用红颜料造成的金鱼。但它们不是尸体，它们还在水中游动。它们也不是重叠着，而是依偎着。

昨天的事情后来有些沮丧。起因还是那个不合时宜的电话。

看一下来电显示吧，肖航说，也许是个要紧的电话呢。

要是急事还会打来的。我这样说。其实我心里还真在惦着，我总觉得刚才这个电话与沈芷平有关，尽管她已经好久不来电话了。从走进这个房间的那一刻起，我便有了这样的预感。我点上香烟，肖航从我身上越过去，把手机拿给我，她说看看吧，别让给你打电话的人失望。说完她还对我诡秘地笑了笑。

电话号码是陌生的，但区号是023，这是重庆。我想自己的表情肯定出现了变化，而肖航也一定是看出了，女人没有问是在等待着男人的坦白。

可能是她的。我说，我在北京结识的女朋友，重庆人。除她之外，我不会有023的电话。

那你拨过去吧，人家等着呢。

可这不是她家的电话。

你是不是怕我不高兴？

不是。我确实对这个号码陌生，可能是个公用电话。她在家里不敢给我打电话。

为什么？

我比她爸爸只小八岁。很久不打了。

有多久？

有一个多月了吧。她离开北京的时候是在六月。

肖航沉默了片刻，再说：是呀，现在一个多月都显得久了，可我却傻等了三年。

怎么又把话说回来了？我有些生气了：难道不和那小子结婚你就活不下去？

她立刻打断我：对我而言，结婚就是活着。

那你可以随便和一个人去结婚。

随便？这就像买东西，平时眼见的都是喜欢的，可是真要买了，怎么挑都不满意。我想嫁你，你肯吗？

说完，她撩开毯子，去卫生间洗澡了。她将门插上的声音十分地清楚。

显然，这个意外的结局使我们都感到了伤心。

我在想那个电话。我想沈芷平一定是遇见了什么急事，否则是不会突然偷着给我来电话的。那是什么急事？是她把我们的事情对她父母说了还是别的什么？我们几乎不通电话了。人就是这样，现在的人就是这样，是很容易被所处的环境同化的。我想起前几年在海口，在岛上待得久了，我便忘记在犁城还有妻子女儿；一旦回到了犁城，就觉得留在岛上的桑晓光的形象是那样地不清晰。爱又能分担什么呢？沈芷平在北京时和我在一起，是她需要和一个她中意的男人在一起，如今她离开了，她便需要在周围重新物色一个，事情原本就这么简单，我何必自作多情呢？也许刚才那个电话就是个错误的电话，我这种人却要琢磨半天。

过了一会，肖航出来了。她穿着白色的毛巾睡衣，头上扎着白色的毛巾，像一个外国电影里常见的那种有钱的少妇。而我还是裸体。身上的汗已经全收了，我也懒得再洗，我对她说：劳驾替我擦一把吧。她便这样做了，然后就沏了两杯茶，把一杯递到我手上，说：你好点了吗？

我不知道她这话的意思，明明刚才是她自己不悦了，现在倒回过头来安慰我，她是想对已经发生的事情作一次挽回，不想使这短暂的幽会蒙上任何的阴影。我纳闷的是，怎么每回和女人相处，我都是被动的？一整天我都在想这个该死的问题。

——1999年8月8日

北京：1999 年 8 月

他把自己在北京的故事对她说了。但他不愿说出沈芷平这个名字，他只说她是个重庆姑娘，一个心地善良的好女孩，他说：那些日子都是她在照顾着我。

既然这样你为什么又要放她走呢？肖航说，你完全可以留住她的。

是的，他说，我相信我能够把她留住，可是我总觉得我们之间缺乏许多东西。

这是不是一种托词？

绝不是。感到缺乏不是我单方面的，她也有，她甚至比我还多。所以和我在一起时她总是诚惶诚恐，很紧张。

那是你没有重视人家。

也不能这么说。我想年龄的悬殊是一个问题，很重要的问题，这样就导致了后来许多的不同。

难道当初你就没有看清这些？你这不是明知故犯吗？

可我是个男人，我不可能对一个如花似玉的姑娘转过身去。

如花似玉？哼！

你哼什么？

我高兴。

你不是说我不重视人家吗？怎么我刚说了句好听的你就不快活了？

谈话险些崩了。男人和女人都意识到这根本就是一次不必要的争执，他们需要的是好好珍惜来之不易的时间。对于他们这样的人，放弃时间等于放弃了生命，为什么不好好相处几日呢？男人想，人家是来看我的，人家现在的心情很糟糕。当着一个女人的面去夸另一个女人永远都是致命的错误，男人不能去向女人的本能挑战……

第三天上午，男人决定离开这间熟悉的酒店标准间，带女人去了犁城附近的乡下，那里有山有水，在山水之间残余了一些明清的老房子，却还没有开发成旅游景点。

事情果然如男人所料，一见到这些陈旧的建筑，女人的心情立刻起了变化。这儿太美了，女人说，我们应该住到这儿来。

这儿的建筑与绍兴那边不同，男人介绍说，它是徽派的，据说从前有一些徽商到这一带做生意，见到这里的姑娘很漂亮，就不想再走了。

还是古人潇洒，女人说。

真要你在这里住上一年半载，你又觉得不行了。男人一边给女人拍照一边说。

要是你陪着我，我肯定行的。女人说完，看着男人的脸。男人的表情很镇定，男人说：这儿离犁城太近了，我希望去一个看不见熟人的地方。

是看不见你前妻吧？女人说，你累不累呀？

男人苦苦一笑，跑去找来那边一个作水彩写生的小伙子，把相机交给他说：请给我们拍几张合影。

然后就站到了女人身边。他们一共照了三张，最后一张，男人从后面搂住了女人，女人的头靠在男人肩上。那个作画的小伙子说这张最好，他毫无顾忌地问道：你们是情人吧？

这句突兀的话让男人感到了一阵紧张,他不知该怎么解释。倒是女人显得开朗,她反问道:你怎么断定我们就不是夫妻呢?

那小伙子说:夫妻的笑容总是很僵硬的。

于是三个人都笑了起来。小伙子收起画具同他们告别,走了几步又回头对他们说:你们很般配的。我是说你们做情人很般配。

他俩竟有些感动,但是却陷入了沉默。他们拉着手,走进了这条小巷……

这多像故乡石镇从前的那条老巷！三十多年前，当他还是一个孩子的时候，在一个细雨纷飞的夜晚，他就拉着一个女孩的手在巷道里走了。那是个温馨的晚上，也是一个恐怖的晚上，小巷是那样地幽深，那样地深不可测。随着岁月的流逝，那巷子显得越发地狭窄了，只有脚下的这些石板越来越光洁，雨落在上面的时候，可以照见你的脸，你这张布满沧桑的脸——这是你形象的历史，只有你才读得懂它。

现在，他们进入了一个农家院落。穿过天井，他们看见一个年迈的老妇在编织着一件篾器，看上去是一只篮子。由天井泻下的光线映照着老人灿烂的白发，真如银丝一般。肖航走上前问候老人：老人家，您今年高寿？老人说：八十五了。肖航说：家里人呢？老人说：我男人出门做生意了，儿子媳妇在田里。

他们互相看了一眼，好像明白了什么。他们原想在这里交钱吃顿饭，现在看来不成了，只能换一家。

出门后，女人轻声问男人：你相信她男人出门做生意了吗？

男人说：那也许是民国年间的事了。

就是说，她等候了半个多世纪？女人不无惊讶地说，天，这太可怕了！

其实她等候的只是一个愿望。男人这样感叹道。

这句话说完，男人的手机又响了。来电显示的还是来自重庆的号码。很多天后，男人在一个阴郁的下午这样想道：正是这个电话，使未来的一切全都改变了。

由犁城飞往北京的航班是在晚上七点十五分。机票不紧张。我在接到沈芷平的电话后当即作做了这样的决定。那时候，肖航故意避开了，去了村口的那座小桥上。

沈芷平在电话里只说了一个事实，她怀孕了，问我怎么办。她的语气并不生气和着急，她说：我一直以为不会的，结果一检查……

你赶快去订明天飞北京的机票，我说，这件事由我来安排，你得完全听我的。我会在机场接你的。

然后我就挂了电话，去桥上找肖航了。我对她说我们得离开了，我只说有一件急事要回北京处理。

肖航说：是关于那个女孩的吗？

我说：对，与她有关……

肖航说：能对我说说吗？

我说：我想以后再告诉你。

肖航说：那我也该走了。我回杭州，坐火车。

我说：我们电话联系，我手机一直开着的。

肖航很麻木地摇摇头，说：我想我也许不会再给你打电话了。

我握住她的手：为什么？

因为我不愿意再看见另一个女人在一边难受……她的眼泪禁不住地流了下来，她并不掩饰。最后她说：我不会再去为守候一个电话而通宵地失眠，这种罪我受够了！

后来，我们就在这里分手了。出租车在这座立体交叉桥上转了几道弯子，驶上了不同方向的路，那个瞬间我心乱如麻，城市在我眼里彻底地倾斜了。我眼前的景物全都是潮湿的，其实这一天阳光明媚，是这个季节难得的好日子。

天渐渐黑了。飞机正点起飞，奇怪的是，万米高空还是无比晴朗，好像我们身处的是两个世界。等天又一次黑下来时，首都的灯光已经映入了我的眼帘。我又回来了。我又得住进那个曾经计划修葺的小巢，然后再去陪一个女人做人流手术——这令我惊悸而惶恐。这种事情只在我和李佳之间出现过，除此之外，还没有一个女人怀过我的生命。我想起那一年在水市，想起韦青的后来遭遇，我总觉得与己有关，可这毕竟是个猜测。而现在竟是真实。孕育在沈芷平腹中的那个生命有几个月了？

这个晚上我几乎一夜没合眼。直到黎明前才开始有了倦意，但是，那个久违的梦魇再次袭上了我的身，我仿佛被无数根绳索捆绑着，像一个行将溺毙的落水者那样不能动弹，不能呼吸，不能挣扎。我的周围是一片猩红的颜色，我的肉身浸在这红的液体中承受着灭顶之灾……

接近正午的时刻，重庆飞来的航班到了。

我在出口等待沈芷平。不久她的身影就出现在我的视野里。她穿着一件小碎花的连衣裙，肩挎一只背包，手里提着中号的旅行袋，简单的行李使她在这趟航班的人群中显得突出。而我却有些不安起来。这是典型的出差人的装束。也就是说，动身之前她就没有想过要在北京久住。

她只想把眼下这件事解决掉。

　　尽管这样我还是有些激动。我喊了她并对那个方向扬了扬手,然后我从接站的人群里挤过去,接过她的旅行袋。我说还好吗?她说还好。我说第一次坐飞机害怕吗?她点点头,她说:我不敢往下看,可是没想到这么快就到了。

　　在从机场回我们住处的路上,我们坐在出租车的后面继续交谈。我说我们太大意了,这样会伤身体的。她只说没关系,就一会儿工夫。她丝毫没有责怪我的意思,这个女人的魅力就在于她本性的善良。我紧紧地握住她的手,我说你能再次回到我身边真好,我真高兴。她说她也是,她在电话里听见我的声音时就在想我们的见面了。

我说：要是没有这件事，你还会给我打电话吗？

她没有回答，似乎靠在我的肩头上睡着了。但是，我看见她的泪水从眼角淌了下来。在不足二十四小时的时间里，我看到了两个女人的泪水，我不能不感到沉重。我不能不引起自责。我总觉得是我造成了她们的不幸，我辜负了她们的感情她们的爱，这是无法为自己开脱的，也无法饶恕。我并不想这样，真的不想，我内心的渴望根本就不是这个样子……

——1999年8月12日

当天下午，他们去了附近的一家医院——就是他上回治疗急性胆结石的那家医院，再次做了B超检查。女人确实是怀孕了，已经有三个月。妇科大夫是一个妈妈一样的妇女，态度和蔼，神情慈祥。她问沈芷平：是第一次吗？后者说是。妇科大夫说：那为什么不要呢？沈芷平便看了看边上的他。他解释说：我马上要出国，她一个人在家不方便。妇科大夫说：那其实更好，避免了妊娠期的房事，对胎儿发育有利的。

他不知该怎样回答了。这时听见沈芷平说：那就不做吧。

他感到很突然，说：不是商量好了吗？

妇科大夫说：你们拿好主意，决定做就明天一早来，空腹，先验血。

B超显示的这个图形像一幅天文照片，那团似乎在旋转的光晕仿佛一颗星云。明天这颗星就将永远成为流星，陨落到一个极其肮脏的地方。

从医院走出来时，外面的天已经变得很阴沉。男人感到有些疲倦，想在不远处的一个卖水果的摊点边歇一下，忽然听见一个女声在喊他的名字。他站起来仔细朝四周张望，并没有发现熟悉的面孔。这个奇异的错觉使他临时取消了陪女人逛街的念头。他买了两杯可乐，然后就去街边拦出租车了。他对女人说：我们回去吧。女人点点头，女人的心情也变得黯淡了，女人说：我好困。

这个下午怎么说都很糟糕。看来解决这件事远没有想的那么轻松，这应该是他们共同的感觉。

不久天就黑了下来，随即也听见了风声，一片转黄的叶子不知从哪棵树上落到了男人的衣袖上。1999 年北京的夏天还没有过去，秋天似乎过早地降临了。但无论怎么看，这都是一个令人疲惫不堪的季节。一切和以前一样，他们回到住所，便各自找到了安放身体的位置。男人睡到了沙发上——他想就这么睡下去好了，他太需要好好地睡上一觉了。他甚至不再害怕今天黎明前的那个梦魇。

此刻，睡在单人床上的女人却丝毫没有睡意。但是她也没有辗转反侧，她的身体始终保持着一个舒展的姿势。也许这样会使自己不再感到恶心，在重庆的时候她最担心的就是这种生理反应会被父母看出来，这是她想来北京做手术的理由。所以当男人问到"要是没有这件事，你还会给我打电话吗？"她没有回答。她知道重逢对于他们除了一时间的冲动之外，不会有更多的喜悦。这一点，她早就看出来了。但是使她意外的是，从见面到现在，时间已经过去了好几个钟头，男人却还没有碰过她。屋子里越来越黑，也越来越静，男人的鼾声在均匀地响着。她很愿意听这鼾声，就像她最初习惯男人留在那间 304 房间的烟味一样。但是那只烟缸呢？她好像在这间屋子里再没有见到这件不起眼的东西了。

女人想找到那只烟缸。这个念头非常强烈地驱使着她，她便从床上爬起，为了不影响男人的睡眠，女人只开了小客厅里的灯。然后她就看到了那只烟缸，里面盛满了烟蒂。那些烟蒂由于积压得太久，已凝成了一个整块。女人把它们倒在垃圾桶里，再去卫生间洗刷。并不难洗，洗过的烟缸还是原来的样子，只是女人再也无法嗅到那股特殊的烟味了。女人有些难过，不留神手下一滑，那只玻璃烟缸摔到了马赛克的地面上，发出清脆的一响，女人同时也"呀"了一声，连忙将门关上。

响声还是惊动了男人，他似乎一跃而起，随手将卧室的灯打开，男人问：怎么了？你在干吗？

女人在卫生间里说：我在洗澡。

男人咳嗽了几声，看了看表，已经是八点多了，他们还没有吃饭。男人于是穿上鞋子，对里面喊了声：你洗吧，我去买点吃的。

这个有风的晚上并不使人凉爽，反倒闷得慌。男人去了对面的一家小饭店，要了两份炒面，然后又对老板说：明天上午给我炖一只老母鸡，用砂锅炖。

老板说：上午只能用压力锅炖，时间来不及。

男人说：不，用砂锅炖，我可以多付你钱。越烂越好，把浮油去掉，清淡一些。

老板就没有再说什么，接过男人预付的五十元钱走开了。

那时候屋里的女人还在洗澡。兴许是第一次怀孕的复杂感情，女人总感觉自己的腹部在微微地跳动。三个月的生命会动吗？女人被这个问题纠缠着。但是明天她就不会再有这种感觉了。女人不禁又流下了眼泪。她明知这个生命难以挽留，却还是拿不定去掉他的主意。外面响起了门声，女人下意识地咬住了嘴唇。她竭力使自己镇定下来，将身体揩净，再用浴巾围住，慢慢走进卧室，看见男人正在用牙齿撕开一袋她家乡产的"鱼泉榨菜"。

等会儿再吃吧，女人说。她在等待男人的视线，想让男人看看自己。男人抬了一下头，又去弄那袋榨菜了。

女人说：你不想来一次吗？明天恐怕就不行了——得等很多天的。

男人的手住了，他坐下来，感到泪水一下子沁满了眼眶。那个瞬间男人的脑海里旋转的全是那团星云。接着，他看见了一把大剪刀，正狰狞地向着女人的身体张开……

我抱起了她。她的身体竟是如此地轻盈。我把她抱到了床上，然后我的脸就紧贴着她的腹部，我好像在倾听那个尚未成形的生命的跳动——很多年前，我有过类似的经历。那时我的妻子李佳正怀着我的女儿，但那个时候我也一样地心情沉重，怀孕没有给李佳带来欣喜，相反平添了一份沮丧，在她看来，青春就这么毁了。直到女儿出世后，她才迟迟地找回做母亲的感觉。现在女儿成了她的朋友，此刻她们正在苏州或者无锡开心地玩着，好些天了，她们一直没有给我来过电话。

沈芷平抚摩着我的头发，很快她就发现了一根白的，但她没有替我拔掉，她说这样白发会越来越多。然后她欠起身，帮我脱去了T恤。我想去洗个澡，我对她说身上有汗。她说：我喜欢你的汗味。我想让你出汗。

说完这句话，她便关了灯。黑暗中她的手顺着我的腹部下滑，再稳稳地握住正在勃起的下体。我不免有些吃惊，在我和她交往中像这样的主动似乎还是第一次。而且这种主动性随着做爱的深入而加强。她仿佛变成了另一个人,一个性能力十分过硬的女人,最后她竟坐到了我的身上,动弹的节奏也越发地快起来,直到我一声大喊,她才紧紧地将我抱住。她凑近我耳边说雄起雄起!我差点想笑,我说:你今天怎么像个妖怪似的。她还是紧紧地抱着我,轻声问:你好吗?我说好,你呢?我也很好,她说,晚上一起睡吧,我不怕挤。

我说:这样你休息不好的,明天还要做手术。

她说:明天……是不是很疼?我有点害怕。

我说:别怕,我会在外面等着你……都怪我。

她说:我不怪你。我也一点也不后悔。真的不。

可我会,我说,我会一辈子感到不安。

这个晚上显得十分漫长,我的耳边总是嗡嗡地响,又觉得很远的地方有一只什么鸟在断断续续地叫着。我心里特别不是滋味,想这几年自己就像个乞丐,从这个女人身上流浪到那个女人身上,把一切都搞得混乱不可收拾。后来,我听见了雨声。雨很快就下大了,夹杂着雷电,空气慢慢变得清新起来。但是这一带的电线线路出了问题,一时间周围黑森森的。只有在闪电掠过时,我才看见窗外的建筑物,我才意识到我是住在中国首都的一间小屋子里。我身边的女人已经睡着了,这是个心事不重的女人,她的安逸在于永远躺在一个好男人的怀里。而我不是这样的男人,我不配,我也无法去向这个目标努力。我又一次想起那本星相书,生于11月28日的射手座男人注定就是一生独行……忧伤再次从我心底升起,我在黑暗中点上烟,每吸一口,眼前便涌动着一簇温暖的光晕。然后,我从这密集的雨帘中看见了我家从前的煤油灯,每逢下雨的时候,它在外婆手里就会变得很亮……

这场雨持续的时间很久,一直落到今天早晨还有零零星星。我们去的时候,那家医院还没有开门,而街上已经很乱了。过往的汽车自行车使我目不暇接,这个城市实在是太拥挤了,人的活动空间在不断地缩小。我突然觉得自己犯了一个错误,为什么偏要在这北京做人流呢?难道只有北京才能做人流?或者说北京就是一个人流的地方?这不是一个复杂的手术,一点也不复杂,可我还是选择了北京。其实我们与北京没有任何关系。我们是外省人,皇城从骨子里从来就不会接受我们。

医院的门户开了,我和我的女人走进去,首先是交费,然后是验血,

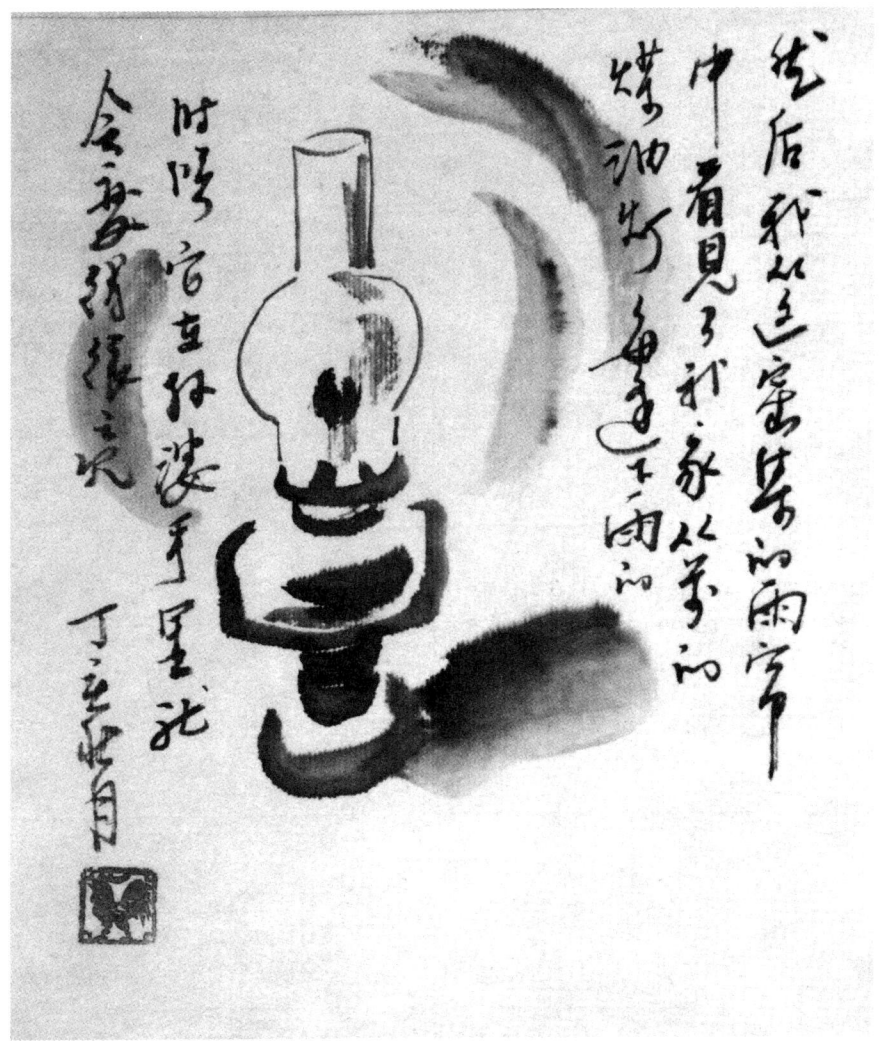

接下来便是女人走进手术间,我留在昏暗的过道上等候。我找到那位妈妈一样的大夫,想对她说点什么,却终于开不了口。这时候沈芷平忽然从里面跑了出来,面色苍白,我立即迎上去:怎么了?

她紧张地说:怎么要那么多的钳子剪子?

原来她被那一堆医疗器械给吓住了。我握着她的手,那手很凉,我解释说,你看到的只是个器械包裹,大夫会根据你的身体条件做出选择的。我说:别怕,我就在外面,离你只有十米。

里面在喊人了。我再次送走了我的女人。当手术间的门严肃地对我关起时,我顿时感到了一阵眩晕,手扶着墙壁慢慢地坐到长椅上。从这一刻起,时间骤然变慢了。紊乱而空洞的心跳声非常清晰。不知怎的,我居然想起了欧内斯特·海明威的那篇著名的《印第安人营地》,我觉得我就是那个睡在上铺的心悸不已的男人……

我期待着面前的这扇门尽早地打开……

——1999 年 8 月 13 日

北京：1999 年 9 月

男人永远也不会忘记这个阴雨绵绵的早晨，北京的天气竟是这么怪异。当经过手术的女人出现在面前时，他心里的一块石头落地了。女人的面色更加苍白，连嘴唇都失去了血色。他扶着她，轻声地问道：怎么样？

女人只是摇头。女人说：我好冷。

于是男人给女人披上一件随身带来的外套，但她还是显得不够。男人说：要不就在医院里住几天吧？

女人说不。女人说：这地方我一分钟都待不下去了，回家，我们回家。

但是家在何处？

那不是家，那不过是临时租借来的一处狭小的栖身之所。我们是这个世纪最后的流浪者，流浪的人是没有家的，男人这么忧伤地想着，心里一片苍凉。很多天过去了，男人的神情还是刻着这个早晨的印痕。那几天他精心伺候着手术后的女人，他希望女人身体早点恢复，倒也很见效，女人的容颜迅速有了明显好转。她只是埋怨那家医院，说自己想看一眼从体内出来的那个东西，结果大夫就是不肯。妈妈一样的大夫说没什么好看的，然后就把那东西扔进垃圾桶里了。女人喋喋不休地就是说这件事。男人不想制止，他从街上买了许多张信哲的歌带和影视画报，想使女人从这件事上分心。他们自然是分床而卧，女人每一夜睡得都很香。有一天深夜，睡在沙发上的男人隐约听见了女人在哭，便开了灯。他发现女人实际上是在梦里哭泣，但是呓语清楚，女人说：娃儿没有了……

男人感到心尖掠过一阵刺痛。他没有惊动睡梦中的女人，就静静地站在边上。后来他再次找出那张B超图形，似乎想从这团可疑的星云里窥出一个生命的秘密。他在想，如果这个孩子留下了，会是什么模样？是男还是女？他怎么也想不出，而且想得好累。这件事过去了，尽管他深知他会背着这件事过上一辈子。

生命是那么脆弱。很多回，男人觉得累了就来到这条河边站上一会儿。他想起多年前在这里死于意外的那个陌生女孩，想起春天里来接他的那个王珏，想起肖航腕部的那条疤痕，想起几天前从沈芷平身体上剜去的那块肉，感到她们之间形成的就是一条死亡之河，人生其实就是一次死亡之旅，人从生下来的那一刻起就意味着向着死的目标迈进了，这不过是一场死亡竞赛，死亡的马拉松。

这一天回来的时候，沈芷平已经在洗衣服了。女人的气色看上去很不错。女人问今天几号了。

他说八月三十。他说：昨天我往犁城挂电话，孩子已经报到了。

沈芷平说这么快？这么快就到九月了？

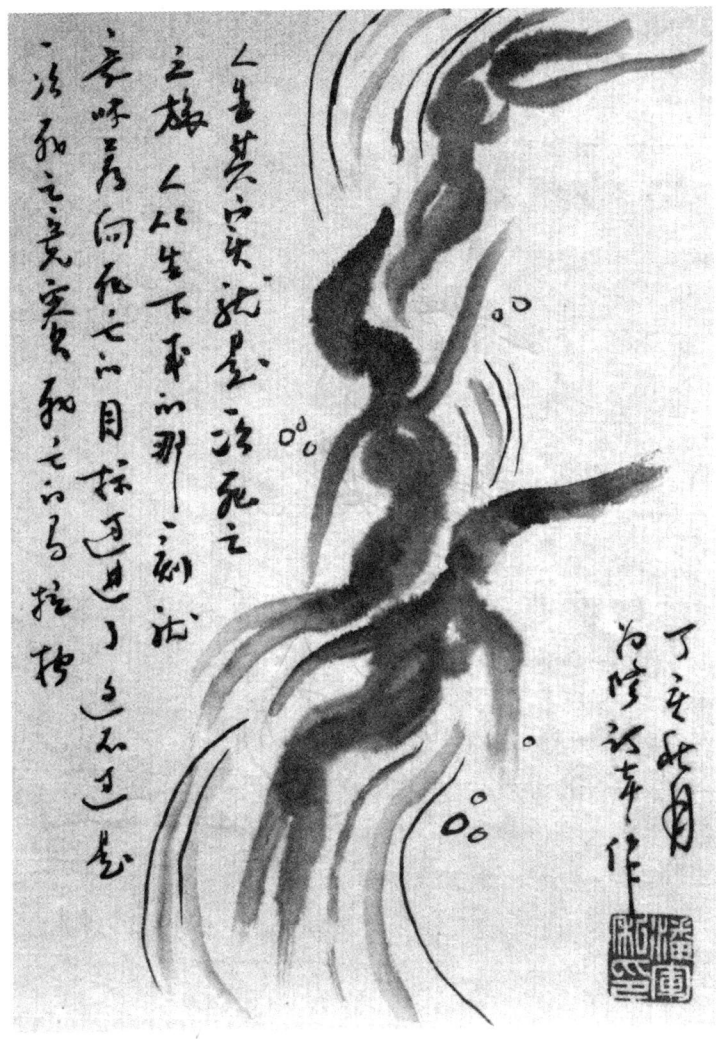

他看见女人手下显得迟疑,便觉得女人有心事,但是他没有再问。他希望女人能和自己谈谈,就说:我们今天出去吃饭吧。

女人说不想去。接着她说:那个桑晓光还在北京吗?

男人说:应该还在吧。你怎么突然问起她来了?

女人说:没什么,我总觉得她还会对你很好的。

男人说:我们从上次见面到现在一直没有联系。

女人说:为什么不呢?

男人更加困惑,他不明白女人为什么要突然挑起这个话题。他想起那次和桑晓光的短暂相见，没有觉得有什么唐突不妥的地方。于是他试探地问道：她来电话了还是……

沈芷平立刻打断说没有。女人说她只是随便问问而已。然而在男人看来事情并不是这么简单，他预感到在他们之间很快将会发生一件事，但那时他还不清楚究竟是什么事情。直到几天之后他才如梦初醒。

现在想起来我已经不感到惊讶了。就在刚才，我再次去西客站送走了沈芷平。事情当时觉得很突然。下午，本来约好去崇文门饭店和那个书商谈出书的事，结果那家伙因为什么更重要的事情临时改变了主意，让一个部门经理先送来了两万元的订金。其实是以这种方式催稿。我知道这种人是做不了主的，一些条件没法谈，于是便匆匆作罢，返回住处。在我正要喊门的时候，我听见了里面的声音，沈芷平在打电话，她说：我今天就走……后天你去车站接我吧。

凭感觉我想对方不是她的父母。

她说：你别说了，回去再说好不好？你要是这样想就算了，信不信由你……别再给我打电话了！

她很生气地挂断了电话。

我断定对方是个男人。会是她以前的那个男友吗？我在门口犹豫了一会儿，还是没有敲门。如果我今天不是急着回来，屋里的女人也许就不辞而别了。这不能不使我难过。事情既然已经到了这一步，再说什么便显得多余。我转身下楼，走到第一阶时突然感到腰部酸痛，就坐下来抽完了手中的烟。我想我无意去改变这个事实，只是觉得过于突然了些。实际上我应该明白，当我第一次送走沈芷平时，她就没有考虑再次回到我的身边。这不是她的过错。如果说真有错的话，错在于我，我没有权利去改变她的安排。

重新上楼，我认真地敲了敲门，我说：是我，我回来了。

过了片刻，沈芷平将门打开了，不用说她的脸色显得慌张，而我却装作没看见。她说怎么这么快就回来了，谈得顺利吗？

我瞥了一眼卧室，她的旅行袋放在了角落，拉链还没有来得及合上。她把拖鞋放到我面前，这时我轻声问道：要走了吗？

她僵持了一瞬，不作回答，眼睛看着地上。

我说我们说说话吧。我说：要是没有这件事，我们也许就很难见面了。你的电话越来越少，后来几乎没有了，其实我应该想到，你在重庆过得比在北京要好……那个人对你好吗？

她终于回答了：还可以。

那就好。和我在一起你总是很紧张，连发脾气都受到了限制。那个人至少会让你发脾气。你这个年纪就是发脾气的年纪，那个人能接受你的任性，说明他人不错。

他是我过去的同学。

还是以前那个人？

对。其实上次他来北京找过我……他是一路靠打工过来的。

就是那一次你说去看一个老乡？

对……我看他很不容易，人也瘦了……这次我一回去他就知道了，他说他想和我结婚……

你答应了？

没有。我说我还想多读点书，想学电脑，他说他和我一起学。

你来北京他知道吗？

知道，我说我一个好朋友要做手术，我必须照顾他。

她流泪了，泪水大颗地从面颊滚落下来，仿佛掷地有声。我抱着她，拭去她的泪，我感到自己的声音在颤抖，我说：我唯一悔恨的是，让你吃了苦头。很对你不起。

别这么讲，她说，我们之间就这点缘分吧。我走了，谁照顾你？你能和桑晓光再好起来吗？

我还没这么想过，我说，倒是想离开北京了……这个城市的空气很糟糕，我想去山里走走。有一本书上说，我这一生命中注定都会是一意孤行。你拿到车票了？

她说她已经通过一个老乡买到了。她说：我本不想告诉你的。我知道这样分开我们都会不好受……你以后还会去重庆看我吗？还会给我寄你的新书吗？

我说我会。然后，我从口袋里拿出那两万块钱，塞进了她的旅行袋。她不要，她说你现在不应该再给我钱了。我拉住她的手，我说：什么话？什么应该不应该的？你用这钱回去买一台钢琴或者电脑，你每天用它，就当是在陪我说会儿话吧!

她扑在床上号啕大哭起来。我背过身去替她收拾行李,我的眼泪禁不住地往下淌着,流到嘴角,咸得厉害。过了很长一会儿,女人的哭泣声停止了。屋子里这一刻变得特别安静,我能听见自己短促的呼吸声。女人没有更多的话语,去了卫生间。再出来的时候,她已经化好妆了。她的神情似乎很自然。如果不是熟悉,你很难相信这是一张刚刚哭泣过的女人脸。我竟有了一些局促,不知道应该用怎样的目光注视她。但有一点很肯定,就是我产生了少许的失望。我厌恶这感觉,甚至为这不良的感觉感到羞耻。我没有任何理由来要求这个女人对我眷恋不舍,而她也不需要我给予的同情。这局面呈现出我们之间自相识以来少有的尴尬。我想尽快摆脱它,但这时,我听见女人说话了。

她说:如果做掉的那个孩子不是你的,你还会这样对我吗?我是说"如果"。

我头脑里嗡了一声,怔怔地看着她。

她接着说:我希望你说不会,这样你就会很快重新开始。你这种人一生都需要"开始"。

我说:我现在害怕这样的结束。

她说:我也害怕,但这是早迟的事情,从认识你那一天起我就这么想过,我只能陪你走一阵子……我记得你在你书里说过,对于相爱的两个人,手摸不到的地方就是远……

时间在风中飞舞,这是1999年的9月开始的日子,我们的故事却正在走向结束……

——1999年9月3日

对于这个男人,眼前这样的铁轨其实就是记忆的一种阶梯,将指引他进入到一个虚无缥缈的空间。

它也是生命的一种隐喻符号。

那些黄昏,男人总是散步来到这里,似乎就是为了唤起日益衰退的记忆。他愿意沉浸在这伤感的记忆之中。那个叫沈芷平的女人业已离开,现在已经和她的男友相聚在一起了。那天,女人最后还是坚持不让男人去车站送她。女人说：车一开起来，我就没事了。但这句朴素的道别却让男人心里不好受。是害怕当着众人的面流泪还是害怕泪水破坏了才化好的妆？也许在车站还有别的人送她吧？那个人是谁现在已经不重要了。

车会很快开起来，难道他们的故事也真的就这么快地过去了？

男人说我送你到车站，我不下车，然后我回来。这算是折中的方案，后来也就这样做了。那一路上他们再也没有说话。等出租车到达西客站时，这一天的黄昏也同时到达，西天一片橙黄，在太阳湮灭的位置则是炽眼的火红，仿佛燃烧的森林。女人下车了，他们的手就此松开。女人的身影很快便消失在人流之中。

男人告诉司机，回刚才上车的地方。但是等司机把车开上环线时，他又改变了主意。他让司机把车内的歌曲音量调大一点,他说:我们顺着环线兜一圈,我想听听邓丽君。现在听她的歌好像很难了。

那都是些二十年前的老歌。奇怪的是,二十年前他却不喜欢。他甚至觉得其中几首都不耳熟,仿佛新近才推出的。邓丽君不幸地去了,留下了她的歌声,留下了今夜令他感动的歌声——

任时光匆匆流去我只在乎你,
心甘情愿感染你的气息。
人生几何能够得到知己,
失去生命的力量也不可惜。
……

城市的夜晚到处都是一片忙碌。市政部门在加紧准备着张灯结彩,以迎接即将来临的共和国五十周年庆典。在清河的阅兵村,那些精心挑选出来的士兵,每天都在顶着烈日训练。电视上看见他们流了许多的汗,有的甚至中暑晕倒。电视上还看到,执行训练的军官用尺子在量他们的步伐,要求异常严格。这与城市的管理一致。据说这段时间外省人来京十分地困难。他想,我这个外省人也到了该离开的时候了。于是他给李佳挂了电话,询问孩子上学的情况。女儿读初三了,日子过得真快。

李佳说你现在在哪?

他说我还在北京。

李佳说你怎么又去北京了?

他说我过几天就回去。

李佳说你最近别回来,我外地的一个表妹来了,暂时住这里,不方便。

他说你自己的房子呢?

李佳说我父母住了,他们的房子在装修。

他说那好,我不回去。

李佳说你在外面不是有很多的女人吗?

他没有接话,但是他心里在说:我现在没有一个女人了。《生命密码》中有这样的表述:

生于 11 月 28 日的男人由于总是我行我素，致使他们的家人和朋友经常被他们时而挑衅、时而敏感体贴的两极化言行搞得不知所措。这种人拥有自己的一套思想体系，只不过在传达这些思想时往往以一种多变的形态，夹杂着反讽与严厉而直接的评论，反反复复，实在让人摸不着头绪。但他们总有自己的一套解释方式。

男人现在觉得，自己便是这样的怪胎。

从这时起，男人在心里便开始酝酿一个计划，那就是去独自作一次旅行。他想去远离城市的山区，不打算写作，而是沿途写生——他已经很久没有作画了，这个梦想一直延续到今天还没有实现。

若不是那个书商的事情未了，我可能第二天就会离开北京。那个书商本来是和我谈一部长篇的，现在却又提出要编我的小说选集，计划出五卷。版税和印数都还过得去，只是要求我年内要交出这部尚未完稿的小说。这我没有把握，我坦率地告诉他，我现在没有写作的欲望，甚至有可能今后一段时间不打算写小说了。他好像很惊讶，说你现在正火着，你的书很好做的，怎么说不写就不写了呢？

我告诉他，我的前妻在多年前就这样对我说，我是一个生活在小说里的人，而我的小说一点也不生活。所以我不相信我的书会卖得很好。

事情便这样暂时搁置下来。最后的结果是长篇推迟到明年的第一季度交稿，先把过去的作品编出来，并重新写序言。这件事不算累，但是琐碎，我需要到图书馆去查阅那些老杂志，再逐一地复印。其实我对出书历来兴趣不大，我只有写的欲望，而现在连这个欲望都没有了。那些天我就在干这件事，天气不好便整日昏睡。有时，我会去建国门地铁附近买来一堆无聊的小报。我没有给桑晓光打电话，倒是给远在杭州的肖航拨过几次，但对方都是关机。在犁城分手时我曾答应过她，把此次来京的目的对她说明，我觉得在电话里说一宗流产会自然一些。至于为什么要对她说我并没有多作思考，也就说说而已，比不说要好吧。可是她不开机。我想她也许猜到了，猜到的结果会比实际的结果更坏，更证明我不是个东西，这也只好随她去想了。女人都是这样，在她们眼里，爱和恨是没有界限的。

今天是 1999 年 9 月 22 日。多年之后，当我的这些手记公开出版时，读者也许会陡然感到，从这一天开始手记的语气似乎改变了，变得有些无动于衷。好像我在这里写下的不是自己的心得，而是在记录另一个人的行迹。我本人也觉得有点奇怪，可是我却无意去作纠正，我甚至怀疑自己会不会再写下去了。我说过我准备出外写生，实际上去哪个方向至今还没有想好。能肯定的是，我不会再选择城市。因为城市早已没有风景。

　　下午我去了西单图书城，想找几本画册看看，可是那个地方很乱，有一个歌星正在进行签名售书，周围挤着许多人和许多记者。歌星能写书还要我们做什么？北京这地方真是很怪，什么事都会搞得热闹非凡。前几年这里在搞"情景喜剧"，其实就是"肥皂剧"，肥皂是很大路很便宜的货色，结果竟打造出了一批喜剧艺术家。后来这里又生产了"贺岁片"，那是港台艺人不再耍的玩意儿，却在京城挣了大钱。台湾的琼瑶来北京逛了一趟，回去胡编了一个什么格格，抡到大陆来照样也是发大财。据说领衔主演的女演员如今身价百万千万。北京除了这个还有什么？这儿是一个打造时尚的作坊。倒是那道"三巴汤"很不错。

　　在我准备走进地铁时，我的手机响了。对方是一个男人，费了很大的劲，我才听出是杭州张毅手下的那位童经理，他又到了北京。但这次不是找人，而是陪张毅出来散散心的。

　　张毅来了真叫我高兴。我立刻改打出租奔他的住地了，他们住在圆明园边上的一个小宾馆，连出租车司机都觉得很不好找。我们在周围转悠了半天，才从一个卖煎饼果子的老太太那里摸到了门。等见了面，我的高兴劲即刻就去了一半，我感到面前的这个保养得白白胖胖的男人不像张毅，而是张毅的赝品。这个人现在连胡子都刮光了，像做过化疗似的。

　　你小子出来了怎么也不及时来个电话？我说，真他妈不够意思。

　　张毅说没什么没什么。说着看看四周，又掩上门，很神秘的样子。

　　既然出来了还有什么好怕的？我递给他一支烟。

　　他拿着嗅了嗅，又放下，说：我戒了。

　　我最烦戒烟的人，我说，抽吧。不抽烟怎么聊天？

　　他说：你知道吗？现在有一种追踪烟的仪器，美国进来的，很厉害。你最好也别抽。

我被他说糊涂了,可他却是一本正经的。

他接着说:你知道我为什么选择住这个地方吗?这儿有很多树,只有树能挡住那个探测仪器,我在杭州每天都在种树,已经种了……

我觉得有点不对劲,高声说:张毅!你没事吧?

他吓了一跳,脸色更白了,他说:我没事……我怎么会又有事呢……我只是种树，这不犯法，对不对？

这时候，那位童经理进来了，手里拿着一堆方便面。见状便对我递了个眼色，我明白了，同时我的鼻子也骤然发酸。张毅在指责童经理，质问他刚才进来为什么不报告？然后他又看了看方便面，又是拿到鼻子底下嗅了嗅，问：这个牌子靠得住吗？

童经理说靠得住，又解释说这一带只有这个牌子的方便面。

我走进卫生间用凉水洗了一把脸，等熬过了这悲痛的一刻，我才出来。我温和地对我的朋友说：张毅，我们出去走走吧，这附近就是圆明园，那儿有许多的树……

然而当我们来到这里时，我已经不想再说什么了。

我对北京的告别，就是无话可说。

——1999 年 9 月 22 日

江南：1999 年 11 月

是上路的时候了。

整个十月男人都在筹划这次行动，把一切琐事全都抛开，感觉真好。从现在的事实看，这个男人把在北京写字卖文挣来的钱都花到了这次行动上。他先从一个演员朋友那里买下了一辆二手的切诺基，接着又从一个作家同行那里廉价收购了一架型号过时了的尼康相机，然后在这个基础上进行了改装。他把吉普车后面的座位卸了，放上崭新的卧具和画具，又在车顶上安置了四只夜灯，看上去有点美国西部片道具的派头。男人本想再买一枝双筒猎枪，但是现在国家禁止出售这种东西。

但是，跃跃欲试的男人在行动的路线上却迟疑不决。最初，他打算沿着唐人开拓的那条丝绸之路走上一遭，去看看大漠敦煌，然后再折返西藏，但是又觉得这样过于玩命，自己没有那样的胆魄，同时对这辆车的性能不抱乐观。后来他又考虑经山海关直插辽东半岛，沿黄渤海湾走，却又认为那一带现在到处都是高楼大厦玻璃幕墙，与北京并无多大的差别，形式太像一次旅游了，一路都是养尊处优。这个男人就是个反复无常的货色，且又热不得冷不得。他自己也感觉到自己变化了，从前的他不是这个样子。从前的他做事基本上不计后果，虽做不了什么了不得的事情，但至少是先做了起来。时间已至十月的下旬，北京的天气在一天天地变冷，男人便有些急了。他想若再不动身，这件事兴许就会黄掉。李佳的表妹年底之前会离开犁城，到那时男人便没有什么理由留在外面，而把女儿搁置一旁。

这天晚上，男人应邀去公主坟那边参加一个类似沙龙的聚会，据说一个刚从巴黎回来的家伙受了子夜出版社的委派，要找几个作家谈合作意向。其实也就是聊聊天喝喝啤酒。北京就是这样，明知道事情有诈，却还富有激情。于是男人就把刚接过来的切诺基从院子里开出来，一上道便把所有的灯光全给打开。结果，第一个十字路口麻烦就来了。

你这是怎么回事？警察指着那四只抢眼的灯说，灯怎么开的？

他记不得交通法规关于灯光的条文，就说：这不是刚过五十周年大庆嘛，图个热闹……

警察说：你不觉得你晃了人家吗？

他说：这又不是战争时期，还实行灯火管制不成？

警察说：我对战争没兴趣。

有兴趣的自然就是罚款了。男人的兴致一下就败了下来，立刻把车撤回。那边的电话又在催了，问他到了那里。男人说：我在地铁。后来他就从崇文门进了地铁，感到还是在地下方便一些。

不久到了复兴门站，男人下车换线，一不留神竟坐错了方向。但他还没有意识到，他的注意力一上车就被一个小女孩夺去了。她顶多十岁的样子，在神情专注地玩塔罗牌。男人就坐到她边上，问她：你在干什么？

她看了他一眼，然后用一种沉静的语气说：我在占卜。我的朋友要出一趟远门。我需告诉他方向。

男人暗自吃惊，他不知道这个女孩的年龄究竟是十岁还是一百岁。那么，男人说，你觉得他该往哪个方向去呢？

她没有回答，却让他帮她抽出四张大阿尔克那牌，然后摆成初级的"钻石展开法"，再让男人一一翻开。

这四张牌依次是隐者、吊男、太阳、死神。

男人再次追问：他应该往哪个方向？

她闭上眼睛，过了很长一会，才吐出两个字：西南。

说着她的一只手在男人眼前划过，他惊讶地发现了一个事实——在她细小的腕部有一道月亮形的标志，不知是胎记还是疤痕。但是这个瞬间男人看清了一张女人的脸。又一个站到了，上来很多人。男人下意识地双臂环抱着胸口，等他再转过身来，那女孩已经不见了……

我就是她的朋友——后来男人这样想到。现在，我需要上路了。

当天晚上他打开地图，确定了现在的路线。男人打算先一口气开到安徽芜湖，在那里经过短暂的修整，往下便进入到皖南山区。然后便是经宣州而至徽州，再进入赣北上饶地区。从那里西行而下，过九江大桥，便是水市的区域了——他仿佛走了一圈，又回到了自己的出生地石镇。从时间上看，计划到家的日子正好是11月28日，他的生日。

在这个寒气浓重的黎明我开着车出发了。那时候我们伟大祖国的首都还在幸福甜蜜的梦中沉睡，期待着雄鸡一唱东方欲晓，期待着东方红太阳升。报上总说每一天都是新的，这话听起来一点也不错。是新的，非常的新。旧的是我这样的人。我真是越来越旧了，旧得像一根生锈的螺丝钉。

好久不开车了，出城的时候还显得手忙脚乱。不过适应起来挺快。眼下这条路我不熟悉，但凭感觉我认为行驶的方向大致不会错，因为不久太阳便在我背后升起……

所谓的长途其实也就是第一站，从地图标尺上看，北京到芜湖的里程是一千二百公里，一天可以到。如果车不争气，我就在苏州或者南京停下来，顺便会一会那里的朋友。他们还在写小说，我暂时不写，我要作画。都说绘画陶冶性情，而我图的是延年益寿——我说过我要力争活到女儿三十岁，这之前不能叫她的爹死掉。

果然，车在苏州附近抛锚了。于是花五十元钱请人帮着拖进城去。其实毛病不大，电瓶的故障，很好弄。我临时住进苏州大学的招待所。这所具有百年历史的学府前身是东吴大学，不知道为什么要改名号，是觉得旧吗？可北京的颐和园还叫颐和园。我喜欢这个校园，喜欢她的建筑和满园的桂花香。

听学生说，由于连日天气转热，桂花才重新开了，而且比上一次更为香沁。整个下午我哪儿也没去，就躺在草坪上贪恋这一袭桂花香，这就是迟桂花吗？杭州有桂花吗？想是有的，要不郁达夫何以写得出？我又想起了肖航。要是她能和我一起来，多好！行前我想到了这一点，希望她能与我结伴同行。然而她的手机还是关着。

黄昏时分去附近老街上走了一圈。苏州的老街很长，也很窄，所以就有了尴尬。让汽车通过显得拥挤，改为步行街又觉得漫长。对于今天的人，散步的耐性总是有限的。

老街上的风景很美。

下一次我一定要与肖航同来，我们可以在这老街上租上一间屋子住上半年。早晨上街买菜，黄昏下河洗衣，闲来舞文弄墨，雨时散步逛街。这样的日子美国有吗？

住了一日，第二天傍晚到达安徽芜湖。本来计划要提前两小时的，

结果出苏州时高速公路被封了。据说是上面来了要人,又据说是来了外宾。突然出现了许多的警车,气氛便好紧张。我在回旋路上兜了二十圈,那个把关的警察见我都烦了,可我还是不想绕道。

我在镜湖边上住下来,它让我联想到西湖。三天前进入宣州辖内的泾县,那儿有一面太平湖,还有桃花潭——桃花是无法见到了,当年李白至此,作《赠汪伦》一诗,如今竟成了旅游的招牌。宣州内有敬亭山,但是这里距离大名鼎鼎的黄山仅百公里,游人大都不在此停留,直奔黄山去了。这一带我不陌生,多年前曾陪友人来玩过,后来又在这里出席了一个笔会。有趣的是,我至今也没有登过黄山。在我看来,这个黄山太美了,太过于雅致,仿佛一尊巨大的盆景——我不喜欢盆景,我喜欢野山。皖南的秋天也是极美,现在北京的西山正是红叶满目,而这里的山上叶子大都还绿着。早晨竹林中传出清脆悦耳的鸟鸣,让我感动。我已经好久好久没有听过鸟叫了。北京没有,杭州好像也没有。

昨天是个阴天,没有雨,我去了茂林。

作为近六十年前的皖南事变的发生地,泾县茂林在现代中国历史上有着不可忽视的地位。它是国共第二次合作流产的见证,那一次,共产党领导的新四军遭了重创,军长叶挺被俘,政委项英为奸人所害。在这件事上,老蒋怎么看都是个小人,而那个上官云湘也由此臭名昭著。项英不懂军事,却总是以党的名义召开军事会议,而叶挺又恰恰不是中共党员。所以往往这样的时候,叶将军就只能上山打猎去了。

晨七时即起,始发徽州。历史上的徽州指的是皖南的黄山与白岳之间的地带,古称"一府六县"。按如今的区划,除安徽的绩溪、旌德、歙县、休宁、屯溪、祁门之外,还包括江西的景德镇和婺源。而徽州人则有很多是中原的后裔,他们的先人为躲避战祸来到这里,之后才觉得这儿是世外桃源。现存的建筑上尚存这种迹象。几百年来这里没有遭遇过战火,因此也就没有离乱。书上说,这里的青山秀水营养了世代淳朴民风。可是三百年前的这里就已经有了著名的"徽商"——商人淳朴吗?徽州的商人有很多一结婚(一般在十六岁之前)便出门做买卖,直到发了大财或者做了大官才衣锦还乡。苦的是他们的女人,一等就是一辈子。所以这一路我都能看见贞节牌坊,有许多旅游团打着旗子在参观,在照相。就想,时间真是个奇迹,年头不同,凄风苦雨竟也成了秀美风景。

至绩溪停歇,前往上庄拜谒胡适先生故居。先生少小离家,1949年后即为海峡所隔,客死异乡。据说老人临终前还躺在病榻上,用绩溪方言诵吟古人的诗篇:庚信生平最萧瑟,暮年诗赋动江关。听来令人凄切。胡先生一生最大的误会是和政治纠缠不休,他的长相就不像是个玩政治的,不知他当时是怎么想的。

我计划在从前徽州府衙的歙县住下来。那儿有一条优美的练江。在这条江的两岸有像雄村这样的老村落,明清遗下的古民居镶嵌在苍山秀水之间,那才是我真正想要看的。

——1999 年 11 月 7 日

那些黄昏,在练江的边上总能看到这个男人的身影。他的栖身之所是在县城附近的渔梁镇上一家私营的客栈。男人住在楼上,推开窗户,越过质朴的渔梁坝即是练江。作为新安江的上源之水,练江从来都是宁静地活着。这是一条赋有灵性与高雅气质的水。对于一个久居都市的男人,能在这样的天地里活动身心,无疑是一种幸福。这些日子男人基本上都是沿练江而行，早出晚归，拍了很多照片，也画了不少写生。每到黄昏时分，他就坐在这渔梁坝上，看渔人驾一叶轻舟指挥鱼鹰捕鱼，听妇人舞动棒槌起落有致的捣衣声。这生动的人间图景总让他流连忘返。也还是这样的时刻，他不由得感到了清冷与孤寂。男人觉得自己这一年过得特别累，似乎有一张无形的大网罩住了他。现在他需要的是彻底安静下来，好让经过的一切坠入记忆的深渊。男人对自己的这次出行是满意的，他至少是摆脱掉了那个红色梦魇的纠缠。连日来他都睡得很踏实。然而另一个事实是，这个男人所有的梦境也一并失去了。很多时候男人会认为自己是活在虚无的山水之间，像风那样。

今天是1999年的11月24日。按原订的计划，男人应该在十天前离开歙县而至屯溪，再到黟县去看看像西递这样的村落。否则他不能在四天后的28日回到故乡石镇，去过四十二岁的生日。可是没有办法，他需要继续住下去。一早男人就雇了一条船，打算经雄村进入到新安江的主流。但是后来这个计划有了改变。在他看来，江面一经开阔便失去了灵秀之气。倒是江畔那座称为"小南海"的孤岭吸引住了他的目光，他便去了那里。听人介绍，这"小南海"即是岑山的潜口。据说因东晋陶潜曾一度隐居在此而得名。在男人行将离开时，来了一个从浙江淳安的千岛湖转来的旅游团。那个年轻的女导游背影很精神，也穿着一件暗红色的风衣，款式与肖航的那件一样。由于当时天下起了小雨，女人的伞完全遮住了她的面部，令男人怎么也看不清。他甚至觉得这就是肖航，以至于差点大喊一声。这个荒唐的念头，男人想，好不容易才从重围里突出来，别自作多情了。那本书上不是说我这样的人总是反复无常搞得别人惊慌失措吗？

男人就这样看着那个背影消失在烟雨之中，他们乘的是一艘轮船。

然而那个时候男人还不知道这个晚上还会发生什么。他回到那个小客栈时天已经黑了，雨也随之大了起来。男人感到很疲惫，便想赶快洗个脚上床。他去厨房打热水，看见后厅里一伙人围着在看盗版的VCD，是个外国片子，名字很怪——《你知道死亡的颜色吗？》

男人后来就和衣倒在床上假寐，没想到就真的睡着了，直到从一个极度困惑的梦境中苏醒。

这个梦很简洁，一点也不复杂。这个梦也不新鲜，还是与水有关，与红色有关。但是这个梦现在发展了，不可思议地发展了。

男人清晰地看到，原来的两尾金鱼，现在只剩了一条；水已成冰，这条红色的鱼便凝固着镶嵌其中，像常见的琥珀那样。这是一个残酷而凄美的梦。

男人看看表，时间已是十一点四十分，临近子夜了。他想记下这个梦。等他刚准备坐下，一个刺耳的声音突然响起，沉寂多日的他的手机响了，来电显示的是肖航的号码。

是你吗肖航？男人有些激动地说，真是你吗？

是我，肖航说。

你在哪儿？手机里声音怎么这么乱？

我在海上⋯⋯

海上？

我在由烟台去大连的海轮上⋯⋯⋯⋯

好悠闲啊。

这条船此刻正在下沉⋯⋯

你开什么玩笑？

我没开玩笑⋯⋯

你是不是喝多了？

你听——

电话里传出嘈杂的背景声，其中夹杂着孩子的哭喊，还听见有人在高声叫喊："让妇女儿童先上救生艇！"

男人的心骤然提了起来，跳得像打鼓。他口齿不清地说：肖航！你是在骗我对吗？你说你确实在骗我，你在吓唬我⋯⋯这是不可能的事！

肖航抽泣着说：我大概还有十分钟的时间，这最后的十分钟，我还是愿意留给你⋯⋯

他的眼泪不住地往下淌⋯⋯

亲爱的你快说话吧，我想听你说话！说什么都行⋯⋯

肖航，你赶快上救生艇！

浪太大了⋯⋯靠不过来⋯⋯那边起火了⋯⋯

你赶快上去！上去！

船已经在倾斜了⋯⋯我怕！我不想死呀亲爱的⋯⋯

我爱你！你一定要⋯⋯活下来⋯⋯我求你活下来！活下来！你一定要活下来！

……

肖航!肖航!肖航——我爱你——

……

山东烟大轮船轮渡有限公司"大舜"号滚装船,昨(24日)晚因风高浪大,动力丧失,在牟平姜格庄附近海域搁浅倾斜。

船上共有旅客船员312人(作者注:应为302人),截至记者发稿时为止,已抢救生还36人(作者注:应为22人)。

"大舜"号滚装船昨日下午去大连,因海上风浪太大,途中返航。

16 时 30 分发现二层甲板有烟雾，请求救援。烟台救捞局、烟大公司、烟台港务局轮泊公司相继派船救助。

但因风大浪高，无法靠近。

——新华社济南 11 月 25 日电

三天后，故事中的男人到达了事故地点。

他的眼前只是苍茫的大海。

这一天是 11 月 28 日，他的生日。

——2000 年 10 月 30 日

北京——合肥
2007 年 7 月修订于北京
（原载《作家》2000 年第 12 期）

附 录：

初版后记

作为长篇三部曲的最后一部，《红》的基调是预先就有所设计的。我对音乐虽然是门外汉，但是在写作《独白与手势》这个阶段，我的头脑里始终有一部交响乐的旋律在萦绕着。就是说，某种意义上我已经把《红》理解为"第三乐章"了。直觉上我会考虑把它写得与前两部有所不同，我需要它具有更多的抽象性，或者具有一定的象征意味。我所说的"设计"，指的就是这个。显然这种设计不是通常的那种小说构思。我依旧放弃了那种提纲性的准备，而依赖于我的即兴发挥。于是，我用很大的篇幅写到了梦魇的纠缠和死亡的暗示，与之相对抗的则是爱与生命的辉煌。这种爱，我视为宗教，它就站在现实的恐惧对面。

《红》的写作历时三个多月。原计划这部小说的完稿是在去年的年底。然而十月份，我参加在南京举办的中国书市期间，突然接到了《作家》杂志的电话，他们因为偶然的事故，希望我能把《红》及时地赶出来，在第十二期上发表。但是，当时我还没有写完，之后我又去了苏州和徽州，等折返合肥才匆匆写完了最后的三万字。由于刊物篇幅上的限制，后来发表的《红》实际上已经删除了一些，而且对图画部分也只能做象征性的安排了。这之后，我再次对小说进行了修改，并一气呵成地完成了她的图画部分。现在，我把它正式交到了人民文学出版社。

《独白与手势》的前两部《白》与《蓝》自问世以来，引起了一些关注。许多朋友曾不约而同地问过我：以后是否还会做这种图文交织的小说？我说也许不会了。因为我已经从《独白与手势》里获得了这种形式上的陶醉，不需要再有第二回。

潘军

2001年4月15日　北京天坛之侧